Le guide du conflit employé-employeur

Groupe Eyrolles
61, bd Saint-Germain
75240 Paris cedex 05

www.editions-eyrolles.com

Du même auteur, chez le même éditeur

Don't speak English… Parlez globish !
Découvrez le globish – L'anglais allégé en 26 étapes

ISBN : 978-2-212-54198-4

Jean-Paul Nerrière

Le guide du conflit employé-employeur

EYROLLES

« Sans technique, un don n'est rien qu'une sale manie. »

GEORGES BRASSENS, *LE MAUVAIS SUJET REPENTI*

Sommaire

Prologue en manière de justification

À Kurt Erich Suckert

Ce livre a pour but premier de présenter la technique concrète conduisant à la victoire du salarié qui envisage, redoute ou traverse un conflit avec son employeur. C'est inévitable, je finirai par le détester, car il me vaudra trop d'ennemis, sans parler des détracteurs. J'en ai discuté le principe avec de nombreux familiers, des patrons de PME – dont certains rencontrés au long de ma carrière quand ils étaient clients, partenaires ou distributeurs –, mon charcutier-traiteur – qui n'a qu'un seul employé dans son magasin –, des dirigeants de groupes importants, des fonctionnaires et des cadres dans de grandes sociétés : ils y voyaient tous un danger et une malédiction.

Personne n'aime ce que ces lignes vont éclairer d'une lumière crue ; d'aucuns y voient une subversion, une sédition même ! Car elles vont prouver que, dans l'éventuel affrontement d'un employé et d'un employeur, le système octroie à l'employé toutes les chances de gagner ce qu'il souhaite. La mentalité de notre pays, la législation et la réglementation sociales, les attitudes instinctives des intervenants potentiels, tout est « coalisé » pour que l'employeur ait bien peu de chances et ce, même si tout indique qu'il est dans le droit chemin. La démonstration doit en être claire à la lecture de ce livre.

Il nous faut aussi donner au salarié les conseils et les explications sans lesquels la prédiction ci-dessus perdrait une bonne partie de sa certitude. Pour assurer sa victoire, le tout est de saisir ce qui se passe, d'être organisé et méthodique, et de prendre les bonnes initiatives aux bons moments. La réciproque est vraie du côté du patron, qui, par effet miroir, trouvera ici le guide de ses dangers en la matière.

La France est un pays où le faible a raison, par principe. « Petit » est souvent un qualificatif favorable – tel que dans « petit(e) ami(e) » –, et « grand » peut se révéler péjoratif – « grand banditisme » –, tout autant que « gros » – un « gros bonnet de la drogue ». La PME et le faucheur de maïs OGM ont *a priori* raison contre la multinationale. C'est dans nos gènes, sans doute depuis qu'au Moyen Âge, lors de sa cérémonie d'adoubement, le chevalier jurait sur les saintes reliques de se mettre au « service de la veuve et de l'orphelin ». La défense puis la protection « du faible et de l'opprimé » sont devenues d'ardentes obligations. À tel point que beaucoup trouvent un intérêt avide à se ranger dans cette catégorie des malheureux : celle à laquelle appartenait le pauvre hère à qui Martin, centurion de Tours et saint patron de notre pays, donna la moitié de son manteau qui n'appartenait pas à l'armée romaine (c'est-à-dire la totalité de l'étoffe dont il pouvait disposer librement ; dans l'armée romaine, le centurion payait de sa poche la moitié de son équipement, Rome lui fournissant la seconde moitié).

Il en va de même en politique. Le « challenger » du puissant personnage en place est spontanément sympathique. Une femme retenue en otage par des factions terroristes attire bien plus les passions des foules qu'un homme dans les mêmes conditions. Imaginez qu'une dictature peu oppressive incarcère un agitateur décidé à conduire une révolution violente et antidémocratique dans son pays, pour y installer un régime stalinien : c'est ce factieux que l'opinion voudra couvrir d'attentions affectueuses. Nos pères ont bataillé des siècles pour éloigner les églises du pouvoir politique ; un charismatique *leader* religieux exilé d'une immense puissance veut rétablir une théocratie dans ses montagnes, et nous nous précipitons pour le soutenir, par réflexe. Les Israélites bénéficiaient de toutes les tendresses dès après la découverte des persécutions atroces qu'ils avaient subies entre 1933 et 1945 ; les voici devenus Israéliens et puissants, et beaucoup se mettent à comprendre et aimer les Palestiniens. Le propriétaire est, chacun le sait, sévèrement démuni face au locataire qui ne peut ou ne veut plus payer son loyer : la situation s'éternise, et la perte financière est pour le malheureux proprio… Puissance insolite de la fragilité…

La sagesse populaire le proclame, on est toujours le faible de quelqu'un de plus puissant. Le vocabulaire trahit d'ailleurs cette déviation franchouillarde : en France, vous entendrez souvent parler des « catégories les plus défavorisées », ce qui indique que toutes les catégories sont défavorisées et que l'on distingue les « plus défavorisées » (qui méritent l'intérêt, avec raison) des « moins défavorisées » – les nantis qui se gobergent. Ne devrions-nous pas plutôt, dans un pays d'opulence comme le nôtre, penser que la distinction sémantique est à faire entre « les moins favorisés » et « les plus favorisés », tous étant quand même plutôt grassement « favorisés », même ceux qui protestent le plus fort ? Les lecteurs qui ne le croiraient pas sont invités à visiter le Burundi, le Cambodge, l'Éthiopie, et quelques autres territoires habités par des êtres humains prêts à braver la mer et ses périls pour débarquer chez nous : il n'est pas certain que leurs habitants soient moins heureux que nous, mais il est démontré qu'ils sont moins favorisés par leur économie…

À une époque où les faibles ne jouissaient d'aucune possibilité de se défendre et se trouvaient innombrables, les démarches et engagements pour les soutenir servaient une nécessité sociale. Avec tout le système de solidarité mis en place depuis l'avènement de la démocratie, et surtout depuis soixante-dix ans, ce serait moins nécessaire de nos jours, mais cela perdure dans les idées, dans les mœurs et dans les textes. Il serait indécent de s'en indigner : c'est ce que nous avons collectivement voulu et obtenu, entre autres avancées permises par cette précieuse démocratie, et c'est donc excellent. Rien ne doit interdire au faible d'en faire usage, même si apparaît ici un favoritisme criant. En annonçant les excès qui pourraient en résulter et leurs conséquences questionnables, nous devrions faire œuvre de salubrité publique : la vérité n'est pas moins indigeste quand elle est édulcorée et, si exagération il y avait, ce n'est pas en la dissimulant dans une feinte chasteté, mais tout au contraire en la plaçant sous les projecteurs qu'elle serait retouchée. Le lecteur jugera.

Dans le milieu de l'entreprise ou de l'administration, le faible est toujours perçu comme étant l'employé, isolé devant la structure fortement vertébrée de l'employeur, avec ses effectifs importants et ses compétences affûtées. Comme les forces en présence sont en apparence contre l'employé, tout sera entrepris pour que la balance se voie forcée de pencher du côté de ce faible, et surtout pas du présumé tyran sous les ordres duquel il est placé, et dont la rapacité est toujours plausible. Le salarié a donc les meilleures chances de l'emporter, sauf dans des cas extrêmes relevant de la justice pénale (et encore…).

En conséquence, tout le monde a envie de vous voir gagner si vous êtes salarié, en dehors de vos adversaires directs, naturellement. Chacun voudra se persuader que vous avez raison et vous aidera à faire prospérer vos arguments, même s'ils sont à la limite de la justesse et de la raison. Votre approche est médiocre et peu convaincante ? C'est parfait, n'est-ce pas l'illustration de votre faiblesse, de votre besoin d'aide généreuse, voire partisane ? La connivence sera toujours avec vous, et vous verrez qu'il ne sera jamais difficile de l'enrôler à votre service.

Où est le fort, où est le faible ? Le piéton et l'automobiliste, ou David contre Goliath

Un beau soir de mai 199x, l'éclairage urbain n'est pas allumé sur le quai du port à Marseille (celui qui accueille la Mairie, côté nord du plan d'eau, jadis appelé « quai de la Ville »). Dans une circulation dense, les voitures roulent très lentement, avec leurs feux de croisement.

À un passage protégé dont le feu est vert pour les voitures, une piétonne traverse la première file, et en débouche en courant pour se faufiler lestement entre les véhicules progressant dans l'autre sens. Elle fait ainsi irruption devant une élégante berline bavaroise qui y roule fort paisiblement. Le conducteur écrase le frein, fait un écart, n'évite la jeune femme que partiellement en risquant une collision avec un autre véhicule, et l'intercepte de son aile et du rétroviseur droits. Les passagers de la voiture en sortent précipitamment, inquiets et consternés. Ils relèvent la piétonne, encore munie d'une cigarette allumée dont l'aspect et l'odeur indiquent qu'elle ne doit rien à la Régie des tabacs et allumettes, mais beaucoup plus à un végétal ayant jadis inspiré le nom même de « Canebière »... Le regard de la fumeuse est d'ailleurs tout aussi allumé.

Un attroupement prend à partie les automobilistes qui n'évitent l'incident physique qu'avec une grande diplomatie et un appel téléphonique immédiat aux marins-pompiers : ils réclament leur intervention bien que l'accidentée semble en excellente forme physique. Les militaires dans leur ambulance rouge arrivent après que la modeste foule, lassée de ses propres clameurs et invectives, s'est tranquillement dispersée.

Le quartier-maître chef, indigné, déclare à la victime : « Mais un blessé ne doit pas fumer, quand même ! » Il s'entend répondre : « Un petit tarpé n'a jamais fait de mal à personne ! » Il n'en revient pas. Finalement, Dieu merci, la victime n'aura que quelques bleus, appelés « contusions » ; ni fracture ni traumatisme. Mais elle se trouvera facilement bénéficiaire d'un arrêt de travail de quinze jours.

Le conducteur sera estimé en tort, car même sans aucune infraction relevée au code de la route, à une vitesse vraiment réduite par les conditions de circulation, et avec un piéton qui court au moment interdit entre les voitures dans le noir, en outre sous l'emprise de substances hallucinogènes, le conducteur d'une voiture ne pouvait avoir raison aux yeux des passants. Il est de plus supposé demeurer perpétuellement maître de son véhicule, ce qui signifie qu'il doit pouvoir l'arrêter en quelques centimètres, même quand la vitesse autorisée et les lois de la physique exigent plusieurs mètres de freinage. Au volant d'une voiture dite luxueuse, quelles que soient les circonstances, il est forcément un richard et un puissant pour le public, et par voie de conséquence directe un suspect. Que faire ? Tout le monde aime le petit David, imaginé valeureux, et déteste le grand Goliath, supposé vaniteux.

David a pour lui des atouts innombrables, dont le premier est qu'il est seul, mais avec des soutiens accessibles et engagés, tandis que ses adversaires sont multiples et qu'ils présentent des désaccords, des lacunes : ce sera la victoire de la concentration et de l'attention contre la dispersion et l'éparpillement. L'employé a une vue entière de la situation, quand son employeur juxtapose de multiples perspectives, toutes subjectives : entre elles les fissures sont obligatoires, et il suffit à l'employé de les repérer, de s'y engouffrer, de les élargir pour les transformer en défauts béants. David, nous le verrons, a aussi quelques handicaps, mais qu'il lui est facile de surmonter ou de contourner dès lors qu'il en a une conscience claire.

Pourtant, vous en doutez car vous avez vu des collègues perdre dans leurs différends avec l'employeur. Vous allez bientôt comprendre qu'il s'agissait en grande majorité de cas où ils étaient mal préparés, mal organisés, mal entourés ou mal conseillés, et le plus souvent peu professionnels. Ce sont des défauts visibles dans la conduite de leur conflit et ils ne peuvent pas y être performants : lacunes fâcheuses que cet ouvrage a l'ambition de souligner pour qu'elles soient dorénavant évitées. Mais ce sont aussi, souvent hélas, les déficiences qui se trouvaient à l'origine de leurs déboires professionnels. L'un entraîne l'autre, et les qualités d'un employé adroit dans ses débats avec son patron sont aussi celles qui font un employé apprécié pour son travail, donc épargné par les problèmes…

À la fin de votre lecture, vous comprendrez également ceci : obtenir ce que l'on souhaite peut s'appeler « gagner » pour beaucoup, mais les suites de la victoire montrent souvent qu'il aurait mieux valu ne pas livrer la bataille. Si l'issue immédiate peut être glorieuse, gratifiante, avantageuse, la suite peut aussi être aride. À méditer avant de s'y lancer – nous y reviendrons.

Avertissement sur quelques licences épistolaires

Au long de cette rédaction, le mot « entreprise » sera souvent utilisé. Dans l'esprit de l'auteur, il désignera tout groupe humain impliqué au service d'un programme d'activités partagé, et non pas seulement les organisations porteuses d'ambitions collectives et soumises à la fiscalité. Cette entorse au vocabulaire évitera la fastidieuse répétition du mot « employeur », et les personnes qui travaillent pour une administration feront leur profit des paragraphes où l'employeur sera, par facilité, appelé « entreprise ».

Pour la même raison, les formes féminines de la langue française seront éludées à dessein, sans vouloir manifester le moindre manque de considération aux représentantes du sexe abusivement qualifié de l'épithète « faible ». C'est aussi pour alléger la rédaction. « Collaborateur » doit donc être traduit par « collaborateur ou collaboratrice », « votre patron » par « votre patron ou patronne ». Mais quand vous vous adresserez à votre avocate, il ne conviendra pas que vous l'appeliez « maîtresse », contrairement à l'enseignante de votre lointaine école primaire. Merci par avance pour la compréhension indulgente dont les lecteurs (ce qui veut dire « les lecteurs et les lectrices ») voudront bien faire preuve.

Enfin, cette rédaction n'est ni celle d'un juriste, ni celle d'un spécialiste des ressources humaines. Elle provient d'un responsable qui a dirigé de très vastes effectifs et y a constaté la réalité qu'il a décidé de présenter ici. Quand il sera temps pour vous de vous organiser ou de passer à l'action, vous trouverez dans ces pages des conseils utiles, pour ne pas dire essentiels ; ils ne vous dispensent cependant pas de l'avis des spécialistes et professionnels auxquels ce livre vous renvoie souvent, et qui doivent le compléter, le documenter, voire en corriger les lacunes, imprécisions ou méprises inhérentes à sa concision et à son origine.

Chapitre 1

Les différents types de querelles, leur enchaînement possible

Les conflits chez votre employeur sont-ils inéluctables ?

Au risque de décevoir le lecteur, il faut répondre affirmativement : dans la vie du groupe au travail, les conflits sont inéluctables, ils ne peuvent être perpétuellement et définitivement évités. Au demeurant, ils sont un signe de bonne santé du groupe, quelque horrible et inacceptable que puisse paraître cette affirmation.

Dans une équipe à la poursuite d'un but se trouve forcément un « capitaine », sinon ce n'est pas une équipe, mais un chaos[1]. Qui dit groupe dit donc autorité, et ceux qui

1. Le mot « bordel » est ici soigneusement évité, même si et parce qu'il désignait le site de travail d'un groupe hautement professionnel et très rigoureusement organisé, avec une claire autorité

pratiquent le bénévolat savent combien il est difficile d'y reconnaître une autorité détenue par une personne dont la bonne volonté ne peut en rien la distinguer des autres participants. Seuls l'ascendant et la compétence arrivent à y compenser l'absence de cette légitimité qui résulte habituellement de la nomination par une puissance tutélaire, ou simplement plus gradée, voire d'une position liée à la propriété des moyens de production ou à la fondation de l'entreprise, et parfois aux suffrages consentis par les électeurs.

La personne qui détient l'autorité a le devoir d'en faire usage pour donner des directives, des instructions, des consignes, c'est-à-dire l'ensemble de ce qu'il est impossible d'appeler des « ordres » tant ce vocable est devenu insupportable. Elle doit ensuite s'intéresser à leur exécution, puisque le devoir des chefs n'est pas d'être infaillibles, mais de tracer une ligne et d'obtenir que les subordonnés œuvrent dans le sens de sa poursuite. Dans le cadre de ce programme et de cette attente, le responsable du groupe sera immanquablement amené à évaluer l'engagement, les contributions, les apports des uns et des autres. S'il ne contrôlait rien, rien ne se réaliserait. La nature humaine est charitable, mais elle a vite fait d'oublier d'obéir et d'accomplir ce qui lui est demandé. Depuis

---

entre les mains de « Madame », souvent assistée de « Monsieur » et d'une « sous-maîtresse ». Un groupe avec une répartition des fonctions et des rôles, un recrutement qui ne laissait rien au hasard, une gestion méticuleuse des performances, une assignation pointilleuse des objectifs, des attentes en termes de résultat et des sanctions visant à corriger les insuffisances. C'est du moins ce que le curieux peut en apprendre dans la littérature, l'institution ayant pour de bon disparu le 13 avril 1946, à l'initiative de madame Marthe Richard.

Aristote, les choses n'ont guère changé en ce domaine. Tout le monde « il est pas toujours beau », tout le monde « il est pas toujours gentil »...

Dans son examen de la réalité, ce chef trouvera des collaborateurs qui se mobilisent à fond et brillent par la qualité des pierres qu'ils apportent à l'édifice, et d'autres qui, par incapacité ou volonté insuffisante, ne fournissent que des graviers insignifiants et des cailloux qu'ils ont oublié de tailler pour les insérer dans l'architecture prévue. Sans oublier ceux qui lancent leur pavé dans la mare, ceux qui le propulsent dans le jardin adjacent – celui de leurs collègues ou de l'entreprise –, et ceux qui jettent la première pierre à leur voisin de bureau pour dévier la critique qu'ils savent mériter. Des divergences de visions sont donc inévitables qui, dans la plupart des cas, dégénéreront en de non moins inévitables querelles.

Les organismes dans lesquels ces évidences ne sont pas perceptibles sont ceux dont les employés devraient le plus se méfier. Les conflits n'y existent pas en effet, et ce pour une seule raison : la collectivité unanime se rejoint dans le pieux souci de les contourner et veut éviter d'un commun accord ce qui nuit à l'ambiance et s'avère toujours pénible à vivre. L'ensemble des acteurs y fait n'importe quoi, et personne ne s'en inquiète. Ceux qui ont à cœur de bien faire leur travail réalisent vite que leur application n'est pas reconnue et que le mérite n'y est pas plus récompensé que n'est réprouvée la sous-performance. Le scepticisme y gagne les plus vaillants, lesquels ajustent rapidement leur niveau de contribution à celui du tire-au-flanc, du je-m'en-foutiste et du glandeur, dont l'impunité constatée sert d'enseignement aux plus valeureux. Les organisations qui n'appliquent pas de sanctions voient sans délai la performance des meilleurs s'aligner sur celle des moins bons : la disparition de ce type de structures est inscrite dans leur patrimoine chromosomique, et l'employé lucide les quittera précipitamment dès qu'il aura compris qu'y faire de son mieux ne résulte en aucune différence perceptible, et que la route est suicidaire. Sauf protection statutaire, ou conjoncturelle en raison d'une supériorité territoriale ou technologique temporairement indiscutable, le corbillard n'est jamais loin, et mieux vaut toujours quitter le navire quand il n'a pas encore cessé de flotter.

Si vous voyez autour de vous des compliments, des récompenses et des punitions, et même des châtiments sévères, réjouissez-vous : il est probable que tout n'est pas facile dans ce milieu, mais il est non moins probable que les meilleurs y seront distingués des moins bons. Excepté si vous vous savez intrinsèquement mauvais, ou décidé à tout détraquer pour d'autres raisons idéologiques, il s'agit sans doute d'un bon endroit où travailler. Il est normal qu'il y ait quelques lauréats et quelques perdants : si la loterie n'avait que des gagnants, elle aurait cessé d'exister depuis longtemps, faute d'organisateurs pour en proposer les billets.

C'est donc un fait de l'existence, les frictions sont inéluctables, tout autant que les heurts dans le quotidien d'un couple. Avant d'arriver au divorce avec l'assistance des spécialistes en robes noires, ou maintenant des notaires, et avant les déchirements et les batailles rangées pour la garde périodique des enfants, bien des étapes sont à envisager, d'autant plus que certaines peuvent conduire à la pacification. Il en va de même dans le monde de l'emploi, avec de subtiles gradations dans la dureté progressive des circonstances.

Vous n'êtes jamais seul chez votre employeur. Vous pourriez être son unique salarié que vous n'y seriez pas seul : de nombreuses personnes ont sur lui une influence, lui occasionnent des joies et des enthousiasmes ou des difficultés et des désespoirs. Votre histoire a une coloration et une saveur très différentes selon ce qu'il vit. Dans une affaire en pleine croissance, prospère et avec des moyens, le pardon des offenses peut être habituel, tandis que dans un environnement tendu, la sous-performance d'un seul ou son comportement déviant sont redoutés, puisqu'ils pourraient causer la perte de toute la cordée : les patrons y seront moins débonnaires que si tout était proche de l'idéal. Il vous faut donc analyser et comprendre les circonstances environnant la traverse que vous rencontrez : encadrement disponible et porté à la bienveillance, ou au contraire mobilisé, indisponible, irritable et vite inaccessible. Quand il y a des sous, tout va mieux… Les affaires qui connaissent un développement rapide sont tolérantes, et installent dans des recoins dorés des collaborateurs que les affaires en difficulté traiteraient de manière autrement intransigeante.

Un cas particulier très favorable : le conflit en période de « plan de sauvegarde de l'emploi »

La vie de la plupart des employeurs est faite de hauts et de bas, sinon à l'échelle de la totalité de la structure, du moins à celle d'un service, d'une division, d'une agence, d'une équipe de produit. Il se trouve trop souvent quelque part une activité que les progrès de la productivité, la nécessité de délocaliser sauf à vouloir déposer le bilan, la concurrence, le vieillissement des produits rendent économiquement non viable. La tentation est toujours d'assurer sa survie en y persévérant tête baissée avec une perte amplement constatée, ou avec une perte obligée dont l'échéance est prévisible : il suffit de financer ce coûteux déclin structurel et orphelin avec la prospérité des sections bénéficiaires ailleurs. Affirmation concrète de la théorie selon laquelle une entreprise faisant des profits ne devrait pas avoir le droit de licencier : elle revient à proclamer que les pommes saines dans un panier arrivent à remettre en bon état celles dont les meurtrissures et les blessures dissuaderaient les acheteurs. En réalité, c'est la pomme avariée qui rend les autres immangeables. Cela est connu et admis : il vaut mieux se couper un bras que perdre la vie. Réalité tragique et impopulaire, surtout évidemment pour ceux dont l'emploi est ainsi remis en question après des années, voire des décennies ou une vie entière de loyauté et de dur travail consenti volontiers. La mauvaise nouvelle est le plus souvent ressentie comme une trahison, et c'est bien logique.

Dans ces circonstances, le plan de sauvegarde de l'emploi – ou PSE, dispositif antérieurement connu sous la dénomination moins heureuse de « plan social » et aussi appelé « plan de restructuration » ou « plan de redressement » – sera présenté prioritairement au comité d'entreprise (CE) et reçu d'emblée comme un plan de licenciement collectif. Si vous vous trouvez en situation de conflit personnel avec votre employeur, considérez égoïstement cette difficulté de l'entreprise comme encore plus favorable : vous serez sans doute le seul à vous réjouir des déboires qui s'abattent sur tout votre monde de travail, et en particulier sur vos collègues, mais vous allez tirer parti de cette complication imprévue.

Tout d'abord, vos interlocuteurs habituels dans la structure vont être totalement mobilisés par cette nouvelle problématique. Un PSE passe rarement comme une lettre à la poste. Il est le plus souvent l'objet d'âpres négociations. Vos représentants élus du personnel pourraient se démener pour démontrer au plus vite que la santé de l'unité en question n'est mauvaise qu'en apparence. Les chiffres seront dits trompeurs ou trafiqués. Puis la bataille pourrait se porter sur l'investissement : si les actionnaires acceptaient d'injecter un peu plus de capital, l'outillage serait modernisé et la meilleure productivité résultante permettrait de conserver activité et emplois. Plus tard viendra la bataille sur l'accompagnement matériel des licenciements. Il pourrait y avoir un appel aux volontaires : évidemment, partiraient en priorité ceux dont les chances de retrouver facilement un emploi ailleurs sont les meilleures ; pour commencer, les plus jeunes, les plus qualifiés et les moins chers. Il faudra que la direction mette en place une dispendieuse cellule de reclassement et que des indemnités soient accordées : les indemnités réglementaires ou contractuelles antérieurement seront déclarées totalement insuffisantes.

Votre encadrement

Les représentants de la direction sont ici en fort petit nombre face à un personnel très anxieux et à un comité d'entreprise aux effectifs forcément plus importants. En outre, les élus des employés ont bien plus de temps à consacrer à l'affaire que les cadres de haut niveau : un élu dispose d'heures de délégation pour ce genre de travail, et peut se permettre d'alléger sa présence sur ses tâches habituelles. Le lui refuser reviendrait à rendre encore plus rugueuses les relations avec lui au moment où l'employeur a besoin d'un peu de sa compréhension, faute de pouvoir espérer son adhésion totale. Le patron, lui, n'a pas d'heures de délégation et doit en même temps continuer à faire tourner l'unité. Le directeur des ressources humaines (DRH) a la même préoccupation, portée au superlatif, et sa tâche n'est pas amoindrie ailleurs. Même chose pour les autres dirigeants, lesquels doivent tous ajouter à leur quotidien la rédaction du PSE, de ses attendus, de ses conséquences. Ils doivent de même travailler à démontrer sa justification et la manière dont il va restaurer la vitalité de l'unité visée, comme la manière dont il va finir par sauvegarder l'essentiel des emplois en en sacrifiant une partie. Et surtout répondre à toutes les questions que poseront les élus.

Ceux-ci peuvent s'assurer les conseils et l'assistance de cabinets extérieurs spécialisés dans ce genre de métier. Les consultants qui y opèrent sont le plus souvent très pointus ; ils repéreront immédiatement les failles, même minuscules, de la démonstration patronale. Tout à fait capables de démontrer que la solution envisagée est mal justifiée, ne résout rien, ne traite pas les vrais problèmes, ils recommanderont d'autres solutions qui permettraient de sauver les emplois. Quelques-unes supposeraient que la direction soit moins bornée, moins soumise aux diktats des marchés financiers ou moins servile à l'égard des échelons supérieurs (parmi lesquels les vilains capitalistes, facilement traînés dans la boue à ces moments-là pour leur gloutonnerie à courte vue, leur vénalité inhumaine et leur égoïsme hypertrophié). Travailler à la démonstration de l'inverse consomme encore plus de temps.

La période ainsi ouverte ne peut guère durer moins de quatre-vingts jours : il faut convoquer exceptionnellement le comité d'entreprise et obtenir son avis (il ne s'agit pas d'un accord, mais d'un avis, et mieux vaut qu'il ne soit pas défavorable). Cela suppose un certain nombre de réunions échelonnées, avec des durées de réflexion intermédiaires bien précises. L'appel au consultant extérieur ainsi que toutes les discussions font que ce délai de quatre-vingts jours est incompressible, sauf accélération consentie par le CE. C'est votre fenêtre de tir minimum. Au-delà, des avocats peuvent convaincre le comité d'entreprise que le plan doit être invalidé (« retoqué », en langage d'initiés) par une décision du tribunal de grande instance du coin. Si cela se produit, il n'y a pas de limite au temps qu'il faudra y consacrer. Le sujet étant sérieux, vite couvert par les médias, et la justice ne pouvant être expéditive, les mois vont passer, et les négociations sur les conditions de départ avancer vers plus de libéralités.

In fine, plus personne n'aura grand temps à consacrer à votre malheureux petit dossier, sauf vous. Certes, votre chef direct n'est pas forcément impliqué dans tout cet exercice. Mais le PSE transforme automatiquement son attitude et son regard. En premier lieu, il pourrait aussi être visé et se retrouver sur la liste fatale… ou rêver de se mettre sur celle des volontaires amateurs d'un départ indemnisé. Autant de temps consommé et de distance accrue entre vous et lui d'un côté, et entre l'employeur commun et vous deux ensemble de l'autre. Vous pourriez bien vous trouver tous deux sur le marché du travail au même moment. C'est une nouvelle réalité qui devrait tout naturellement changer la nature des rapports : solidarité des individus qui partagent à l'identique les angoisses et les espoirs, même si ce qui vous y aura conduit n'a rien à voir avec ce qu'il pourrait vivre, et même s'il est pour quelque chose dans ce qui vous arrive. Les signes montrant un changement dans vos positions respectives suite à l'apparition du PSE ne vous seront certainement pas donnés de manière lisible ; mais vous devrez observer tout cela avec soin et tenter des approches permettant de sonder un peu les intentions. C'est le moment de profiter des particularités de l'instant en y travaillant avec encore davantage d'application et d'ingéniosité.

Si votre chef ne s'imagine pas sur le départ, parce que le mouvement d'effectifs ne touche pas son secteur, par exemple, ou parce qu'il n'a pas envie de changer, il sera tout de même concerné : des postes vont se libérer ailleurs dans la structure et il pourrait y trouver une évolution qu'il espère. De hauts dirigeants vont tourner, certains seront nommés : des copains, des alliés, des rivaux, des ennemis ? Il va bien certainement perdre des collaborateurs dans l'exode général : lesquels ? Comment les remplacer ? Toutes considérations dont l'agitation va le tarabuster.

Surtout, le manque de disponibilité de votre encadrement va réduire le temps consacré aux discussions avec vous, et particulièrement à l'étude de vos écrits (le plus souvent confiée à un DRH ou à un directeur juridique, l'un et l'autre fort pris par le PSE). Quand vous êtes face à un responsable dans son bureau, il faut bien qu'il vous écoute jusqu'à ce que vous franchissiez la porte à la fin de la rencontre. À l'inverse, vos lettres ne bénéficieront que du temps requis pour se convaincre que l'on en a saisi le contenu : c'est très différent du temps nécessaire pour comprendre les implications, imaginer les suites et les conséquences, bâtir les parades et les ripostes. Or, en cette période de bouillonnement, des points importants de vos textes seront promptement sautés dans une lecture rapide : une réunion fondamentale avec le comité d'entreprise va commencer, et il y a mieux à faire sur les grands enjeux que sur votre correspondance de la veille. Des erreurs d'entendement et de procédure sont probables. À vous de les diagnostiquer sans indulgence. Le terrain est dans l'immédiat meilleur pour vous. Et vous le rendrez encore meilleur en l'occupant, au besoin par d'innocents stratagèmes : vous allez multiplier les demandes de rencontres, en les documentant par écrit les unes après les autres. Au mieux, vous mangerez l'emploi du temps tout à coup terriblement précieux de votre interlocuteur (surtout le DRH) et augmenterez son envie de se débarrasser de vous ; au pire, vous bâtirez un dossier montrant que lorsque vous voulez être reçu pour discuter constructivement, personne n'accède à votre requête. Plus tard, un avocat saura profiter adroitement de cette démonstration, et personne ne prêtera attention au fait que les individus que vous sollicitiez alors avaient réellement des sujets plus importants à traiter.

Vos représentants du personnel

Parmi les représentants du personnel – que nous évoquerons plus avant –, il vous faut procéder à la sélection d'un conseiller en prenant en compte les troubles qui peuvent découler du PSE. Vous pouvez déclarer votre préférence pour un délégué du personnel, un représentant au CHSCT (comité d'hygiène, de sécurité et des conditions de travail), un délégué syndical ou un représentant au comité d'entreprise. Les deux derniers seront sévèrement accaparés par les discussions avec la direction sur le PSE. Ils seront moins disponibles qu'en temps ordinaire, mais se trouveront au cœur de l'action, là où s'échangent des informations absolument essentielles pour la conduite de vos affaires. Un suppléant au CE serait un bon choix, car il participe aux discussions, mais en seconde ligne seulement ; ou un autre représentant vraiment proche d'un syndicat, dont le délégué central est en mesure à tout moment de ravitailler les troupes en renseignements de valeur sur les tractations en cours.

Les négociations finales

Enfin, ce plan de sauvegarde ouvre le champ à des négociations collectives sur les conditions matérielles des départs subis. Il vous faudra en conséquence aligner le calendrier de vos manœuvres sur celui de ces pourparlers ; ils ne devraient pas vous concerner, mais éclaireront fatalement votre lanterne. Ce que votre direction concédera aux demandes de vos représentants devrait représenter un plancher pour vous. Vous devrez donc suivre les négociations avec une vigilance quotidienne : vous verrez ainsi progresser le niveau matériel de vos espérances et vous vous frotterez les mains plus d'une fois, en plein bonheur jubilatoire. La direction sera en effet amenée à lâcher du lest à de multiples reprises : c'est le seul procédé pour acheter une reprise de l'activité et pour obtenir qu'enfin l'attention se concentre sur les finalités réelles de la structure et non plus sur les « qu'est ce qui va m'arriver, que vais-je bien pouvoir faire ? ». À chaque fois, cela est bon pour vous si votre cible est l'indemnisation.

Il faut donc faire preuve de patience et pronostiquer au mieux la fin prochaine des conversations bipartites. Dix jours avant la conclusion que vous imaginez, vous pouvez rencontrer votre interlocuteur principal et déclarer solennellement que vous êtes excédé, qu'il a d'autres chats à fouetter, de même que vous, et qu'il est temps de déboucher sur une conclusion. Il sera facilement d'accord sur ce préambule. Ne lui demandez pas ce qu'il pourrait proposer pour clore vos luttes : proposez directement ce que vous estimez crédible, et qui est certainement différent de ce qui vous comblerait ou de ce dont vous aviez rêvé (en plus ou en moins). Les débats entre direction et élus vous auront dit ce que les partants vont recevoir : pas la même somme pour tout le monde, mais une somme découlant de règles communes à tous. Vous allez réclamer la même chose, le double, ou *x* % de plus, selon les torts de part et d'autre et la solidité de votre argumentaire – tout dépend… Mais vous n'aurez jamais de meilleure chance car, pour une fois, vous savez exactement ce que votre direction est prête à donner au premier venu. Votre réclamation est ainsi calibrée, en tenant compte de ce que vous n'êtes pas le premier venu mais le détenteur d'un dossier à toute épreuve.

Même si vos prétentions semblent lourdes à votre interlocuteur, vous avez toutes les chances qu'il conclue en lui-même : « Et alors… Débarrassons-nous d'un problème excédentaire qui ne faisait que me bouffer la vie. Ce qu'il demande est outrageant, mais autant en finir au plus vite. Le temps ainsi libéré vaut cent fois plus si je l'applique intelligemment ailleurs. Et cela fera un licenciement imposé en moins, c'est toujours bon à prendre. »

Vous ne pourrez pas créer les circonstances d'un PSE, qui n'est jamais qu'une désolation dont personne ne souhaite faire l'expérience. Mais vous pouvez en profiter largement.

En dehors de ces circonstances, heureusement exceptionnelles, passons maintenant en revue, en évaluant leur gravité, les étapes des démêlés possibles avec un employeur dans un cadre coutumier.

Le simple différend

Cela commence par un changement : vous percevez quelque chose d'inhabituel. Par exemple, vous êtes en désaccord avec votre entreprise sur un point particulier. Il peut s'agir d'un point de politique (vous n'admettez pas qu'elle fournisse du matériel à des clients d'un pays que vous considérez comme « voyou » ou infréquentable parce qu'il exporte du chanvre indien, ou qu'il fait travailler des fillettes encore impubères) ou d'un point d'éthique (elle a un comportement inadmissible envers une catégorie d'employés que vous estimez victimes de son étroitesse d'esprit ou de sa sauvagerie, ou bien vous lui reprochez de ne pas suffisamment respecter un environnement que vous savez précieux) ou encore d'un aspect personnel vous concernant de plus près (votre comportement, votre attitude professionnelle, votre performance ne satisfont pas autant que vous le souhaiteriez). La remarque ne vous en est pas faite, mais vous le percevez à de petits signes dont l'accumulation ou la coïncidence vous alarment. Ainsi, votre patron qui vous faisait la bise tous les jours à votre arrivée, comme à toutes vos copines dans son service, ne vous salue même plus et s'abstient à présent de vous souhaiter un bon week-end le vendredi soir ; votre salaire n'évolue plus comme vous en aviez l'habitude ; les récompenses exceptionnelles et les témoignages de satisfaction ne vous sont plus servis alors que vous les voyez pleuvoir autour de vous ; votre avis cesse d'être recherché ; vos performances ne sont plus citées quand il s'agit de motiver les troupes ; et on a oublié de vous inviter à la traditionnelle galette des Rois (ultime et douloureuse humiliation riche de signification !). Un écart commence à se creuser entre vous et votre employeur. Méfiance, dès lors…

Admettez d'emblée que vous n'êtes sans doute pas confronté à un conflit de nature à vous séparer de l'entreprise. Comme vous vous trouvez seul à analyser ce qui se passe, vous pouvez avoir tendance à diaboliser la situation et à tout peindre en noir. Vous commencez à ruminer et à tourner en rond, ce qui confère à votre observation une dimension de plus en plus titanesque, pas toujours avec raison. Seriez-vous de ceux qui imaginent le carambolage dans tout ce qui traverse leur route ? Votre chef vous fait la gueule ? Peut-être la défaite de l'équipe de France dans le

Tournoi des Six Nations lui a-t-elle retourné la bile. Il ne sait s'adresser à vous autrement que sur un ton revêche, et vous critique à toute occasion ? Ce pourrait n'être que l'extériorisation (critiquable, certes) d'un épisode d'infortune conjugale, d'un souci de santé, voire d'un délicat problème professionnel qui lui ferait pressentir un danger personnel. Même si vous avez peine à le croire ou à l'imaginer, votre chef n'est qu'un homme, avec ses pulsions, ses appréhensions, ses difficultés aussi : tout cela peut rejaillir sur une relation subitement moins plaisante, sans être l'indicateur d'une défiance ou d'un mécontentement inavoué à votre encontre. Il se pourrait bien que vous en soyez uniquement au niveau de la chamaillerie, au pire de l'incompréhension : ce n'est pas le moment de tomber dans la fébrilité, ni non plus de s'illusionner et d'imaginer le ciel perpétuellement bleu parce que vous le souhaitez ainsi.

Votre examen intransigeant vous laissera conclure à un déboire insignifiant ou à un authentique début de pourrissement. Si après avoir conduit toutes vos analyses solitaires avec la meilleure objectivité, vous concluez que vous commencez à vous trouver exposé à un problème avec votre employeur, il est encore probable ou possible que vous n'ayez qu'un différend avec ce chef (votre « supérieur hiérarchique direct »), le premier représentant de la structure à vos yeux, et non avec la structure entière qui vous emploie. Rien ne dit que vous soyez déjà entré dans le périmètre miné des tracas et des impasses. Il n'est nullement certain que ce manager soit parfaitement en ligne avec sa propre hiérarchie supérieure, laquelle n'est tout de même pas au courant de tout. Ce peut être une personne de qualité, intègre, compétente, mais aussi un sale méchant petit cornichon. Et cette interrogation doit éclairer toute la suite des considérations que vous allez lire.

Les qualités humaines des supérieurs hiérarchiques

Les sociétés, les entités humaines, dès qu'elles grandissent et dépassent la dizaine ou la vingtaine de personnes, ont forcément besoin de mettre en place des chefs intermédiaires, des relais de la hiérarchie ultime (la vraie, celle qui est assise à la droite de Dieu : le PDG, le gérant, le fondateur ou le haut fonctionnaire tout puissant et très durable, et très protégé par son diplôme ou son carnet d'adresses). Ces chefs intermédiaires ne sont pas tous égaux en inspiration ou en talent, ni en qualité dans la relation humaine. D'aucuns ne voient en vous qu'un outil ordinaire devant uniquement contribuer à l'exécution de leur propre mission et à la satisfaction de leurs propres objectifs. Ils n'apercevront jamais autre chose qu'un collaborateur, évalué au seul étalon de son intérêt économique, et auquel il est définitivement interdit de souffrir visiblement du fardeau de ses problèmes personnels, surtout s'ils sont de nature à affecter temporairement sa performance. J'ai connu l'un de ces chefs. Quand je lui ai dit : « J'aimerais pouvoir m'absenter demain entre 10 heures et midi pour me trouver à l'hôpital quand ma fille sortira de la salle d'opération », il m'a tout bonnement répondu « D'accord », là où d'autres m'auraient dit : « Que lui arrive-t-il ? Êtes-vous inquiet ? Partez de suite pour passer un moment à ses côtés. Je ne veux pas vous voir demain matin du tout. Appelez-moi pour me donner des nouvelles dès que vous en aurez… » Car il en est aussi qui sont attentifs et communicants, qui s'intéresseront à vous sincèrement en tant qu'être humain, et vous aurez souvent plaisir à travailler sous leur autorité. Ces chefs qui vous plaisent ont de surcroît pris le temps de réfléchir et d'apprendre. D'année en année, ils se sont perfectionnés jusqu'à devenir ce que vous attendiez.

Or les entreprises à croissance fulgurante n'octroient pas le temps de cette maturation, et quand les chefs y arrivent à des postes d'encadrement, ils ont le plus souvent été embauchés six mois à peine avant ceux dont ils deviennent responsables : mauvaise méthode, porteuse de nombreuses difficultés ultérieures. Les petites entreprises, où la survie est remise en jeu tous les jours, n'ont pas non plus toujours le loisir d'assurer cette préparation humaine de leur encadrement : en leur faveur, il faut ici recommander un minimum d'indulgence et de compréhension, à tout point de vue. Les structures à croissance lente, à l'autre extrême, sont encombrées d'anciens qu'elles osent d'autant moins décevoir que leur désillusion instruirait l'armée de ceux qui sont à peine moins anciens. L'avancement, les récompenses y sont donc souvent alloués en premier lieu en fonction de l'ancienneté. Ces chefs distingués tardivement ont certes eu le temps de constater toutes les sottises commises par ceux qui les ont précédés ; mais s'ils avaient un véritable don pour l'animation des équipes, il n'est pas certain que, faute de pratique précoce et continue, ce don ne se soit pas quelque peu affaissé dans les sables mouvants de l'inaction. Faire fonctionner une équipe est un métier qu'il vaut mieux apprendre de bonne heure et pratiquer par la suite avec esprit critique et soif de progresser. Oubliant cette réalité, nombre d'employeurs négligent cette formation, faisant une entière confiance aux dons naturels des chefs qu'ils mettent en place. Ce n'est pas la bonne manière pour favoriser l'éclosion et la prospérité de supérieurs intermédiaires inspirants. Les résultats sont aléatoires, et le conflit inutile, stupide, immérité, n'a souvent pour seule origine que la médiocrité d'un petit chef mesquin et obtus.

Défaut d'attention, mauvaise communication, médiocre transmission des directives, approximations dans l'analyse de la situation, préjugés machistes, racistes ou sexistes ineptes, rumeurs colportées auxquelles aucun crédit n'aurait dû être apporté, réactions excessives ou blessantes résultant couramment du stress et de la pression qui exacerbent les prurits : bien des raisons peuvent engendrer les signes visibles d'un différend susceptible d'évoluer en dispute et d'atteindre ensuite le stade du conflit. Cela dit, les sources principales les plus fréquentes du différend restent la non-exécution, ou l'exécution insuffisante en nature, en temps ou en dépenses, des instructions transmises et des missions confiées. Souvent les auteurs de ces manquements en conviennent sans se forcer. Tout le monde peut se tromper, personne n'est parfait : discuter ici du bien-fondé d'une telle position est hors de notre propos. Il s'agit pour nous d'évoquer uniquement les situations dans lesquelles l'employé n'est pas d'accord avec sa hiérarchie. Dans les autres cas, tout s'arrange instantanément, le combat cessant faute de combattants.

Les manifestations du différend

Au niveau qui suit cette perception personnelle d'une telle situation déplaisante, divers degrés de difficultés se rencontrent dans l'évolution du différend. En ordre croissant de dangers :

La « désapprobation prononcée »

Votre chef est en désaccord avec vous, avec ce que vous faites ou avez fait, ou pas fait, ou avec ce que vous avez dit ; au cours d'une conversation sans témoin, il vous demande de corriger vos actions ou vos propos dans un sens qu'il vous indique. Vous l'entendez déclarer, avec plus ou moins de sourires ou de simagrées :

- « C'est quoi ce merdier que tu nous as fait ? »
- « Là, tu as fait preuve de négligence… »
- « Franchement, tu crois que je dois accepter ça… ? »
- « Ce n'est pas sérieux, tu peux faire mieux, applique-toi. »

Vous pouvez estimer qu'il a raison ou juger tactiquement sage de faire semblant de le croire, et vous évitez la discussion en vous taisant ou en proclamant : *« Cela ne se reproduira pas, vous pouvez compter sur moi, ce n'était qu'un accident… Il n'y aura pas de rechute »*… L'inspiration n'a pas de limite pour trouver la bonne formule de conciliation. L'incident semble clos ; il a toutefois eu lieu et demeurera dans votre mémoire comme dans celle de votre patron. À la prochaine confrontation, s'il s'en produit une, il tiendra compte de cette première mise au point et s'en servira comme base de départ. L'absolution par oubli total ne pourra avoir lieu que bien plus tard, ou à la faveur de l'arrivée d'un nouveau chef : celui-ci ne sera pas forcément mis au courant par le partant, ou se soumettra à l'envie, fréquente à ce niveau, d'opérer de manière différente et de ne pas absorber les jugements transmis sans les remettre en question. Ce n'est qu'une des manifestations de ce principe assez répandu pour régner chez certains chefs : « Mon prédécesseur était une nullité, mon successeur est un traître »…

Enfin, observez bien si le mot « faute » est prononcé. Ce terme est tout sauf inoffensif. Il n'existe cependant pas de texte définissant la faute du salarié : c'est l'employeur qui décide souverainement si une faute a été commise et qui en fixe précisément et seul la gravité. Bien entendu, l'employé dispose de tous les recours possibles pour obtenir que l'avis de ce dernier change, mais dès que le mot « faute » apparaît, la situation prend une tournure menaçante. Encore faut-il qu'il soit proféré par une personne connaissant quelque peu le vocabulaire du code du Travail, ce qui n'est pas le cas de tous les managers. Le contexte doit donc être pesé par vous, et la réaction adaptée soit aux termes utilisés, soit à l'atmosphère de la confrontation vécue. L'un et l'autre sont toutefois à évaluer à la lumière des circonstances : énervement pour d'autres causes, exaspération, fatigue physique, chagrins extraprofessionnels, bien des facteurs altèrent le comportement comme l'expression, et il faut les imaginer, voire les sonder avant de porter un jugement définitif sur ce qui aura été vécu.

Nous verrons plus loin qu'il existe plusieurs sortes de fautes.

La « remontrance »

C'est une demande de correction complétée d'une menace, explicite ou discrète, quant à ce qui se produirait si vous ne changiez pas selon le sens indiqué. Vous pouvez entendre des phrases telles que :

- « Nullement différente de la tienne, ma patience a des limites… »
- « Je ne veux pas avoir à le redire. »
- « Une fois pour toutes, … »
- « Je vais en rendre compte à la hiérarchie. »
- « J'ai été complaisant, et j'ai eu tort. Je ne pourrai plus l'accepter. »

Vous pouvez réagir comme dans la première hypothèse ci-dessus et donner l'impression (réelle ou simulée) que vous capitulez en courbant l'échine. Mais il se peut aussi que vous ne soyez pas d'accord avec cette admonestation et que vous ne vouliez ni céder ni vous ranger au point de vue écouté en acquiesçant puis en agissant autrement dans le futur. Le plus souvent, chacun campera sur ses positions sans accepter d'en changer. Vous direz « Ça, je ne peux pas l'entendre », et lui rétorquera « C'est moi le chef, c'est comme ça, et je t'aurai à l'œil ». Dans le meilleur des cas, vous en resterez à ce niveau : chacun y mettra du sien par la suite, un compromis se trouvera naturellement, quelque part entre les deux positions, personne n'ayant eu outre mesure le sentiment de perdre la face. L'œuvre du temps, qui mène insensiblement vers l'oubli, ne pourra qu'y aider. Un danger probable tout de même : des traces du tiraillement resteront dans les deux mémoires.

Les démêlés que nous venons de passer en revue peuvent se répéter. Leur succession est un signe de détérioration, et les rancœurs peuvent s'empiler jusqu'à faire exploser la Cocotte-Minute. À suivre avec attention ! Passer en mode « prévention » avec les actions de préparation qui seront proposées dans un chapitre ultérieur.

La « remontrance en présence de témoins »

Ce type de réprimande est bien plus préoccupant. En premier lieu, votre amour-propre ne peut qu'en souffrir : se faire sermonner en public est infamant, et la perte de prestige immédiate. Votre sentiment de l'injustice va se trouver multiplié par un coefficient facilement chiffrable. Nous l'évaluerons à 2 porté à la puissance n, n étant le nombre de témoins présents : avec un témoin, cela sera deux fois plus insupportable que si vous aviez été seul, avec deux témoins, quatre fois plus, avec trois témoins, huit fois plus, etc. Devant le stade de France au complet, c'est l'insulte monumentale. Votre envie de répliquer en fulminant contre l'iniquité sera irrésistible : il vous faut restituer la vérité devant les observateurs, vous ne voulez pas vous trouver diminué à leurs yeux, car leur estime vous est forcément précieuse. « Non mais, j'ai l'air de quoi… Qu'est-ce qu'ils vont penser ? Je ne vais quand même pas me laisser faire ! Il va voir ce qu'il va voir, ce petit avorton autocratique et grossier… » Vous pouvez ainsi entamer un duel verbal dangereux.

Vous devez ici vous méfier en priorité de vous-même, et non de votre interlocuteur : lui pourrait bien avoir eu tout le loisir de comploter son initiative. Il pourrait savoir exactement quels reproches formuler et dans quels termes. Quelquefois aussi, il cède tout bonnement à l'impulsion et n'a rien combiné. Mais vous n'en savez rien et mieux vaut faire l'hypothèse que tout a été réfléchi et ordonnancé avec minutie. Vous, à l'inverse, êtes atteint par surprise ; vous ne vous attendiez pas à ce coup bas, et il est mortifiant. Vos réactions n'ont donc rien de prémédité, et vous vous laissez facilement emporter par l'émotion et les premiers indices de la paranoïa. L'indignation vous taraude et vous fait perdre votre habituelle sérénité. Votre jugement est perturbé, vous ne savez plus où se trouve le Nord. Vous risquez de répliquer en employant un vocabulaire ou un ton excessifs, que vous regretteriez par la suite : il serait alors trop tard, le *show* aurait eu son public, et, si la situation se détériorait, ces témoins pourraient faire de vous une description fort peu avantageuse, tandis que votre chef aurait su conserver sa courtoisie lors d'un exposé mesuré et objectif. Mauvais, mauvais…

En outre votre chef pourrait, comme au poker, doubler la mise sur la table pour vous interdire de suivre les enchères aussi haut : il lui suffirait de vociférer de plus en plus fort, quel que soit le volume sonore que vous produisez. S'il entre ainsi dans le domaine de l'irrationnel, il vous faut traiter la situation avec grand recul et grande circonspection, car vous pouvez tirer parti de sa réaction outrageusement passionnée. Nous y reviendrons plus avant, dans les méthodes et comportements à adopter. Pour le moment, retenez que les témoins en question peuvent être *ses* témoins, mobilisés par lui pour la circonstance. Ils peuvent partager les griefs du chef et ne s'être trouvés dans l'incident qu'afin de pouvoir en rendre compte par intérêt ou par loyauté envers lui.

Mais la possibilité existe aussi qu'ils deviennent vos témoins. En effet, s'ils ne les a pas soudoyés, ils sont *a priori* vos alliés : des employés de votre niveau ou proches de vous ne peuvent que vous porter naturellement leur sympathie – solidarité instinctive entre tous ceux qui pourraient à leur tour devenir des cibles. Les plus gradés que vous tendront cependant à se ranger du côté du chef (on se serre les coudes pareillement dans la petite noblesse de la hiérarchie). Les moins gradés que vous pourraient déguster, dans votre soudaine infortune, les ennuis d'une personne déjà jalousée pour sa position plus élevée que la leur. Les pairs sont les meilleurs soutiens, du moins ceux qui ne sont pas en situation de rivalité directe ; vous avez intérêt à vite les discerner pour capitaliser sur leur camaraderie.

Si vous pensez avoir besoin du témoignage de l'un ou de l'autre, ne perdez pas une minute : les collègues ne se montrent jamais très empressés à exprimer par écrit leur soutien, pour la raison qu'ils ne sont en rien protégés contre la vindicte de ce qu'ils perçoivent comme la caste des chefs (sauf s'ils ont une salvatrice mission de représentation – que nous exposerons plus loin). Plus vous tarderiez à demander ce dont vous avez besoin, plus vous vous heurteriez à des pertes de mémoire. Elles offrent un moyen immédiat de s'exonérer du devoir de complicité : « Ça s'est passé il y a un bon moment… Le chef a dit ça ? J'étais là ? Je n'arrive pas à m'en souvenir. Je vais faire un effort pour me remémorer ce que tu me racontes. Tu peux compter sur moi : dès que j'ai rassemblé mes souvenirs, je te contacte pour t'aider… » La suite silencieuse montrera que la mémoire est volatile, et la solidarité moins accessible dans les textes laissant des traces que dans les bonnes paroles verbales…

Quoi qu'il en soit, la difficulté vécue vient de franchir un pas car elle a dorénavant quitté l'intimité de la relation avec celui qui s'est placé subitement en position d'accusateur public. Vous êtes donc sur la défensive, et il est préférable d'en avoir conscience.

Pourtant, même si la situation est alarmante, il s'y trouve un splendide rayon de soleil qui ne demande qu'à être exploité. Dans les incidents que nous venons de relater, en effet, votre chef vous a rendu un grand service : il vous a expédié un signal précieux qui vous met sur vos gardes, mais rien n'est encore écrit, et rien de ce qu'il a bien pu dire n'a en réalité de portée. Seules les observations et sanctions écrites ont de l'importance, surtout sur le plan juridique. Désormais, en vous un homme averti en vaut deux. Outre les efforts escomptés par lesquels vous essaierez de vous améliorer, vous allez commencer à réfléchir, à étudier, à discuter confidentiellement avec des interlocuteurs choisis, et à bâtir votre stratégie de défense, sans en parler : creuser des fossés, bâtir des remparts, fabriquer des armes, rassembler des provisions, étudier le terrain et les forces en présence, préparer vos campagnes. Votre employeur ne fera rien de semblable. Quand il se lancera dans cette voie, il vous écrira, mais pour l'instant il ignore que vous vous organisez en vue d'un pire toujours possible. Il n'a utilisé que la parole pour formuler ce qui le contrariait, et il a déjà tort dans sa tactique. Contre vous, ses éventuels témoins pourraient servir, mais bien moins qu'une lettre solide et notoirement reçue par vous.

Il a également eu tort d'avoir ainsi assigné une date au début officiel de ce qui est à présent susceptible de vous opposer. Recherché et recueilli immédiatement, le témoignage écrit de participants montrerait ultérieurement que les sanctions prises à votre encontre sont trop tardives relativement à un incident dont la découverte a été manifestée publiquement par l'algarade qui vous a été si déplaisante : le délai entre la découverte de ce qui motive une sanction, et l'annonce de la sanction elle-même est rigoureusement contingenté. Nous y reviendrons. À ce stade, la démonstration est déjà à construire et à conserver précieusement.

L'entretien annuel d'évaluation, ses notations et annotations

Il s'agit d'une rencontre périodique, programmée, avec votre responsable direct. Les environnements professionnels n'ont pas tous mis en place cette pratique fort louable. La terminologie diffère d'un milieu à un autre, chacun essayant de trouver des expressions conviviales, évocatrices de l'aide (intéressée, il faut bien le reconnaître) que le sommet de la pyramide veut apporter aux échelons inférieurs : *entretien annuel d'évaluation et de conseil professionnel, revue annuelle de performance et des axes de progrès, bilan annuel d'évaluation et de préparation, revue du métier, de l'emploi et des contributions*, ou enfin *séance de notation des performances*, plus prosaïquement éclairante dans la naïveté de sa formulation. La créativité n'a aucune borne ici pour décrire aimablement une rencontre officialisée destinée à vous dire sans ambages ce que l'on attend de vous, ce qui convient et comment persévérer en ce sens, mais aussi ce qui ne fonctionne pas et comment vous y prendre pour que cela aille moins mal. Des notes sur une échelle numérique y sont souvent adjugées et, dans nombre de cas, servent ensuite à indexer les évolutions de la rémunération.

Si cette initiative n'a pas été mise en place là où vous travaillez, réjouissez-vous en, c'est un oubli qui ne peut que vous servir. Surtout, vous pourrez toujours vous retrancher derrière son absence pour accuser votre hiérarchie de n'avoir rien fait pour vous aider à progresser avant de vous tomber dessus avec le lance-flammes à la main. Les bilans annuels officialisés vous auraient orienté dans la bonne direction, et vous en aurez été injustement privé.

Vous seriez écouté avec d'autant plus d'intérêt que les instances administratives, en particulier l'Inspection du travail, souhaitent vigoureusement voir ce dispositif partout dans le cadre de la GPEC (Gestion prévisionnelle de l'emploi et des compétences). Destinée principalement à éviter les restructurations brutales qui résultent du manque d'anticipation, cette méthode de gestion prévisionnelle est quasi obligatoire au titre de l'égalité professionnelle et de l'égalité de traitement : chacun a le droit de savoir ce qu'on pense de lui, de sa performance et de sa manière de faire. La GPEC vise à maintenir la santé des affaires, donc l'emploi, en planifiant ces chapitres essentiels. Or, pour projeter l'évolution de l'emploi et de la masse salariale, il faut au minimum mettre en place des mesures et se lancer dans les projections du futur depuis une base solide : seule la consolidation annuelle de ces rencontres-bilans d'évaluation donne cet instantané. Cela est tellement important qu'un plan de sauvegarde de l'emploi a toutes les chances d'être invalidé dès son dépôt s'il émane d'une entité ayant passé outre à cette recommandation. En conséquence, si votre employeur ne l'applique pas, c'est encore un boulevard qui s'ouvrira devant vous quand vous déciderez d'agir.

Cet exercice d'évaluation et de conseil est trop souvent rituel et pleinement codifié à l'avance, la même note étant distribuée systématiquement tous les ans, et la corvée étant expédiée par des chefs qui n'y croient pas toujours davantage que ceux qu'ils encadrent. La liturgie de l'entreprise doit être respectée : les génuflexions seront faites aux bons endroits et aux bons moments par des dévots peu convaincus, quoique disposés à s'afficher avec une détermination tactique d'autant plus ostentatoire qu'elle sera plus simulée. Mais le même exercice peut recéler des traîtrises, comporter des phrases écrites sous des contours innocents et qui constituent les premières étapes de quelque chose de bien plus sérieux. Le sismographe a un seul intérêt : détecter les mouvements imperceptibles de l'écorce terrestre pour avertir largement à l'avance des tremblements de terre et de l'ascension meurtrière sur l'échelle de Richter. Il vous faut aussi diagnostiquer les signaux faibles et comprendre s'ils délivrent ou non une information sur un séisme imminent.

La rencontre s'opère toujours autour d'un formulaire rempli par le chef direct, parfois contresigné par son propre responsable. Il comporte en général une colonne ou une section permettant à l'employé de formuler ses commentaires, ses réserves, ses protestations. Ne le négligez surtout pas ! Car vous êtes à ce moment invité à signer ce que votre chef a couché par écrit dans ce document, ce qui certifie que vous en avez pris connaissance, voire que vous en avez approuvé – ou en tout cas accepté – les termes.

C'est donc le moment de laisser une trace de votre éventuel désaccord. Vous pouvez demander un délai pour réfléchir avant de soumettre votre réaction. Il vous suffit de signifier que vous ne signerez pas le document de bilan annuel avant d'avoir rassemblé vos idées pour les communiquer sous la forme appropriée. Demandez à partir avec le formulaire, ou au minimum une copie pour y réfléchir un peu plus. Revenez quelques jours plus tard avec ce que vous avez à dire, après avoir profité au moins d'un week-end de réflexion entre-temps. Inutile de protester sur les faits, sauf s'ils sont manifestement erronés – ce qui serait bien surprenant. Mieux vaut insister sur le besoin que vous aviez d'un encadrement plus proche et plus attentif pour atteindre la performance prévue, et dire que vous comptez sur ce supplément de management dans l'avenir. Plus vous en ajoutez sur ce dont vous sentez le besoin, meilleure est votre préparation des développements futurs, qu'ils soient périlleux ou prometteurs.

Pour ce cérémonial annuel comme pour la lettre d'observation commentée ci-après, attention ! Vous évoluez dans la forme écrite, qui laissera des traces pour toujours : « la parole est libre, mais la plume est serve ». Le rituel pourrait annoncer des orages et des bourrasques malgré le ton amical ou affable des formulations et leur prétention affichée à vous aider, et non à vous condamner. Il pourrait fort bien s'agir de la toute première d'une longue série de correspondances à venir, qui débouchera à moyen terme sur l'éventualité d'une rupture de votre contrat de travail à l'initiative de votre employeur. Après tout, les licenciements commencent traditionnellement par un désaccord mineur, qui ne fait ensuite que s'amplifier jusqu'à prendre la dimension du raz de marée. Méfiez-vous donc et traitez le formulaire reçu avec la plus grande méfiance et la plus extrême considération.

Règle d'hygiène élémentaire

Par écrit, sur le document même, remerciez pour les observations notées (en signalant discrètement que vous n'êtes pas d'accord sur tout) et, s'il ne s'y trouve pas uniquement des compliments, remerciez aussi par avance pour l'aide que vous demandez et dont vous vous direz certain de la recevoir sans limite ni délai. Partez avec une copie. Ce sera très utile ultérieurement si la situation ne se normalise pas.

L'observation écrite, le blâme

Nous atteignons le degré suivant dans l'échelle des affrontements. Il s'agit d'un courrier contenant le mot « blâme » dans sa rédaction, et il est alors bien prévu que votre employeur le conservera dans votre dossier personnel. Comme il découle souvent d'un emprunt à la culture anglo-saxonne, nombre d'observateurs ne le rangent pas parmi les sanctions. Certains employeurs en sont friands pour la raison qu'il est déjà bien formalisé et qu'il effarouche le quidam : illusion pour eux, car il est mal régulé, contrairement à l'avertissement que nous examinerons plus loin. C'est un coup de feu à blanc, qui fait cependant du bruit et de la fumée, avec une bonne odeur de poudre. C'est aussi un écrit et il prend date. Cela dit, il est assez peu utilisé et présente l'inconvénient de dégrader le climat des relations entre le signataire et le destinataire tout autant que des sanctions plus officielles, comme celles que nous allons voir plus avant. Mais il n'en a pas la force, autrement que pour la dissuasion si vous êtes influençable. À traiter avec doigté, bien qu'il soit toujours sans conséquence directe et immédiate sur l'emploi et la rémunération. Ne paniquez pas, ce blâme n'a que peu de valeur juridique. Essayez de vous conformer à ce qui y est signalé comme attendu de vous, tout particulièrement pendant les soixante jours qui suivent : il faut que vous y soyez irréprochable. Observez bien ce qui se passe durant ces deux mois, car ils sont fatidiques. Au-delà, votre employeur ne pourra plus vous sanctionner pour les faits reprochés dans cette « lettre de blâme ». S'il le faisait, il serait clairement en tort. Il se serait fourvoyé, et ce serait excellent pour vous. Il convient donc de conserver précieusement ce courrier, de faire de son mieux et d'attendre la suite en surveillant le calendrier.

Somme toute, vous n'êtes pas encore sorti de la zone des fondations de l'immeuble, mais elles prennent forme et annoncent, par leur fermeté, l'édifice que vous pourriez plus tard appeler conflit.

L'avertissement

> « Outre un pouvoir de direction de son entreprise, l'employeur exerce sur ses salariés un pouvoir disciplinaire réglementé par le code du Travail et plus spécifiquement par la loi du 4 août 1982. Le pouvoir disciplinaire appartient à tout employeur, peu importe son activité, le nombre de ses salariés, leur statut et leur ancienneté[1]. »

1. Code du travail : http://www.code-du-travail-fr.net/code-du-travail-liste.php

Quels que soient sa formulation et son contenu, le courrier d'avertissement a un caractère subsidiaire et ne nécessite pas un entretien préalable avec convocation et tout ce qui lui est associé. Il peut donc vous tomber sur la tête sans plus de préavis, et vous n'aurez pas à vous en indigner. Toutefois, certaines conventions collectives exigent davantage de formalisme. Lisez bien la vôtre : si elle énonce des principes qui n'ont pas été observés, votre avertissement sera un jour considéré nul et non avenu, sauf qu'il vous aura signalé un mécontentement de son signataire, et une date de départ ainsi officialisée, comme dans la section que vous venez de lire. Si un entretien préalable a eu lieu, l'annonce écrite de l'avertissement ne doit être communiquée ni moins de deux jours au sortir de la conversation, ni plus d'un mois après.

Le Code du travail précise ce dont il s'agit :

> « un avertissement, ou une sanction de même nature qui n'a pas d'incidence, immédiate ou non, sur la présence dans l'entreprise, la fonction, la carrière ou la rémunération du salarié ».

Il exprime ainsi, clairement, que vous êtes dans le domaine des « sanctions » et non plus des mises en garde. Il est préférable pour l'employeur de vous faire parvenir en recommandé l'écrit qui le signifie ou de vous le remettre en main propre en vous faisant signer un reçu.

Règle d'hygiène élémentaire

La remise en main propre est supposée avoir les mêmes valeurs et validité que le courrier livré par le facteur au domicile du destinataire en « recommandé avec accusé de réception » (RAR). La seule action plus sérieuse serait la remise par huissier, que vous ne connaîtrez sans doute pas en dehors des procédures judiciaires. Pour gagner du temps ou observer les mimiques de votre employeur à la lecture de votre correspondance, vous pouvez aussi lui remettre tout courrier en main propre. Il est alors indispensable que vous en receviez sur-le-champ une décharge : un exemplaire avec une mention manuscrite du destinataire « reçu le 31 février 20xx », par exemple, et sa signature. L'indication de l'heure, facultative, ne peut pas faire de mal. Prenez cependant l'indispensable précaution de toujours envoyer un autre original du même document, soigneusement signé, par courrier en RAR immédiatement, au plus tard le lendemain. Vous vous mettrez à l'abri de surprises déplaisantes. Avertir le destinataire de cette démarche, au moment où vous lui remettez le premier exemplaire en personne, est une correction élémentaire mais non imposée.

Ce genre de transmission pourrait aussi vous être proposé par l'autre partie. Acceptez sans discuter. Et sachez que vous faites peut-être une meilleure affaire qu'avec le courrier postal : il s'est trouvé des juges pour estimer que les textes prévoyaient une lettre en RAR, et que cette remise de la main à main n'était pas valide, même avec sa décharge. La forme non scrupuleusement respectée entraînait alors la nullité de la procédure en totalité. Sacrée aubaine pour l'employé.

Ainsi donc votre chef, avec ou sans conversations antérieures, prend la peine de vous écrire pour vous demander de corriger une attitude (vous arrivez en retard un matin sur deux, fumez là où c'est interdit, remettez en place vertement des clients qui n'ont rien fait d'offensant, ou ne rendez pas vos rapports à la date prévue, le tout avec de bonnes ou de mauvaises excuses qu'il ne trouve pas à son goût). Ou bien il vous écrit pour vous rappeler que vos résultats ne sont pas à la hauteur de ses attentes, qu'il considère comme raisonnables et qui vous ont été signifiées sous forme de courrier il y a longtemps déjà. C'est le plus souvent ce que nous appelons des « objectifs », qui auront parfois été discutés avec vous au moment de leur attribution, dans un dialogue ou un simulacre destiné à faire croire que vous les acceptiez de tout cœur.

Les formes de ce courrier d'avertissement peuvent être fort variées, et sont sans importance. Seuls comptent cinq éléments facilement identifiables, qui méritent une analyse immédiate : le signataire, le fond du message, sa cohérence ou non avec les faits réels dont vous avez la preuve, quelques mots-clés à relever, ainsi que la liste des destinataires de copies. L'écrit peut donc sembler très formel :

> « Monsieur (ou Madame ou Mademoiselle), j'ai eu à six reprises déjà l'occasion d'attirer votre attention sur des manquements auxquels vous n'avez pas remédié, et sur lesquels il me faut donner à mes observations une tournure officielle. Par cet avertissement, je vous demande donc instamment, à l'avenir, de vouloir bien… Je vous prie de croire à l'assurance de ma considération distinguée. »
>
> Signé : le chef direct ; copie au DRH.

Ou alors le courrier pourrait, sinon être amical, du moins rester bénin en apparence :

> « Mon cher Major, je t'ai déjà dit au moins six fois qu'il te fallait… Tu ne sembles pas avoir entendu mon propos

> avec l'attention que je souhaitais, ce qui me conduit à te le reformuler par écrit. Tu pourras ainsi mieux te pénétrer de mes attentes, et je demeure à ta disposition pour en discuter une nouvelle fois en tête-à-tête, et t'apporter toute mon aide dans la direction souhaitée. Je te demande désormais de te conformer à ce qui est attendu de toi, et que cet avertissement veut te rappeler. Tu voudras donc bien à l'avenir… Cordialement… »
>
> Signé : le chef direct ; copie à Jean-Sigisbert Tartempion (le chef du chef).

Les deux rédactions pourraient vous laisser imaginer des niveaux de mécontentement à votre encontre fort différents, par conséquent des niveaux de danger inégaux. Il n'en est rien, et nous verrons plus loin comment vous devriez y réagir. L'un et l'autre de ces textes contiennent les munitions prêtes pour tout développement des hostilités. Pour commencer, le mot « avertissement », glissé subrepticement dans une phrase, mais bien présent : c'est un premier jalon que pratiquement rien ne pourra plus oblitérer. L'évocation d'un historique d'observations formulées verbalement et de leur fréquence récente est également lourde pour le réquisitoire à venir. Votre silence, votre absence de réaction ici indiqueraient implicitement que vous acceptez cette déclaration consacrant que vous avez déjà reçu nombre de rappels à l'ordre moins formalisés que celui-ci. De surcroît, voici officialisées une rédaction qui a maintenant sa trace dans les archives, et une transmission annoncée à la hiérarchie : il n'est pas dit que cela soit définitivement périlleux, mais tout est en place pour que les positions tactiques soient favorables à l'employeur dès l'ouverture du conflit, si la situation devait se gangrener au lieu de se bonifier. Un ton bonhomme et une atmosphère joviale au travail ne doivent pas camoufler le début d'une pente glissante.

Si de plus le texte reçu prend la peine de vous informer que des sanctions plus sévères seraient envisagées en cas de récidive de votre part concernant ce qui vous est reproché, considérez que la situation est passée de la recommandation sévère et soulignée à l'ultimatum annoncé sans équivoque. Que l'on vous reproche un emportement avec un collègue ou un chef, l'utilisation du téléphone de l'entreprise pour vos appels privés ou des retards récurrents par rapport à l'horaire de travail affiché, vous devez savoir que l'on ne vous ratera pas la prochaine fois. Quelques correspondances de cette espèce, réunies sur trente-six mois ou moins, et votre dossier ne vaudra pas lourd si vous rêvez de contester un licenciement à la fin : il sera évident que vous étiez depuis longtemps loyalement informé des agissements fautifs qui vous sont reprochés, comme de leurs conséquences prévisibles sur le plan disciplinaire. Vous pouvez encore prier pour qu'un président de la République fraîchement élu manifeste sa joie d'avoir gagné en amnistiant ces avertissements ; nous avons connu dans ce domaine un régime de grande tolérance naguère, un peu moins permissif aujourd'hui, et contrairement à une idée reçue, cette démarche euphorisante ne traitait pas uniquement des contraventions au Code de la route :

> « Dans le cadre des lois d'amnistie classiques, toutes les sanctions disciplinaires (blâmes, avertissements, mises à pied) sont amnistiées (à l'exception des sanctions afférentes à des fautes pénalement sanctionnées, comme le harcèlement moral ou sexuel). Cela suppose non seulement que les écrits correspondants doivent être supprimés des dossiers des salariés concernés, mais également que l'employeur ne peut en aucun cas invoquer ces sanctions, ni dans le cadre d'une lettre de licenciement, ni dans celui d'un litige prud'homal. Le fait,

> pour l'employeur, de ne pas tenir compte de cette interdiction de mentionner les sanctions amnistiées, est même pénalement sanctionné (amende de 5 000 € par infraction)[1]. »

Mais il vous est recommandé de ne pas tabler par anticipation sur cette faveur pour multiplier les manquements : certains Présidents sont réfractaires à l'idée de faire voter de telles lois. Et s'ils ne l'ont pas promis à l'époque de leur candidature, ils se gardent bien de le concéder après leur élection.

La mise à pied

Il s'agit de la première des actions dont la réversibilité commence à être très incertaine. Elle indique que vous êtes clairement entré dans la phase des turbulences et se prononce en principe pour une « faute » ; pas forcément une « faute grave ». Elle présage le plus souvent le chemin du licenciement. Par nature, la mise à pied est toujours temporaire. Elle vous exclut pour une période de votre travail et vous prive de la rémunération correspondante.

La mise à pied peut être « conservatoire » et sans indication de date de fin : elle n'est alors pas considérée en soi comme une sanction, car elle vise seulement à vous éloigner du site de votre emploi en attendant qu'il soit devenu possible de statuer sur votre sort, grâce à une meilleure élaboration du dossier – par exemple à la faveur d'une enquête permettant de renforcer la conviction et de documenter la décision, ou de l'infirmer. En réalité, elle est

1. Anne Alcaraz et Céline Gleize, « Sanctions disciplinaires : attention à l'amnistie présidentielle », sur le site de L'Entreprise.com : www.lentreprise.com/3/1/4/article/12211.html.

connectée au licenciement projeté, lequel ne peut pas encore être annoncé tant que la compréhension et la conviction ne sont pas parfaites. C'est donc surtout une mesure d'attente, de sauvegarde, non évaluée dans le temps, et vous pouvez toujours espérer que le complément de réflexion vous tirera d'affaire. N'y comptez pas trop toutefois : l'employeur qui opte pour ce type d'action est d'habitude bien tranquille quant à son initiative ; il ne s'y risquerait pas sans avoir une bonne provision de raisons solides. Il lui reste à les compléter et à les cimenter. Vous serez fixé rapidement, car il ne doit pas vous laisser moisir dans le doute en ce qui concerne votre situation. S'il doit engager la suite de la procédure disciplinaire, mieux vaut qu'il le fasse dans les délais les plus brefs. Le sursis ne sera jamais durable. L'employeur a le devoir d'expédier la situation au plus vite. S'il ne le faisait pas, il vous fournirait un excellent angle d'attaque. Cette mise à pied conservatoire serait requalifiée en sanction par le tribunal, et aucune autre sanction ne pourrait alors être prononcée pour la même faute : le licenciement à court terme deviendrait impossible.

Règle d'hygiène élémentaire

Face à une notification de mise à pied conservatoire, demandez-vous bien s'il faut réagir. Ne vaut-il pas mieux attendre, en espérant un faux pas nullement improbable de l'adversaire ? Au plus, contentez-vous de répondre de façon simple et factuelle aux seules questions qui vous seront posées, en faisant ostensiblement de votre mieux pour éclairer le débat et contribuer à l'édification de la hiérarchie. Dans la plupart des cas, il est préférable de ne pas aller au-delà par écrit. Le silence et l'inaction ne sont pas forcément la moins bonne réplique : avant toute réaction intempestive, analysez-en bien l'opportunité.

D'une tout autre portée immédiate, la mise à pied « disciplinaire » constitue une très importante sanction, bien que, en théorie toujours, et en réalité souvent, elle ne soit en rien définitive. Elle est prononcée pour une durée qui vous est indiquée, alors que la mise à pied conservatoire ne comporte pas cette précision. C'est la sanction la plus déterminante avant le licenciement. Elle suspend le contrat de travail sans toutefois en constituer la rupture.

Jusqu'ici, vous naviguiez dans les eaux des forfaits, des écarts, des bévues, des irrégularités, des faiblesses, tous considérés comme « plutôt légers », mais méritant rappel à l'ordre, savon appuyé et correction. À présent, vous voguez vraisemblablement dans celles des fautes « réelles et sérieuses » – qui peuvent conduire à votre licenciement –, ou (pire) « graves » – qui « portent un préjudice certain à l'entreprise » – et « lourdes » – qui sont présumées avoir été commises consciemment, donc avec l'intention de nuire à votre employeur. En effet, celui-ci ne peut pas prononcer une mise à pied à la légère, sur un coup de tête ou une crise d'humeur. C'est une sanction dont le poids et la portée ne sont mésestimés que par les imbéciles. Elle commence à dégager une forte odeur de décomposition... Dans tous les cas, il faut garder la tête froide et analyser objectivement les circonstances qui y ont conduit, comme celles dont il sera dit qu'elles y ont conduit. Si la sanction est prononcée pour une suite de manquements réguliers, observés, documentés, c'est vraiment une calamité, car vous corriger sera difficile, et vos efforts seront peu crédibles eu égard à un tel historique. En revanche, il est possible de prononcer ce type de sanction pour un incident isolé, et que les choses reprennent le cours attendu. Il existe aussi des cas où elle est prononcée à la suite d'une erreur dans la répartition des responsabilités.

Jérémy conduit un chariot élévateur chez un marchand de matériaux de construction dans une petite ville de Provence. Les entrepreneurs en maçonnerie viennent se fournir dans cette entreprise, qui sert également des particuliers. Jérémy va chercher des palettes d'agglomérés, de briques, de tuiles, etc., et les dépose dans les camions ouverts des clients. C'est un employé ordinaire, consciencieux, sans problème apparent.

En réalité, il se trouve en plein milieu d'un divorce douloureux, dont il devine qu'il va le priver de ses enfants, déjà installés chez le nouveau compagnon de sa femme. L'attention qu'il prête à son travail a tendance à se relâcher, malgré tous ses efforts. Il a la tête ailleurs.

Par malheur, un jour de crise personnelle où les intempéries rendent le sol glissant, il manœuvre son engin dans la précipitation et avec quelque brutalité. En reculant, il ne freine pas à temps, dérape sur le sol gras et heurte à bonne vitesse la voiture d'un client habituel : celle-ci est sévèrement pliée, et le conducteur encore au volant est légèrement blessé. La responsabilité du salarié est claire.

L'assurance de son employeur va payer les dégâts, mais Jérémy est sanctionné par une mise à pied de deux jours. Effondré, il ne prend pas la peine de discuter : c'est à ses yeux imparable, et ses excuses personnelles ne répareront jamais la faute. Il décide de concentrer son énergie sur l'avenir et de faire en sorte que cet incident funeste soit au plus vite oublié. Cette orientation est la bonne, car il comprend qu'il n'est ni discrédité définitivement, ni la victime d'une inimitié personnelle que rien ne pourrait guérir. Jérémy s'en sortira.

Dans l'un et l'autre des deux cas de mise à pied (conservatoire et disciplinaire), vous serez éloigné de votre travail et privé de votre rémunération pendant une période qui vous sera fixée (au moment de la mise à pied disciplinaire ou en cours de route pour la mise à pied conservatoire). Cette sanction est tellement capitale que votre patron ne peut l'appliquer sans un certain nombre de précautions, toutes imaginées pour vous mettre à l'abri de son arbitraire, voire de sa malveillance personnelle à votre encontre. Ne cédez pas à l'affolement, vous êtes entouré de nombreuses protections.

Ainsi, avant l'une ou l'autre de ces démarches, vous serez convoqué à un entretien préalable, destiné à vous donner l'occasion de vous expliquer, de vous défendre. Vous pouvez aussi vous y rendre accompagné d'une personne de votre choix, en général un collègue chez le même employeur : elle est supposée vous assister et peut se montrer utile de bien des manières. Nous verrons au chapitre 4 comment identifier le bon candidat.

Rendez-vous à la convocation sans être terrorisé : soit les choses vont s'arranger, et il n'y a pas lieu de ressentir une anxiété excessive, soit elles vont se délabrer un peu plus, et vous êtes parti pour des heurts tellement plus brutaux que ce n'est pas encore le moment de sombrer dans une appréhension de nature à hypothéquer vos moyens. L'essentiel réside dans le calme et dans l'écoute. Nous y reviendrons.

La rupture du contrat de travail d'un commun accord

C'est possible : votre employeur et vous, vous finissez par tomber d'accord sur la certitude que vous n'allez plus pouvoir travailler ensemble. Ni l'un ni l'autre n'est prêt à accepter les concessions qu'il faudrait consentir. Mais, et c'est important, aucun litige ne vous sépare à cet instant précis : car si une procédure disciplinaire est déjà en cours, avec des griefs recensés, ou pire, rédigés de part ou d'autre, ce paragraphe ne vous concerne pas, il est trop tard, il fallait y penser avant. Si tout va bien, mais que l'entente et le désir de faire route ensemble ne soient plus présents, vous pouvez décider conjointement qu'une bataille homérique est superflue, qu'elle serait coûteuse et incertaine pour l'un comme pour l'autre. Pourquoi ne pas s'entendre entre adultes bien élevés, comme les époux lassés de la vie commune et qui optent de nos jours pour un « divorce par consentement mutuel » ? Vous admettrez de conserve qu'il ne convient pas de dresser laborieusement la liste des doléances réciproques, et personne ne saura qui est à la source de la séparation. D'ailleurs, si un contrat a force de loi entre les signataires, ceux-ci peuvent à tout moment le modifier, et même décider dans l'harmonie d'y mettre un terme. Reste à en discuter les conditions.

Jusqu'ici, et au moment où ce livre est rédigé, quoi que vous obteniez dans cette négociation, vous ne pourrez pas vous inscrire à l'Assedic (ce système d'assurance ne couvre que la perte d'emploi subie, non recherchée), à moins que cette démarche ne coïncide avec un plan de sauvegarde de l'emploi, dont vous feriez valoir qu'il allait de toute manière vous priver involontairement de votre job. Dans le cas général, vous n'y avez pas droit, mais une zone est laissée à l'interprétation. Renseignez-vous et soumettez éventuellement un dossier demandant votre prise en charge : c'est possible seulement après avoir passé 121 jours au chômage. Le mieux est cependant de ne vous lancer dans les grandes manœuvres que lorsque vous aurez en main un contrat de travail ailleurs, à condition que votre employeur ignore tout de la confortable sécurité dans laquelle vous vous trouveriez ainsi.

En principe, vous n'obtiendrez pas d'indemnité de licenciement (et elle eût été non imposable) puisque vous ne serez pas licencié, ni d'indemnisation compensatrice du préavis que vous n'effectueriez pas. L'équivalent en salaire de vos congés payés non pris vous sera versé, conjugué sans doute à un pécule soulignant le soulagement ressenti par l'entreprise à l'occasion de votre départ. Il s'agit d'une « indemnité de rupture », et en aucun cas d'une « indemnité de licenciement ». Cette somme, dont vous aurez férocement discuté le montant, sera imposable. Mieux vaut en tenir compte dans la négociation. L'indemnité à laquelle vous donnerait droit un licenciement, par exemple pour raisons économiques, y servira de base à votre marchandage : c'est certainement le minimum auquel vous devriez pouvoir prétendre. Les conditions matérielles incitant au départ volontaire dans un plan social récent ou en cours de discussion, offrent aussi une excellente référence. Dans de nombreuses entreprises, elles ont tourné autour d'un mois du salaire actuel par année de présence dans les effectifs, parfois avec un plafond du nombre de mois accordés (24 mois par exemple) ou un plafond en montant ; parfois aussi avec un nombre de mois minimum, ce qui est avantageux pour les débutants et embauchés récents. Elles viennent d'atteindre 30 mois sans grandes limitations dans une filiale d'un important groupe multinational. Les syndicats épient toutes ces évolutions, à l'instar des DRH : nous assistons à une lente mais inexorable dérive – toujours plus pour les partants. Il vous faut donc mettre à jour ce que vous venez de lire à la lumière de l'actualité.

Sinon, la convention collective ou un accord d'entreprise peut aussi prévoir le procédé arithmétique permettant de calculer les indemnités jointes à un licenciement en dehors des cas de faute grave ou lourde, et donc fournir une indication pour ce genre de séparation amiable. L'Urssaf vous ponctionnera une part de cette indemnité si elle dépasse le double de votre salaire annuel de l'année précédente. Vous paierez aussi la CSG et la CRDS pour tout ce qui excéderait les indemnités conventionnelles ou légales à verser en cas de licenciement.

Le document signé conjointement qui rend compte de cette rupture sans hostilités et de ses conditions n'a rien d'obligatoire. Il a du bon, mais son absence bien exploitée peut également servir : il contiendra une présentation positive et concrète de tout ce qui pourrait un jour devenir sujet à questions, et détenir ces preuves constitue souvent un plus. Personne ne pourrait par la suite faire un récit différent de ce dont vous seriez convenu avec votre patron. Le texte doit impérativement mentionner la rupture du contrat de travail avec sa date d'effet, les conditions dans lesquelles elle prend place, ainsi que les raisons objectives qui ont conduit à cette évolution qui n'est ni une démission ni un licenciement. Autant les voir exposées clairement. Doit aussi y figurer la manière dont sont traités tous les accessoires qui entouraient votre emploi – ordinateur mis à votre disposition et dont vous vous séparerez sans doute le jour de la signature, voiture de service ou de fonction dont la date de restitution doit être précisée, téléphone portable, etc. N'oubliez pas d'en demander le reçu au moment de leur remise. Enfin sera mentionné le montant des indemnités que vous recevrez en partant.

Ne vous étonnez pas devant les précautions dont votre employeur est susceptible de s'entourer, en particulier pour démontrer qu'il n'a exercé sur vous aucune pression en vue d'obtenir votre adhésion à ce plan. En ne se protégeant pas ici complètement, il s'exposerait à une demande ultérieure dont votre acceptation du *deal* ne pourrait guère le protéger. Si par un heureux hasard il l'oubliait, vous pourriez démontrer ainsi qu'un conflit préexistait, et qu'une sortie facile et élégante a été recherchée en travestissant la vérité des relations. Les juges des prud'hommes requalifieraient facilement tout ce montage en un « licenciement dépourvu de cause réelle et sérieuse », estimant que votre consentement était trop influencé. Les conséquences pour l'employeur seraient alors à la fois déplaisantes et fort coûteuses : beaucoup d'indemnités pour vous, et des dommages et intérêts en réparation du préjudice subi. Mais il est fort probable que cette avenue de poursuites éventuelles ne vous sera pas laissée. Tout devrait être ficelé, avec des ligatures bien solides, des nœuds bien serrés. Votre inspection du dispositif patronal, éclairée de conseils compétents, peut cependant révéler encore des surprises prometteuses. Regardez bien : vous pourriez trouver une faille aux perspectives alléchantes. Toute trace de conflit préexistant mérite un examen en compagnie des experts ou des personnes compétentes qui font l'objet du chapitre 4 de cet ouvrage.

Cette sorte d'éventualité, très fâcheuse pour votre employeur, ne peut que lui faire percevoir l'intérêt immédiat d'ajouter à cette formule de séparation une transaction bien rédigée : il s'agit de parachever la négociation ci-dessus avec les clauses empêchant, par accord mutuel dûment signé, toute contestation et dispute relative à la rupture de votre contrat de travail. Vous ne pourrez plus attaquer votre employeur, et lui ne pourra plus rien contre vous. La mise au point de ce genre de document est délicate. Vous ne vous y livrerez pas souvent dans votre carrière, si même cela vous arrive une seule fois. Les représentants de l'employeur, qui en sont coutumiers, ont donc une supériorité sur vous. Il n'est pas dit qu'ils en profiteraient pour vous traiter moins bien que vous le mériteriez. Néanmoins, la prudence la plus élémentaire exige les conseils d'un professionnel de la chose, à savoir un avocat. Si vous n'en avez pas les moyens financiers, consultez au moins un représentant du personnel déjà chevronné. S'il n'était pas capable de vous documenter, il vous conseillerait un collègue susceptible de jouer ce rôle.

Cela dit, une nouvelle approche vient d'être votée. Elle veut faciliter et institutionnaliser la rupture d'un commun accord en ouvrant systématiquement les droits au chômage. Elle donne aussi au salarié la faculté de se rétracter pendant une durée de 15 jours et de se retrouver dans sa position antérieure. Sans réaction de sa part et au terme de cette période, la validation du licenciement est prononcée par l'Inspection du travail sur requête de l'employeur. Dans cette généreuse clause accessoire se trouve la difficulté qui augure mal du futur de cette disposition, car rien ne peut contraindre un employeur à la proposer à un employé. En effet, parvenir à un accord suppose de proposer et de rendre contractuelle une indemnité de licenciement. Une fois cette proposition acceptée mutuellement, le salarié peut se rétracter et entrer en conflit pour obtenir plus que ce qu'il avait accepté antérieurement. Il lui suffit d'arguer d'une situation nouvelle dont il n'avait pas connaissance à l'époque des conversations primitives, ou d'indemnités insuffisantes. La somme allouée alors servira nécessairement de plancher pour la suite, et les employeurs prêts à courir ce risque ne devraient pas se presser au portillon. On imagine mal un tribunal accorder moins que ce que le patron avait lui-même officialisé comme raisonnable… Cette nouveauté mérite quand même votre curiosité.

Le licenciement souhaité et provoqué par le salarié

Ce type de licenciement existe, mais il est entièrement contraire à l'esprit du contrat de travail et aux dispositions tant légales que réglementaires ou conventionnelles qui le régissent. Le licenciement est en effet le résultat d'une décision de l'employeur, ou depuis peu d'un accord des parties, mais non du salarié solitairement. Pourtant, quand une opportunité alléchante se présente ailleurs, certains salariés peuvent en rêver alors que leur patron souhaite les conserver dans ses effectifs : si aucune faute n'est retenue, c'est, pensent-ils, le moyen d'obtenir des indemnités savoureuses et de s'inscrire à l'ANPE et à l'Assedic, en attendant mieux si le coup espéré ne se concrétisait pas. Les moyens d'y parvenir sont malaisés, immoraux ou illégaux ; en conséquence, ils ne sont pas à conseiller.

L'idée la plus fréquente est qu'il suffirait de commencer à mal faire son travail. Conception fausse, car il est très difficile d'agir ainsi. Souvent, le travail des autres dépendra du vôtre, et vous n'arriverez pas à vouloir vraiment les mettre en difficulté. En outre, vous risquez de prêter le flanc à une accusation de sabotage, et la faute étant matérialisée, vous perdriez tout : l'emploi et les avantages que vous escomptiez. En vérité, devenir mauvais par décision est aussi difficile que risqué. L'observation démontre que, contrairement à une opinion répandue, il est bien plus facile d'être un collaborateur estimé que de s'appliquer à devenir indésirable.

Il est pour certains imaginable de se transformer en une vraie nuisance : mauvais esprit, critiques perpétuelles, comportement discourtois. Vous pouvez même agresser physiquement votre chef ou quelqu'un de visible dans la hiérarchie. C'est également une très mauvaise idée, car il pourrait porter plainte pour ces violences physiques, et vous perdriez également tout ce dont vous rêvez. Les absences injustifiées ne constituent pas une bonne méthode non plus. Votre employeur pourrait documenter votre dossier et arriver tout naturellement aux sanctions prévues, se terminant par votre licenciement. Mais ce serait au terme d'une période vraiment pénible, au cours de laquelle la qualification de faute pourrait fort bien être appliquée à votre encontre. En plus, il déduirait vos absences de votre temps de travail et ainsi de votre rémunération.

Tout cela s'apparente au mensonge et à la fabrication. Il est hautement douteux que vous y soyez bon : pour y exceller, il faut être agent permanent des services de contre-espionnage d'une grande puissance, avec l'entraînement et la formation appropriés. Vous vous en tirerez mieux en n'exploitant que les chemins officiels : ils sont largement suffisants pour vous et constituent l'objet du présent ouvrage.

Les stratégies de sécurité

L'ensemble de ce que nous venons de décrire peut être largement évité, et ne même pas connaître un début de commencement. Tout ce qui va suivre dans ce livre et qui est bien plus grave, peut quasiment toujours être évité : il suffit de se positionner aux bons endroits, avec les bonnes responsabilités, jouissant de protections bien bétonnées. Réunir tout cela et vous mettre dans ces conditions relève de l'exception, mais vous pouvez peut-être en profiter.

La représentation du personnel

Même si elle n'est pas à recommander en vue de cet objectif, il semble bien que ce soit la première des stratégies utilisées. Il s'agit de se porter candidat à une mission de représentation du personnel, et idéalement d'en obtenir l'attribution. Nous n'aborderons ici que les garanties dont les représentants du personnel sont entourés (nous détaillerons davantage leur rôle plus loin dans cette rédaction). D'une manière générale, les employeurs n'aiment pas s'attaquer à ces représentants – la bonne entente est tout de même préférable et mérite quelques concessions. Se montrer tolérant et composer dans les limites du raisonnable demeurent la tentation permanente.

Qui plus est, entreprendre de licencier un représentant revient à se lancer dans une entreprise connue comme plutôt scabreuse. Vous vous sentez tout à coup en danger ? Lisez bien ce qui suit, extrait d'un site de l'Administration :

> « Les salariés représentants du personnel ne peuvent faire l'objet d'un licenciement, individuel ou collectif, sans l'autorisation de l'inspecteur du travail, pendant toute la durée de leur mandat et au-delà. L'inspecteur du travail vérifie au cours d'une enquête contradictoire que la rupture du contrat n'est pas une mesure discriminatoire, liée aux fonctions de représentation du salarié. Sa décision, positive ou négative, peut faire l'objet d'un recours.
>
> La protection contre le licenciement s'applique pendant toute la durée du mandat de représentation, quel qu'il soit, et également :
>
> Pendant six mois pour :
>
> – les anciens délégués du personnel ;

- les anciens élus du comité d'entreprise et les anciens représentants syndicaux auprès du comité d'entreprise ayant exercé leur mandat pendant au moins deux ans ;
- les anciens membres du CHSCT ;
- les candidats aux élections de délégués du personnel, dès réception de leur candidature par l'employeur ;
- les candidats non élus aux dernières élections du comité d'entreprise, dès l'envoi des listes de candidatures à l'employeur ;
- le premier salarié qui a demandé à l'employeur d'organiser les élections (CE ou délégués du personnel) ou d'accepter de les organiser, si son initiative est confirmée par une organisation syndicale.

Et pendant douze mois pour : les anciens délégués syndicaux ayant exercé leur fonction durant au moins un an. »

Vous avez compris que les fonctions de représentation du personnel valaient protection automatique. C'est une situation « exorbitante du droit commun » : nombre de règles applicables aux autres ne peuvent toucher ces bénéficiaires. C'est raisonnable, sinon les pressions de l'employeur pourraient s'exercer impunément, et ces institutions alors asservies n'auraient aucune raison d'être. Admettez pourtant que cette protection pourrait exercer un puissant attrait sur certains gaillards dont les performances laisseraient à désirer.

Si vous réussissez à entrer dans ce groupe, et même si vous avez seulement postulé, vous devenez virtuellement intouchable : mesurez bien que, pendant six à douze mois, voire pendant la durée d'un mandat, beaucoup de choses peuvent se passer. Votre performance ou votre comportement peuvent changer complètement. Le problème personnel qui vous faisait dérailler peut se trouver résolu. Le chef qui vous avait dans le nez peut-être muté ailleurs. Tout le monde en aura assez de se colleter avec vous, vous finirez par avoir la paix et en profiterez pour travailler autrement. Ou bien un plan de sauvegarde de l'emploi deviendra une priorité autrement importante que la bagarre avec vous. Le temps joue ici en votre seule faveur. Bien entendu, les circonstances doivent s'y prêter : il y a des dates favorables pour poser une candidature (dans la période précédant des élections), d'autres moins. Il faut aussi que les instances officielles de représentation ne vous soient pas hostiles. C'est une bonne raison pour les fréquenter avant que ce genre de nécessité n'apparaisse.

Il se trouverait ici une déviation dramatique du sens et du propos de ces missions : elles ont été inventées pour que le personnel soit intelligemment et loyalement représenté, ce qui est traditionnellement le cas. Mais que celui qui n'a jamais vu un employé en danger songer à cette solution pointe le premier un doigt accusateur : c'est une vérité marginale mais réelle. En outre, nombre d'employés ayant trouvé ce refuge finissent assez vite par s'y intéresser et peuvent devenir d'excellents représentants ou délégués. S'ils n'ont pas conçu de rancune les rendant partiaux et défavorables par principe, ils rendront des services tant à l'entreprise qu'à leurs mandants. Pourquoi pas ? Pourquoi pas vous ? Il s'y trouve des planqués dont la dénonciation serait ici politiquement incorrecte, mais ils ne sont pas une majorité, et la généralisation portant au discrédit serait inexacte, injuste et calomniatrice. Quoi qu'il en soit, en cas de péril sérieux, c'est incontestablement un chemin de salut capable de sauver le *bacon* entourant votre anatomie.

Si l'idée vous agrée, sachez qu'il faut agir très vite, en tout cas avant le début de la matérialisation de votre conflit. N'importe quelle initiative qui vous apporterait cette protection doit être prise avant de recevoir une première lettre de convocation à un entretien préalable (à quoi que ce soit), et même antérieurement à tout écrit. Si vous n'y arrivez pas à temps, tout intérêt est perdu : votre employeur n'aurait aucune peine à démontrer que vous avez brigué ce mandat de représentation dans le seul but de vous réfugier derrière le bouclier qui y est associé – vous étiez en effet déjà informé expressément de ce que l'on envisageait des sanctions à votre encontre. L'employeur obtiendrait la levée de cette protection, et vous conserveriez le mandat en même temps que la vulnérabilité des salariés sans mandat. Si vous songez à cette démarche, dégainez et tirez plus vite que l'employeur.

Sans calendrier contraignant, il est possible à tout moment de vous faire nommer délégué syndical par l'une des grandes centrales qui peuvent être représentées dans l'entreprise. Dès le début de votre lutte, voyez vite si cette possibilité est ouverte : tous les postes sont-ils pris, ou bien se trouve-t-il une centrale peu présente encore dans votre boutique et susceptible de vous accepter ? Dans le cas d'une petite entreprise, ce n'est pas impossible, mais les syndicats n'affectionnent pas particulièrement les salariés ne cherchant dans leur adhésion qu'un paravent blindé. Ils ont toutes les raisons de préférer les collaborateurs bien dans leur peau, qui ont envie de contribuer à une aventure exaltante, sans arriéré à solder. Dans une structure plus vaste, inutile de rêver : chacun des syndicats représentatifs a déjà quadrillé le territoire, et il est plus que douteux qu'une place puisse y être trouvée pour vous. Essayez quand même.

Sinon, intéressez-vous en priorité au comité d'hygiène, de sécurité et des conditions de travail (CHSCT), que nous détaillerons plus tard. L'effectif est-il bien rempli à 100 % ? Ses membres ne sont pas élus au suffrage universel, mais choisis par les délégués du personnel et les représentants au comité d'entreprise ou d'établissement. Il se pourrait que le nombre de membres du CHSCT prescrit en fonction de l'importance de l'effectif ne soit pas atteint, ou qu'un démissionnaire de l'entreprise n'ait pas été remplacé. Il resterait une place pour vous. Les élus ici électeurs, immédiatement séduits par l'étendue de votre malheur, pourraient se réunir et vous désigner : une ligne de fortifications inexpugnables vous protégerait aussitôt, jusqu'à ce que les conditions changent. Ouf… ! Vous allez pouvoir réfléchir et distinguer la lumière de l'ombre… Si l'effectif du CHSCT est atteint au regard du nombre d'employés, l'un de ses membres pourrait aussi accepter d'en démissionner, laissant ainsi une vacance dont vous pourriez bénéficier. Rien ne vous interdit de les approcher : les plus anciens, proches de la retraite, ou ceux qui ont bénéficié de promotions spectaculaires et n'ont plus la disponibilité pour y jouer leur rôle comme il conviendrait… Tenter votre chance ne coûte rien.

Les autres mandats principaux – comité d'entreprise, délégués du personnel – sont électifs. Il s'y trouve des titulaires et des suppléants. Quand un titulaire cesse d'y opérer, son suppléant le remplace. Il n'y a donc pas de vacance entre deux scrutins. Les élections sont périodiques et immuables. Vous auriez peine à vous y insérer quand vous en sentiriez le besoin, sauf heureuse coïncidence des dates prévues avec le déroulement de votre conflit : à examiner.

Demeure quand même un inconvénient : le licenciement de l'un de ces porteurs de mandat ne peut pas se prononcer sans l'accord du CE recueilli au cours d'un vote. Il s'est vu des circonstances où un représentant souhaitait profiter d'un appel au volontariat bien indemnisé dans un plan de sauvegarde de l'emploi ; les partants étaient déclarés licenciés pour raison économique. Quelle n'a pas été la surprise de notre délégué du personnel quand il a découvert que son CE, où sa personnalité et ses positions l'avaient rendu impopulaire, votait majoritairement contre son départ, et le forçait ainsi à rester dans l'entreprise contre son gré... Tous les autres voyaient automatiquement accepté leur volontariat au licenciement économique, et lui ne pouvait même pas profiter des aménagements qu'il convoitait...

L'heureuse exception féminine

Autre solution de protection artificielle quoique naturelle, et pas forcément éternelle, mais qui pourrait durer le temps nécessaire à un rétablissement : se retrouver en attente d'un heureux événement, ou, en français de tous les jours, « tomber enceinte ». L'employeur ne peut pas licencier une femme pendant sa grossesse, pendant son congé de maternité ni pendant une prolongation de quatre semaines au-delà de la fin de ce congé. Cela ne vous met pas à l'abri d'un licenciement pour raisons économiques et ne vous protège pas davantage des fautes graves ou lourdes. Encore que... Si vous vous sentez menacée, et que ce bonheur vous soit promis au sortir d'un grand et merveilleux câlin, vous devez adresser à votre employeur un courrier recommandé avec accusé de réception pour l'avertir qu'à une date estimée au 30 février prochain, il sera invité à venir vous rendre visite à la clinique avec une petite paire de chaussons tricotés de ses propres mains en laine rose ou bleue. N'oubliez pas de joindre à cette missive le certificat médical attestant de la réalité de votre situation. Si vous aviez oublié cette formalité pleine de charme et de délicatesse en guise de faire-part anticipé, et si par malchance vous étiez licenciée, il serait encore temps de rectifier la situation par le même type de courrier. Le licenciement serait alors annulé et vous seriez réintégrée.

Calculez bien : au total, avec une grossesse de 36 semaines, un congé de maternité de 16 à 46 semaines (selon le nombre d'enfants déjà nés, et selon que vous avez la chance de donner la vie à des triplés, des jumeaux ou un seul bébé), plus quatre semaines de prolongation, vous trouvez ici une protection absolue de 56 ou 86 semaines ; dont une partie travaillée et une autre en absence. La première pour démontrer loyalement que l'entreprise ne devrait pas se passer d'une collaboratrice aussi sérieuse, motivée, performante ; la seconde pour laisser aux passions et aux pulsions le temps de retomber, pour changer vous-même dans le bon sens et espérer l'un des développements inattendus qui changent le cours des choses. Dans le moins favorable des cas, vous jouirez d'une année (ou plus) de tranquillité, compte tenu du temps de découverte et de confirmation : c'est énorme.

À l'heure de l'égalité prônée entre l'homme et la femme, il est fâcheux qu'aucune idée du même genre ne puisse être donnée aux travailleurs masculins. Mais il est vrai que ce ne sont pas encore eux qui portent les enfants dans leur abdomen. Assurément, il faut quand même que deux organismes monocellulaires acceptent de se rencontrer pour engendrer un nouvel être vivant. Quelles que soient les circonstances, mesdames, c'est ce qui vous est souhaité, avec tout le bonheur qui en découle, pour ceux qui verront ainsi consacrer leur union dans sa plus glorieuse destinée, et pour le petit enfant devant lequel va s'ouvrir une vie pleine de promesses.

Ultime observation, les deux types de protection que nous venons de traiter ont aussi quelques contraintes. Si vous êtes abrité sous l'une ou l'autre de ces ombrelles, vous ne pouvez plus bénéficier d'un « départ négocié » d'un commun accord (objet d'un paragraphe traité plus haut) : il y a incompatibilité. Si vous ne bénéficiez d'aucune de ces protections, vous vous trouvez dans le cas classique que partage ou peut connaître l'immense majorité des salariés. Nous allons donc reprendre le descriptif des étapes successives jalonnant ce parcours du combattant.

Le licenciement

Quoi que vous en entendiez et en direz autour de vous après la tourmente, vous vivrez une mutilation.

Ses conséquences

En effet, on s'en doute, pour l'employé qui le vit, le licenciement est une tragédie. Imaginer le contraire serait pure déraison, à deux exceptions près : la très isolée mais notable bonne fortune de celui qui a déjà retrouvé un poste assorti d'une confortable augmentation de position et de salaire – cela est rare, mais cela existe ; et celle du salarié en fin de carrière qui pourra rejoindre la retraite avec un minimum de problèmes, même s'il ne retrouve pas cet emploi indispensable ou souhaité par beaucoup. Dans tous les autres cas, les seules réalités observables sont la totale incertitude, le futur ténébreux et l'évaluation angoissante de tous les pépins qui peuvent, et devraient logiquement s'accumuler. Car, quels que soient les aménagements financiers qui peuvent adoucir la perte non volontaire d'un emploi, celle-ci est toujours synonyme de l'éjection immédiate du monde du travail et de la privation d'une part essentielle des revenus. Les indemnités associées à la séparation peuvent être juteuses, elles ne dureront pas éternellement et sont bien perçues comme telles. Ce qui sera versé alors par les organismes d'assurance (Assedic) ne comblera pas la totalité de l'écart avec le revenu salarial antérieur et ne sera pas éternel non plus.

Ce qui est donc en perspective est douloureux et inquiétant. Réduction drastique du train de vie. Abandon lugubre des projets de vacances dispendieuses, et réaffectation dans l'urgence des économies patiemment consenties pour se les offrir. Incapacité à financer les études trop coûteuses des enfants qui se retrouveront privés des qualifications méritées par leur intelligence et leur énergie. Séjours linguistiques en Grande-Bretagne sacrifiés : la génération suivante n'aura qu'une médiocre maîtrise de l'anglais de communication internationale, pourtant un différenciateur déterminant de nos jours. Vente de la résidence secondaire. Incapacité à honorer les remboursements de l'emprunt contracté pour acheter la résidence principale, le programme de toute une vie : il faudra l'abandonner en y perdant beaucoup de ce qui y a été mis. Les huissiers pointent leur nez sur l'écran de l'interphone. Ils partiront avec la télévision, l'ordinateur indispensable aux recherches d'emploi et au suivi des dossiers, et les articles d'ameublement qui faisaient le confort et l'agrément d'une vie de douceur.

Tout cela n'a aucun caractère de certitude, mais c'est ainsi qu'il sera immédiatement fantasmé : l'image du pire, de la détresse, de la déroute, de la débâcle. Sans compter les mois de recherche déprimante au milieu de candidats plus jeunes, plus qualifiés, plus attirants, qui sembleront rafler tous les bons postes. Et pour l'homme de la maison, cette caricature désespérante de ne plus apporter sa contribution matérielle à la vie de la famille, de dépendre du travail de l'épouse ou de la compagne, et d'être limité aux tâches domestiques – passer l'aspirateur, mettre la table, cuisiner, acheter au supermarché. Il n'y a pas de cas où cette situation ne soit un cataclysme. Le salarié qui la subit en est toujours cruellement conscient : il traverse alors le moment le plus déprimant de son existence.

Paradoxalement, et mieux vaut le dire, quels que soient votre mentalité, les motifs avancés et leur bien-fondé, ainsi que les lendemains imaginés en ce qui vous concerne, votre licenciement sera toujours perçu aussi comme un drame par l'employeur qui le décide et le prononce, et qui redoute l'étendue du désastre qu'il occasionne. Des cas de suicides comme de violences physiques ont été rapportés dans ce genre de circonstances. Vous vivrez certainement une profonde épreuve, mais c'en est aussi une pour celui ou ceux que vous aurez en face de vous. À l'opposé de ce que pensent beaucoup de victimes, c'est une souffrance pour la personne qui a pris la décision, comme pour celle qui la communique. Le premier est un juge, il a prononcé sa sentence sans doute après bien des hésitations douloureuses. Il sait qu'il peut ici faire votre malheur, et l'idée lui en est d'autant moins supportable qu'il n'aura pas été souvent confronté à ce genre de décision. Les vieux routiers sont moins sensibles. Quant à celui qui vous annonce la catastrophe, il est « seulement » un bourreau : s'il est récent dans la fonction, lui aussi en est affecté, et s'il est ancien, il s'est accoutumé à la douleur de ses victimes mais ne peut pas être devenu indifférent. La fréquence des exécutions arrive à épaissir l'épiderme de certains représentants de la hiérarchie : ils peuvent s'habituer à la perspective de vos difficultés comme les chirurgiens peuvent s'habituer aux handicaps résultant des amputations qu'ils opèrent, ou comme les employés des pompes funèbres peuvent s'acclimater aux deuils des familles rencontrées lors des funérailles. Le cadre qui vous reçoit ne vit ces circonstances dans l'équilibre que si les raisons du licenciement sont vraiment solides ou s'il a un compte personnel à régler. Ce n'est pas le cas habituel, mais il s'appliquera toujours à afficher la plus sereine des tranquillités : c'est son métier. Il ne va pas l'exercer en vous laissant entrevoir qu'il désapprouve l'action dont il est le messager, ou qu'il estime dépourvue de fondement la position annoncée.

Ses motifs

Le licenciement constitue d'ordinaire l'aboutissement dans ce qui aurait pu n'être qu'une controverse, mais, pris dans l'engrenage des vicissitudes, votre employeur et vous-même êtes devenus irréconciliables. Il peut aussi intervenir à la suite d'une simple faute isolée, sans signe précurseur : il suffit que sa nature interdise toute perspective de collaboration ultérieure.

Au sein d'une direction régionale, mademoiselle Gauner est commerciale dans une entreprise dont les machines pour entreprises du BTP sont distribuées par l'intermédiaire d'une multitude d'agents. En amont de ces partenaires, la société organise un marketing très actif et très structuré pour trouver des acquéreurs éventuels, des prospects. À peine repérés, ces acquéreurs potentiels sont adressés à l'agent le mieux placé géographiquement pour traiter l'affaire et obtenir des commandes dans les conditions tarifaires imposées par l'entreprise. L'agent perçoit alors une commission substantielle sur cette vente de matériel. Il fournit par la suite au client de lucratifs services d'installation de même que des prestations supplémentaires en formation, puis en entretien ultérieur. Attirer des prospects constitue la mission de mademoiselle

Gauner. Empressée, elle leur demande leurs coordonnées téléphoniques pour assurer un suivi ultérieur et les dirige vers le distributeur approprié.

Évidemment, transmettre le « coup » à tel agent plutôt qu'à tel autre, c'est fournir au premier une rémunération significative. Pas sotte du tout, et un peu leste avec ses scrupules, cette employée a établi un petit business secret et alimentaire en obtenant d'un bon nombre de ces agents commerciaux le partage avec elle de leur commission, en échange de leur référencement privilégié auprès des prospects. L'un des agents se montre réfractaire au stratagème après y avoir trop longtemps cédé. Les opportunités de traiter des affaires ne lui sont plus adressées. Il a une mise au point téléphonique avec mademoiselle Gauner et l'enregistre subrepticement.

Le piège s'est refermé. Cet enregistrement et quelques témoignages l'accusent clairement. C'est pour l'employeur une faute au moins grave, sinon lourde. Pourtant ce qu'il détient est entièrement illicite et dépourvu de portée : la salariée n'était pas avertie de cet enregistrement, qui n'a dès lors aucune valeur probante. Ce qui est fait à l'insu de l'autre est inacceptable dans notre droit. Certes, l'employeur a pour lui son intime conviction et sait quelle décision il doit prendre impérativement. Mais s'il prononçait ici le licenciement sur ces seules bases, mademoiselle Gauner aurait beau jeu de démontrer qu'il est parfaitement abusif et en retirerait des avantages substantiels. En toute discrétion, l'enquête se poursuit un peu plus et montre que cette activité répréhensible était assez vaste pour que l'un des agents contactés produise un règlement par chèque qui fait toute la différence : la preuve est maintenant concrète et opposable. Le licenciement est prononcé avec une raison qu'un tribunal prendrait forcément en considération. Les moyens de défense de mademoiselle Gauner sont réduits à néant.

La sanction est méritée et incontournable. Mademoiselle Gauner veut pourtant livrer un baroud. Nous la retrouverons plus tard.

Il se dit que l'entreprise peut aussi décider de se débarrasser de vous sans autre motif que celui que votre association a assez duré : vous pourriez imaginer facilement que cela représente une très notable proportion des licenciements, en en tirant la conclusion que les employeurs sont décidément des gens sans moralité. Pensée mal fondée : les employés licenciés pour de bonnes raisons, comme la demoiselle Gauner ci-dessus, ne se promènent pas volontiers en déclarant à qui veut les entendre : « Je n'étais vraiment pas au bon niveau, et en plus je ne travaillais pas pour maintenir ma compétence » ou bien « Je passais une bonne partie de mon temps à faire de la prospection téléphonique pour l'agence immobilière dirigée par ma femme, et ils n'ont pas aimé », ou encore « Je renseignais ma copine journaliste sur les plans financiers hautement confidentiels ». Un trop grand nombre de ceux-là raconteront des fables faites de règlements de comptes, d'inimitiés personnelles, de haines tribales trouvant leurs origines dans des aventures anciennes ; bref, chacun aura une narration soulignant sa virginale innocence et la cynique perversité de l'employeur sans scrupule : l'image souhaitée finit par s'installer, faute de démenti, et ne peut être combattue. Dans une très vaste proportion, les licenciements ne sont pas prononcés sans de bonnes raisons, quoi que puissent en dire les victimes.

L'entretien préalable

Si vous vous trouvez dans l'un de ces cas bien mais discrètement motivés, les préliminaires seront meilleurs que dans le viol mais limités à ce qui est prescrit. La décision sera, comme pour la mise à pied, précédée d'une convocation à une entrevue préalable destinée à vous donner l'occasion de vous défendre : lettre recommandée avec accusé de réception ou remise en main propre avec décharge, fixant un rendez-vous au moins cinq jours ouvrables plus tard en en précisant l'heure et le lieu. La lettre annonce le destin que l'on envisage pour vous : vous devriez quitter votre emploi à la suite d'un licenciement. Elle précise que vous pouvez venir accompagné d'une personne qui vous assistera.

Règle d'hygiène élémentaire

Si un seul de ces détails manque, ou si ce calendrier est bafoué, réjouissez-vous, c'est mal parti pour votre employeur. Inutile surtout de le lui faire remarquer, il y remédierait et vous seriez bêtement privé d'une munition. Certains juges sont stricts sur le respect de toutes ces exigences : leur non-observation vous servirait plus tard.

La conversation qui va suivre est fondamentale, et pas uniquement formelle. Les motifs du licenciement envisagé vous y sont détaillés. C'est le moment de s'expliquer, et tout le monde doit sincèrement chercher ensemble des solutions alternatives au licenciement. Votre défense et vos arguments seront écoutés : vous les distribuerez avec une parcimonie réfléchie.

Pour commencer, essayez sans délai de comprendre qui vous reçoit, à qui vous avez affaire : des débutants encore peu aguerris dans ce genre de corvée ou de vieux forbans qui à force de voir des chagrins n'arrivent plus à s'émouvoir ? Surtout, essayez de comprendre qui est le vrai décideur. Celui qui annonce, l'exécuteur, n'est souvent qu'un porte-parole. Dans bien des cas, ses sympathies vont de votre côté, mais son devoir et son intérêt sont du côté de l'employeur. Sa position professionnelle contient ces pénibles devoirs, dont il s'acquitte au mieux, trop soucieux de ne pas perdre un emploi aussi précieux pour lui que le vôtre à vos yeux. Si tel est le cas, surtout ne l'invectivez pas : il n'est que le facteur. Ménagez-le du mieux possible, il pourrait demain devenir un allié précieux dans le combat qui vous attend : il pourrait lui aussi quitter l'entreprise prochainement, et vous auriez à lui un accès privilégié, avec à votre disposition une mine de renseignements essentiels. Prenez-le plutôt en pitié, dites-lui que vous compatissez au rôle ingrat dont il a hérité, facilitez sa tâche en évitant hurlements et imprécations. Toutes les manifestations de votre désarroi ou de votre animosité ne doivent se retrouver que dans les écrits, et encore après mûre réflexion et en ayant tourné sept fois votre plume dans l'encrier, ou votre mulot autour de votre clavier.

Pour le moment, silence attristé et compréhension simulée. Gardez les émotions et les contre-arguments pour plus tard. Ne dévoilez rien de ce que vous avez l'intention de faire. Laissez vos interlocuteurs dans une complète incertitude, restez nébuleux, éludez les questions qui montrent de leur part une curiosité plus qu'intéressée : comprenez la nature de ces interrogations et admettez que vos répliques ne feraient que les renseigner et donc les aider. Vous répondrez donc invariablement « Je ne sais pas encore, il faut que je réfléchisse ». Vous discuterez uniquement des faits qui vous sont reprochés, des motifs avancés en soutien de la décision. Mais vous pouvez poser toutes les questions qui vous passent par la tête et en noter les réponses : il pourrait s'y trouver des projectiles utiles pour la suite. Plus vous ferez parler, plus vous trouverez de flèches à tirer dans le futur.

Jean-François Navant est convoqué pour un entretien préalable à un licenciement. Il est reçu par le DRH de l'entreprise, sans témoins. Ce DRH est un brave homme consciencieux, nullement méchant. Il donne lecture d'une lettre signifiant le licenciement pour une faute commise le mercredi 11 juillet 20xx, décrite en des termes plutôt vagues.

Jean-François sait qu'il ne s'agit ici que d'un prétexte. La vérité est tout autre : l'entreprise est en difficulté et veut se débarrasser d'un salarié coûteux, ancien et vénérable, dont le rôle pourra peut-être se trouver assumé par un débutant entouré de près par ses collègues, à un tarif bien plus avantageux. Le motif invoqué est donc totalement confectionné, d'autant plus que dans l'opération qui lui est reprochée, il n'a fait que suivre les instructions de sa hiérarchie, reçues par écrit.

À l'exposé des motifs, il s'esclaffe bruyamment et réplique sans plus hésiter : « Ignace, tu déconnes complètement, si vous me licenciez pour ces motifs, je vais te faire exploser : non seulement j'ai dans mon dossier des ordres écrits me stipulant d'opérer comme tu me dis que je n'aurais pas dû le faire, mais en plus, le 11 juillet 20xx, j'étais en congés annuels depuis onze jours. »

Le DRH prend note consciencieusement et se garde bien de remettre la lettre, qui n'aura pas de trace, du moins dans cette première version. La procédure repartira sur d'autres bases mieux documentées et étayées, sans confusion, cette fois, dans le calendrier. Jean-François aurait mieux fait de se taire ; il a tout perdu en gâchant gratuitement ses précieuses munitions quand le gibier était encore hors de portée. L'idéal eût été de prendre officiellement la lettre et d'y répondre non moins officiellement en ouvrant le feu à coup sûr, ou de garder les cartouches pour la phase judiciaire qui aurait pu suivre.

Les courriers subséquents à l'entretien

Dans tous les cas, votre défense demande une préparation appliquée. Partez du principe que vos arguments seront écoutés avec attention, mais gardez-vous de dévoiler trop vite vos batteries en cours de rencontre. Au sortir de la réunion, couchez sur papier tous vos meilleurs arguments, assez vite mais sans précipitation. Vous aurez à l'avance annulé les rendez-vous qui auraient consommé votre emploi du temps. C'est l'instant favorable pour tirer vos boulets puisque l'adversaire est en bonne position pour que vos coups fassent mouche. Car les motifs du licenciement vous ont été annoncés, devant témoin si vous vous êtes fait assister, et même par écrit. Changer ces motifs ou en ajouter est déjà devenu impossible pour votre employeur. Raison de plus pour ne pas l'avoir éclairé lors de l'entrevue préalable ou autrement. S'il se trouve ici des failles, vous êtes en meilleure position que vous ne pourriez le croire, et les avoir indiquées à l'avance relèverait vraiment de la dernière des imbécillités. Mais comme vous êtes à présent averti par ce que vous venez de lire, vous ne serez pas tombé dans ce piège.

Votre réplique écrite sera d'autant meilleure que vous l'aurez méditée bien avant cette entrevue, sur la base de ce que vous pouviez imaginer dans le registre des griefs. Quoi qu'il en soit, ce courrier est votre arme ultime : il doit être plus irrésistible que tout ce que vous avez produit auparavant, et vous ne retrouverez pas avant longtemps une position aussi privilégiée pour marquer des points. Discutez-le précisément avec la personne qui vous a assisté, si vous avez fait le choix d'être assisté. Faites-lui vérifier votre rédaction ; si elle apporte à votre projet des corrections manuscrites, conservez-les précieusement : elles authentifient son travail à vos côtés. Pensez à bien rappeler dans le texte que vous vous êtes rendu à l'entretien assisté de monsieur Dailaiguet. Si celui-ci l'accepte, dites aussi qu'il vous a aidé à rendre compte du contenu de l'entrevue dans votre courrier. Vous aurez ainsi tout emballé, peut-être infléchi la décision, et au moins planté le champ de manœuvres pour les périodes qui vont suivre.

Si rien n'a changé, si vous n'avez pas réussi à convaincre, deux jours ouvrables (au minimum) plus tard[1], l'employeur vous signifiera votre licenciement par lettre recommandée avec accusé de réception. Vous y seront indiqués à nouveau explicitement les motifs qui justifient la démarche. La nature des faits évoqués ou reprochés doit apparaître très clairement. Les employeurs ne sont pas tous bien avisés en la matière. Leur rédaction les engage à nouveau définitivement, et si les motifs sont maintenant différents de ceux avancés dans l'entretien préalable (et que vous aurez pris la peine de reformuler dans votre courrier, dans des phrases approuvées par la personne qui vous assistait), c'est excellent pour vous : les nuages noirs obscurcissent pour votre patron le panorama de vos prochains contacts.

Les différents types de causes

Condition *sine qua non* : la cause invoquée doit être « réelle et sérieuse », notion que le Code du travail ne définit pas très clairement. C'est à l'employeur de prouver que ses motifs de décision sont bien réels et bien sérieux,

1. Sept jours pour un licenciement économique individuel, de quatre à quinze jours pour un licenciement économique collectif, et quatorze pour les cadres en cas de licenciement économique, qu'il soit individuel ou collectif.

faute de quoi le licenciement pourrait être déclaré abusif. Il serait alors sanctionné avec, pour l'employeur, l'obligation de vous réintégrer en vous versant des indemnités qui ne sauraient être inférieures à six mois de salaire. La réintégration, il est vrai, vous poserait probablement un problème insoluble, tant il vous serait difficile de travailler à nouveau dans un milieu dont vous auriez été séparé par une bataille du genre de celle traitée ici. Mais ce n'est pas certain. Il se pourrait aussi que le décideur qui vous avait en ligne de mire se soit discrédité par son impréparation et se retrouve sur une voie de garage, voire quitte délibérément votre structure au terme d'une lassitude insupportable, ou encore se trouve poliment « remercié ». Il se pourrait enfin que vous soyez réinstallé dans un autre service où vous réussiriez bien, et où tout le monde aurait envie de démontrer par votre succès que votre chef précédent n'était qu'une andouille.

Pour être réelle, cette cause doit être tangible et ne pas découler de la subjectivité ou du seul entendement de celui qui la formule : idées préconçues, convenances ou préférences personnelles sont de bien mauvais motifs. La loi vous protège des caprices et de l'arbitraire : la cause doit avoir une existence concrète, ne pas être imaginaire et ne pas relever du seul esprit inventif ou torturé de celui qui prend la décision ou l'annonce. Que la « perte de confiance » envers vous soit invoquée serait excellente, car la justice a tranché qu'en tant que telle, elle ne pouvait constituer une cause réelle de licenciement. En revanche, les éléments objectifs qui ont éventuellement conduit à cette perte de confiance le peuvent très bien. « Je ne puis plus avoir confiance en cet employé » est nul ; mais « voici trois incidents concrets et répréhensibles, au terme desquels il devient impossible de lui confier la responsabilité visée par son contrat de travail » a de bonnes chances de tenir la route. Il sera alors justifié pour le salarié de porter la bataille ailleurs. Pour la même raison, l'employeur ne peut licencier un salarié à cause de son âge, d'une discrimination sexuelle, raciale, ethnique, religieuse, politique, de l'exercice du droit de grève, ni d'une activité syndicale.

La cause réelle doit être la *vraie* cause. Un trop grand nombre d'employeurs commettent l'erreur de décider une rupture de contrat de travail pour des motifs dont ils pressentent ou redoutent tout à coup la fragilité (agitation dans l'entreprise, propos déplaisants et récurrents, comportements déplorables mais pas vraiment condamnables, refus d'accepter un poste différent, refus d'une mutation géographique malgré une clause contractuelle de mobilité, etc.). L'accumulation a fini par devenir insupportable, mais aucun incident n'est vraiment d'une solidité à toute épreuve selon leur appréciation. Ils masquent alors leur décision par un autre prétexte mieux documenté, qu'ils imaginent d'autant plus solide qu'il est réel et vérifiable. Si vous parvenez à démontrer que le motif annoncé ne constitue pas la véritable origine du licenciement, celui-ci sera considéré comme dépourvu de cause réelle et sérieuse, et par conséquent estimé invalide en dépit de la réalité concrète et contrôlable de tout ce qui peut être reproché en surface : les causes invoquées officiellement ont le tort de dissimuler des motifs de profondeur bien plus foudroyants, mais qui ont été tus. Des mobiles plus pratiques, plus plaidables leur ont été préférés, et cela constitue une bavure. Les propos tenus devant témoins, les écrits reçus antérieurement, l'analogie avec les cas d'autres collègues peuvent vous fournir des arguments précieux pour le dénouement de cette crise précise et pour la démonstration dont vous avez besoin.

La cause réelle doit être formulée avec exactitude ; les inexactitudes factuelles que vous relèveriez sont autant de munitions pour votre usage ultérieur. Il vous faut recevoir sans contestation ni mise au point toutes les précisions sur les dates, personnes impliquées, éléments chiffrés d'objectifs ou de résultats (ou autres), endroits, horaires et moyens utilisés ; elles doivent immédiatement devenir le sujet de votre enquête la plus minutieuse, suivie, le moment venu, de la réponse écrite la plus documentée possible pour infirmer la réalité du motif invoqué. On vous reproche un fait précis qui se serait déroulé le 18 mars 20xx à Paris : excellent, vous étiez à Bordeaux ce mardi-là, comme en témoignent notes d'hôtel et de restaurant, règlements par carte de crédit et billets de SNCF compostés pour le transport. Votre employeur commence mal, et revenir plus tard en disant « C'est une étourderie de rédaction, ça s'est passé le 18 février » serait épineux et maladroit. Décider un licenciement est une chose grave, qui doit être traitée avec gravité ; une telle inconséquence donne une piteuse image de légèreté.

La cause de la décision doit aussi être « sérieuse », ce qui signifie que ses conséquences interdisent la suite de votre collaboration : celle-ci est devenue impossible en raison de faits relatifs à votre personne, qui revêtent une importance décisive. Il peut s'agir de faits dans lesquels une faute a été relevée à votre encontre, mais il faut qu'ils soient liés à votre activité professionnelle, et que rien ici ne soit de nature étriquée ou dérisoire…

Les différents types de causes

Parmi les causes qui peuvent être retenues, la moins douloureuse est l'insuffisance professionnelle, dont le meilleur exemple est la médiocrité chronique des résultats. Quand c'est démontré, c'est réel, et c'est sérieux : vous n'avez pas le niveau pour la position que vous occupez, avec des résultats régulièrement insuffisants malgré toutes les aides apportées. Ce n'est pas une inculpation, c'est une constatation, du moins du point de vue de votre employeur. Il n'a rien d'autre à vous proposer qui soit en rapport avec les capacités qu'il vous reconnaît et vos qualifications ; pas de reclassement possible donc, et il n'a pas l'intention de vous conserver dans ses effectifs par pure générosité chrétienne. Sa philanthropie a des limites, et il n'en a d'ailleurs souvent pas les moyens. Il se trouve des employés qui en conviennent, d'autres qui protestent. Il est heureux que le mot « faute » ne se trouve pas appliqué à cette observation, sauf s'il est démontré que cette insuffisance n'est que le résultat de la désinvolture. Il se pourrait pourtant que vous ayez l'impression d'être « fautif » ou d'être considéré comme tel. Ne vous attachez pas à cette perception. Ce qui compte, c'est le sort qui vous est promis et la manière dont vous allez dorénavant opérer.

Il est également possible qu'aucune insuffisance de cette nature ne soit invoquée et que le licenciement soit valide : le refus d'une affectation motivée par l'intérêt du service, l'inaptitude physique au travail constatée par le médecin du travail, peuvent constituer des causes sérieuses pour la rupture d'un contrat de travail en l'absence de toute faute, à condition qu'il puisse être argué qu'aucune solution de reclassement n'est accessible. Il en va de même d'un absentéisme justifié mais occasionnant des perturbations qui nécessitent votre remplacement définitif[1].

1. Les conventions collectives prévoient le plus souvent une période de « garantie d'emploi » pendant laquelle l'employeur ne peut pas rompre le conrat d'un employé absent, quels que soient les motifs de cette absence. Regardez la convention qui vous concerne : toutes sont différentes.

Ce licenciement peut aussi être motivé par des raisons économiques : votre emploi est devenu inutile, ou l'employeur est obligé de s'en passer parce que l'économie de son affaire ne permet plus de l'envisager, ou qu'une fusion-acquisition télescope deux groupes de salariés qui occupent des emplois similaires, lesquels cessent d'être tous justifiés. Ou bien vous êtes cuisinier au domicile d'un promoteur immobilier très fortuné. Ses affaires périclitent à la suite d'un déboire sur un chantier dont l'entrepreneur s'est évaporé avec la caisse, et dont le remplaçant a des exigences incompatibles avec l'équilibre de l'opération : entre un procès coûteux des acquéreurs et l'achèvement des travaux à perte à l'aide de ses deniers, votre « pauvre » patron opte pour la seconde solution. Il se voit contraint d'ajuster dramatiquement son train de vie personnel. Il a tous les éléments pour démontrer à qui le souhaiterait qu'il n'a plus les mêmes moyens. À regret sans doute, il doit se passer de vos services. Du fait de la raison économique de ce licenciement, il ne pourra embaucher un autre cuisinier pendant douze mois sans vous faire la proposition en priorité. La lettre de licenciement que vous recevrez doit vous le signifier en toutes lettres et vous faire savoir les conditions dans lesquelles cela serait mis en œuvre. Ne pas vous informer d'une telle possibilité constituerait un autre forfait, qui deviendrait évident si les affaires, en s'améliorant, la permettaient enfin. Vous surveillerez ce qu'il en advient, car vous pourriez alors obtenir votre réintégration, ou lancer une négociation s'appuyant sur elle, ou vous voir indemnisé au moins de deux mois de salaire.

Dans les cas les plus inquiétants, le motif est d'ordre disciplinaire : il s'agit de la « faute », dont les premières manifestations ne sont que sérieuses. Il se trouve ici encore une grande part d'appréciation. Les insultes peuvent constituer des fautes mais peuvent aussi être considérées comme vénielles : « Je te pisse à la raie », selon la personne qui le dit, celle qui l'entend, et les habitudes linguistiques du milieu, n'a pas la même portée. Demeure ainsi un large territoire pour l'interprétation. Des absences sans justification ponctuelle peuvent aussi constituer une faute sérieuse, motif légitime pour une action disciplinaire tout aussi sérieuse.

Mais rien de tout cela n'est pourtant aussi « sérieux » que la « faute grave » ou la « faute lourde ». Celles-là seraient d'autant plus ennuyeuses que vous ne recevriez alors aucune indemnité[1] et n'effectueriez pas de préavis rémunéré ; et si la faute était réputée lourde, les congés payés que vous n'auriez pas pris ne vous vaudraient aucune rémunération.

Rappelons que la faute lourde se distingue de la faute grave par le fait qu'elle a été commise avec l'intention délibérée de nuire à l'entreprise. Pour autant, cette intention de nuire doit être démontrée ; ainsi, il est souvent difficile de ranger le vol ou le larcin dans cette catégorie, car, en droit, la démonstration attendue tient bien moins compte de la gravité de l'acte que de ce qui l'a inspiré. La maman célibataire qui, employée dans un supermarché, y vole pour nourrir ses trois enfants, nuit certes à son employeur. Les montants additionnés peuvent devenir importants, assurément. Mais personne ne dirait que son intention profonde et première était de nuire à son patron : elle n'était que de nourrir une famille indigente. On ne saurait ici trouver de faute lourde, et l'employeur qui l'invoquerait

1. Lorsque ces indemnités sont attribuables, leur montant est généralement indiqué dans la convention collective. Par exemple : au minimum 2/10e de mois de votre salaire mensuel récent par année d'ancienneté jusqu'à dix ans, et 2/15e par la suite. Une bonne gestion de votre situation devrait vous apporter largement plus.

n'aurait pas forcément raison. À l'opposé, la communication d'informations confidentielles et utiles à un concurrent rentrerait clairement dans cette classe de griefs. Le champ des possibles en ce domaine est assez vaste. L'employeur jouira d'une grande liberté d'estimation personnelle jusqu'à ce qu'une autorité lui dise que son interprétation est excessive : vous serez alors depuis une bonne période dans les problèmes, mais cette nouvelle pourrait annoncer une éclaircie. Que l'avis de l'employeur ait jusque-là semblé prévaloir ne change rien au fait qu'il est maintenant discuté et fragilisé.

Vous l'avez compris, quels que soient le motif invoqué et la gravité d'une éventuelle faute, toute cette histoire de licenciement est tout de même émaillée d'un grand nombre d'appréciations : sur la réalité de la cause, sur son sérieux et sur l'ampleur potentielle de ses conséquences pour l'avenir. L'employeur est souverain pour prononcer la décision. Cela dit, vous avez tous les droits et tous les pouvoirs pour la contester, en exiger l'annulation ou demander des compensations financières. Nous verrons comment. Si votre employeur maintient sa position malgré vos objections et demandes, et si vous persistez dans l'idée que le traitement infligé n'est pas correct, l'arbitre ultime est ailleurs, et certainement extérieur à l'entreprise. La décision finale appartient à un tribunal qui formera éventuellement sa conviction en se forgeant une opinion sur la régularité de la procédure suivie (les dates, courriers, préavis, informations données, etc.) et le caractère réel et sérieux, ou grave, ou lourd, qu'aura invoqué l'employeur. Mais avant d'arriver à lui, bien des chemins auront été parcourus dans la recherche d'un traitement meilleur.

Quoi qu'il en soit, puisque le licenciement vous est signifié, admettez que vous étiez jusqu'ici dans le domaine du conflit, de la discorde, voire de la bataille, et que vous venez d'arriver par rupture du contrat de travail dans celui du litige, de la guerre ouverte, voire du procès. En tout cas, selon toute vraisemblance, de l'ANPE.

Nous allons à présent passer en revue les protagonistes de ce drame. Ils sont nombreux et variés : mieux comprendre leur positionnement respectif, leurs caractéristiques et leurs priorités est de nature à vous éclairer. Par ailleurs, dès les premiers paliers de cette évolution souvent longue, vous devez aussi évaluer de manière critique l'intérêt de quelques mesures immédiates. Cela est encore plus important si vous vous trouvez subitement confronté à l'étape extrême du licenciement. Les paragraphes qui suivent s'appliquent impérativement en cas de licenciement ou de mise à pied, et conservent leur valeur dans les circonstances moins graves que nous avons décrites en premier lieu. À chacun de s'organiser en fonction de sa personnalité et de ses pronostics sur les évolutions possibles. Prendre ces précautions de bonne heure présente seulement des inconvénients légers, qui n'existeront plus dès que vous en aurez avec nous compris la nature.

Chapitre 2

Le premier acteur : vous

Votre savoir-être et la manière dont vous êtes perçu

Vous devriez, pour commencer, vous regarder avec lucidité dans le miroir et vous demander quel genre de salarié vous êtes, avez voulu être ou seriez décidé à devenir. Voyons les extrêmes :

Valérie Bayard, employée aux écritures, travaille dans une PME d'une cinquantaine de personnes, fondée vingt ans auparavant par un autodidacte qui avait une bonne idée mais n'avait pas réussi à convaincre son propre employeur de s'y intéresser. Valérie admire cet homme qui a pris sa destinée en main pour réaliser son projet en y investissant la totalité de son épargne d'alors, plus celle de ses parents et de sa famille proche, et en s'alourdissant d'emprunts bancaires hasardeux. Elle aimerait avoir elle aussi une telle inspiration et un tel courage.

Son patron n'est pas parfait, il est exigeant, mais Valérie reconnaît qu'il donne l'exemple. Connue de tout le monde, sa rémunération n'a rien de farfelu eu égard à sa responsabilité, aux heures passées et au travail qu'il fournit : c'est un patron qui paye de sa personne et qui assume les risques. Valérie n'hésite pas à en faire autant, toujours volontaire quand un coup de collier est nécessaire. Elle est bien vue et touche à l'occasion des primes qui récompensent son engagement. Exceptionnelles et inattendues, elles soutiennent la motivation, qu'il s'agisse d'un « souper pour deux personnes dans le meilleur restaurant du coin » ou d'un virement bancaire rondelet pour souligner une opération particulièrement couronnée de succès. Il lui arrive souvent de ne pas compter les heures supplémentaires, surtout quand elle dépasse le contingent autorisé par la loi. Ce n'est pas rare, mais les gratifications, les tâches intéressantes, les prévenances et les foulards en soie ramenés d'un voyage d'affaire à Hong Kong, toutes les petites attentions élégantes sont pour elle. Elle aime cette boîte, même si elle ne trouve pas que des qualités à son patron et à son chef de service immédiat. Elle a déjà absorbé sans broncher ce qu'elle considérait comme des injustices ou des vexations, surtout de nature comportementale. Mais tout compte fait, elle se trouve bien où elle est, et le montre par sa fidélité : déjà dix ans dans la maison, c'est une ancienne, un pilier de la stabilité et de la loyauté. Seule une injustice majeure et irréparable pourrait la conduire à un conflit, dont elle n'arrive même pas à imaginer les circonstances. Mais elle sait que, si les conditions le justifiaient, elle n'hésiterait pas. Du moins en est-elle convaincue.

Gaspard Ganelon est magasinier dans la même PME. Il se flatte de ne pas être dupe. C'est exact et vérifiable, le fondateur ne se paye qu'un salaire bien mince et s'ingénie à laisser finement filtrer l'information. Sa voiture de fonction est également modeste, et son bureau tout juste assez correct pour ne pas inquiéter les visiteurs, clients et fournisseurs, et ne pas dissuader les banquiers. Mais il ne cesse de faire grandir sa société, dont la valeur s'est délicieusement étoffée et qu'il vendra un jour à un grand groupe pour une fortune considérable. Une fortune que les salariés auront amassée pour lui et dont ils ne verront jamais rien. Ce patron est un homme dur qui manie habilement la carotte et la cravache. Les peccadilles professionnelles deviennent vite des fautes avec lui, et les coupables sont licenciés ou partent sans plus de sollicitation tant la culpabilisation est forte devant l'immense troupe des moutons opprimés et consentants.

En bref, Gaspard pense qu'il travaille chez un exploiteur, sympathique et chaleureux certes, mais en surface, et qui finira par quitter le navire en laissant ses chers employés aux mains d'un grand complexe multinational dénué de toute conscience sociale, après un rachat au prix fort ; pire peut-être, d'un fonds de pension américain. Suivra une remise en ordre sévère pour sabrer vigoureusement dans les dépenses avant une autre cession avantageuse, si ce n'est un dépeçage pour une vente par appartements. Alors, il sera clair que lui, Gaspard, aura tout perdu. Il ne fait donc rien pour se dévouer au-delà du raisonnable, encore moins pour enrichir ce genre de négrier cupide et spéculateur. Moins il s'échine pour le prédateur, plus il a la certitude de gagner et de servir une lutte des classes qu'il sait multimillénaire.

La limitation de ses efforts est observée, et la hiérarchie a vite fait de lui chercher des parasites dans la chevelure. Il est donc prudent et organisé, et prêt à déclencher ou à exploiter tout conflit qui lui permettrait de récupérer un peu de la valeur qu'il attribue instinctivement à la sueur déjà versée, mais qui ne lui a pas été payée au juste prix puisque le patron s'est enrichi.

Première question pour vous : selon vous, êtes-vous plus proche de Valérie Bayard ou de Gaspard Ganelon ? Bien entendu, vous pouvez être l'un dans le fond et l'autre dans l'attitude : le plus loyal et le plus attaché, mais critiquant tout perpétuellement avec l'espoir de faire changer les choses dans le bon sens ; et devenant au bout du compte une authentique pollution bien intentionnée mais insupportable. Ou bien le plus réfractaire et le plus négatif relativement à tout ce qui se fait, mais qui ne dit jamais rien et s'applique à présenter une image irréprochable. D'où la question suivante, corollaire de la première : comment pensez-vous être ressenti ?

Avant tout accroc, tentez de comprendre comment votre chef et votre hiérarchie vous perçoivent. Il n'est pas certain qu'ils aient par décret de naissance les talents de communication pour vous le faire savoir : incapacité à s'exprimer sur des sujets sensibles, peur de vous démobiliser un peu plus en vous heurtant, espoir que quelqu'un d'autre vous cassera le morceau, bien des raisons peuvent conduire au silence. Les collègues, surtout quand ils sont proches de la hiérarchie, les assistantes, les secrétaires, des cadres dont vous ne dépendez pas hiérarchiquement, peuvent vous fournir de bonnes informations sur la personne que vous êtes, la manière dont vous êtes vu et l'évolution qui pourrait vous être réservée si rien ne change.

À propos de votre patron, l'une de ces sources vous dira : « Gilbert te trouve excellent, mais il te jalouse un peu ; il t'aime comme on aime un neveu qui réussit mieux que ses propres enfants. » Traduction dans votre propre vocabulaire : « Gilbert n'est peut-être pas un ennemi, mais il ne serait pas malheureux si je me cassais la gueule. » Danger.

Un autre vous dira : « Le chef, il s'est fait remonter les bretelles par le président à la suite de ton accident avec la grue. Franchement, il n'a pas digéré. » Traduction : « Le chef, il a un arriéré, j'ai intérêt à bien me tenir et peut-être à aller en parler avec lui quand la poussière sera retombée sur les lieux du crime. »

Ou encore : « Tu nous donnes un peu l'impression de vouloir être calife à la place du calife. » Traduction : « Je devrais moins critiquer ce qui se fait, ne pas donner l'impression que je m'imagine capable de faire aussi bien que le chef, et je pourrais occulter un peu mieux mes ambitions. »

Les signaux sont ténus, par conséquent difficiles à décoder. Raison de plus pour les écouter d'une oreille attentive et discriminante. Mais le questionnement essentiel reste celui-ci : « Que voulez-vous ? Qu'attendez-vous ? Qu'espérez-vous ? »

Comment être paré pour la tempête

Sophie s'est fait alpaguer à la machine à café par un patron irascible qui lui a fait un scandale en public. Elle n'en pouvait plus, elle lui a répliqué vertement, vomissant un tombereau de rancunes enfouies et de frustrations dans lesquelles elle avait infusé de longs mois. Ils en sont presque arrivés aux mains – jolie querelle entre deux personnalités dont aucune ne voulait céder. Sophie : « Je suis dans mon bon droit, et je lui ai dit son fait, à ce blaireau. » Le patron : « Cette petite empoisonneuse, je lui ai enfin dit ce que je pensais, et toutes les personnes présentes me donnaient raison. » (Et pour cause, personne n'osait dire quoi que ce soit dans un débat qui ne les concernait pas.)

Maintenant, Sophie pense à une seule chose : « Des excuses publiques, et circonstanciées ». Et devant les mêmes personnes, dont elle a soigneusement dressé la liste en remâchant sa hargne vengeresse. C'est devenu le but de son existence, une fixation, un abcès dans sa chair. Elle veut avoir raison, et que cela se sache.

Funeste méprise : le chef ne demanderait qu'à oublier l'incident, souhaitant que tout le monde l'oublie et que les choses retrouvent leur cours régulier. S'il est vraiment intelligent, ce qui n'est nullement impossible, il va convoquer Sophie et lui exprimer ses regrets. Le mot « excuses » figurera-t-il dans l'entretien ? Allez savoir... Est-ce si important ? Pas du tout... Sophie saura-t-elle s'en contenter ? Si elle est bornée, certainement pas. En pareille occurrence, la situation va dériver, de pire en pire, chacun cherchant à coincer l'autre – le cercle infernal dont on ne sort que bien plus loin, avec des plaies et des bosses aux souvenirs durables, ou dont on ne sort pas du tout.

Le chef pourrait aussi être du genre psychorigide : l'idée de s'abaisser à faire semblant de reconnaître même le début du commencement d'un préambule d'insuffisance dans son style de management lui est insupportable. Il a sans doute tort, mais il a la position dominante, par son statut et sa fonction. Si Sophie s'entête, c'est aussi le cercle démoniaque...

De toute manière, qu'aura gagné Sophie quand elle aura gagné, si toutefois elle gagne ? Un « moi » satisfait ? La jouissance de pouvoir se contempler avec fierté dans l'armoire à glace de son studio ? Le regard des autres qui sauront enfin qu'elle ne se laisse pas marcher sur les pieds ? Elle aura aussi gagné une réputation de personne imprévisible, difficile, à l'adhésion discutable, à laquelle il sera malaisé de faire confiance, dont toutes les fautes vénielles seront soulignées lourdement et qui ne bénéficiera plus des petites indulgences et des faveurs.

Le plaisir de la délectation égoïste au prix des conséquences décrites peut être recherché ; mais il faut choisir sciemment. Ne pas imaginer que la bataille frontale pourrait se terminer sans traces. Au contraire, bien les peser à l'avance.

Autre scénario : Sophie s'est fait alpaguer à la machine à café par un patron irascible qui lui a fait un scandale en public. Elle a ouvert de grands yeux étonnés et peinés, voire s'est mise à pleurer, mais n'a rien rétorqué. Elle a enfoui son amour-propre dans la poche de son jean, mouchoir par-dessus. L'incident s'est épuisé de lui-même, faute de mégot et de mistral pour mettre le feu à la pinède et faire décoller les Canadair.

Le soir même, elle est allée au-devant du chef dans son bureau, toute seule et consternée, pour clarifier la situation, mieux comprendre et, si possible, cheminer vers un compromis raisonnable. Surprise : elle a découvert un supérieur hiérarchique un peu confus, emprunté, et d'autant plus disposé à exprimer ses regrets qu'il n'y avait plus de témoins devant lesquels perdre la face. La relation va repartir sur des bases aux apparences normalisées. Sophie a décidé d'opter pour un oubli affiché et de demeurer aux aguets : on ne sait jamais, mais un arrangement raisonnable lui paraît toujours meilleur dans l'immédiat qu'un bon conflit orageux et exténuant.

Règles d'hygiène élémentaires

Qu'il se trouve ou non des témoins, et quelle que soit la réunion dans laquelle se place la conversation (et sa véhémence), ne pas réagir directement, ne pas objecter. Au contraire, vous avez quatre techniques à disposition, et seulement quatre, dont certaines connues de tous les commerciaux : ils les pratiquent sur un ton toujours neutre et modéré quand leur argumentaire se heurte à une opposition de leur interlocuteur :

1. Ne rien dire, ne rien répondre, ne pas réagir, quelles que soient les remarques, accusations, injustices proférées. Rester silencieux, de marbre. Laisser l'agression se dégonfler d'elle-même : cela se produira

inéluctablement, et seules vos interruptions, réactions ou objections l'alimenteraient en combustible et lui donneraient de l'ampleur. Prendre des notes écrites au fur et à mesure de l'exposé des griefs, sans jamais interrompre, la tête légèrement penchée sur le côté, ce qui est toujours interprété comme un signe d'attention et de concentration intense. Laisser causer, et attendre que les doléances s'essoufflent, par engourdissement naturel.

2. À la faveur de moments de répit inévitables dans le réquisitoire, poser des questions prétendument pour vérification, mais surtout destinées à pousser la violence de la terminologie au-delà de tout ce que vous avez entendu : « Es-tu en train de me dire qu'à moi tout seul je ruine la performance et l'image de tout notre département… ? » ; « Veux-tu me faire comprendre que je ne fous jamais rien, et qu'ainsi je mine tous tes efforts pour que l'ambiance de travail soit positive et stimulante dans notre équipe, et que l'atmosphère déplorable n'a que moi comme source… ? » ; « Essayes-tu de me faire admettre que ton métier serait plus facile si j'étais moins paresseux ? » Votre interlocuteur conclura qu'il a au moins le mérite de communiquer efficacement ; il vous en saura gré. Quant à vous, vous saurez clairement ce qui vous est reproché. Vous pourriez du reste l'entendre corriger : « Il ne faut quand même pas exagérer, ce n'est pas ce que j'ai voulu dire ; d'ailleurs je n'ai rien dit de la sorte. Laisse-moi préciser… »

3. Reformuler en termes tout aussi outranciers (pour vous, mais confortables pour celui qui a émis la critique) ce que vous avez reçu : « Donc, tu me reproches de ne jamais remettre à l'heure prévue les rapports dont la rédaction m'a été confiée ; et de ne pas avoir une seule fois tenu les délais au cours des six derniers mois. » Ou bien : « Il semble que mes relations avec mes collègues de travail soient toujours tendues et perpétuellement non constructives. » Ou encore : « Mes objectifs trimestriels ne sont jamais atteints depuis que nous travaillons ensemble. » Autre manière de confirmer de ce qui vous est reproché, et une chance analogue d'entendre les mêmes protestations et dénégations.

4. Quand vous en avez terminé avec vos questions et reformulations, et que votre chef a achevé son exposé, contentez-vous de vérifier : « Ai-je bien entendu tout ce que vous aviez à me dire ? Il n'y a rien à ajouter ? »

Pas d'autre réaction à ce stade, et départ digne en annonçant : « C'est important, il faut que j'y réfléchisse avant d'apporter des éléments de réponse. Revoyons-nous demain : préférez-vous à 10 heures ou à 17 heures[1] ? » Sauf si au cours de cette réunion une décision défavorable a été pour la première fois. Auquel

1. Un bon négociateur ne demande jamais « Pouvons-nous nous revoir demain ? », car la réponse « Demain, c'est impossible » est trop facile. Il propose donc deux moments : la réponse « Ni à 10 heures, ni à 17 heures » est bien plus malaisée pour celui qui ne connaît pas la démarche.

cas la réponse deviendrait : « J'entends et découvre maintenant les reproches qui pourraient conduire à ce genre de décision. *A priori*, je ne la trouve pas justifiée et donc pas acceptable. Mais pour que mon point de vue soit partagé et qu'un correctif soit apporté à la décision, il me faut y travailler un minimum et fournir des éléments de nature à faire évoluer votre jugement et, je l'espère, modifier la décision. Voire à apporter des changements satisfaisants dans le futur. Nous devons nous revoir pour en discuter, avant que vous ne confirmiez l'orientation que vous me dites vouloir prendre. Je vous propose lundi prochain à 9 heures ou mercredi à 16 heures dans votre bureau. »

Si vous n'étiez pas prêt pour le moment retenu, il vous serait toujours possible de différer. Et si ni l'un ni l'autre des deux moments proposés n'était accepté sans qu'aucun autre ne soit suggéré, vous auriez tous les éléments nécessaires pour un joli courrier : « Tu m'as adressé des remarques particulièrement désobligeantes, devant Mireille, Anne et Valériane hier soir, et je t'ai proposé de venir en discuter soit lundi à 9 heures, soit mercredi à 16 heures, mes missions m'interdisant d'autres disponibilités. Tu m'annonces que les tiennes ne te permettent pas de me recevoir. Crois bien que je le déplore sincèrement. Il me faut comprendre que je ne peux pas être une priorité pour toi. Merci de me faire savoir quand cette rencontre indispensable sera possible, je me tiens à ta disposition. » À envoyer par les moyens les plus anodins possibles, après en avoir brièvement discuté avec Anne, Mireille et/ou Valériane, et leur avoir bien montré ce que vous écriviez dans ce courrier. En prime, vous leur en ferez parvenir une copie avec une note : « Merci pour notre discussion et pour les infos : voici le courrier, identique à ce que je t'avais montré, que j'ai finalement envoyé au chef. »

Dans tous les cas, vous devez gagner du temps, car il est difficile d'être bon et persuasif sans préparation ; votre chef, lui, peut avoir eu tout le temps d'anticiper la situation dans les détails (s'il n'a pas tout simplement réagi de manière disproportionnée à l'impulsion de l'instant). Le temps ainsi gagné, vous l'utiliserez à réfléchir, analyser, peser les alternatives, et éventuellement à prendre conseil auprès de personnes que nous passerons en revue ultérieurement. Le temps vaut de l'or, et vous saurez qu'il en vaut d'autant plus que votre hiérarchie pourrait entreprendre de vous en priver en tentant de précipiter le cours des choses et d'activer vos réactions. Prenez donc votre temps et notez soigneusement tous les calendriers, avec le jour, l'heure et la minute, comme recommandé en détail un peu plus loin.

Règle d'hygiène élémentaire

Il vous faut laisser retomber la température. C'est d'autant plus indispensable que vous serez plus choqué, plus déstabilisé. Plus vous avez envie de hurler, plus il faut vous taire. La colère est mauvaise conseillère ; elle est même une courte folie, selon la sagesse éternelle, qui ne manque pas d'ajouter que la nuit porte conseil.

Le lendemain ou plus tard, il sera temps de venir à une entrevue avec toutes les armes et, si elle est vraiment indispensable, une lettre bien travaillée résumant ce que vous avez entendu, ou lu, voire un début de réponse, en soulignant que votre réaction n'est encore que partielle. Les termes en seront neutres ; ils éviteront de transformer en explosion intergalactique ce qui pourrait n'être alors que cendres d'un feu déjà oublié pour l'essentiel, ou que braises et flammèches déjà bien moins dangereuses.

Vous aurez du mal à le croire mais, dans ces mésaventures, il est fort possible que votre principal ennemi, celui qui vous fera perdre le plus de terrain, ce soit vous. Méfiez-vous de vous-même avant de vous défier des autres et de leurs agressions.

Ernest est lassé de tout ce qu'il peut constater et expérimenter dans son environnement professionnel. Il en a la nausée. La pression est devenue intolérable depuis que les résultats de son unité se sont détériorés deux ans auparavant, face à la concurrence impitoyable des compétiteurs locaux et des pays dont les coûts salariaux sont imbattables. Les conséquences ont été immédiates et durables : effervescence de l'encadrement concernant les détails, baisse de moral sur tous les points, divorce généralisé avec la haute hiérarchie, performance encore plus médiocre de tous les salariés qui ont unanimement reniflé le danger d'un écueil fatal et imminent. Ernest a un seul rêve : changer de monde, car il n'est pratiquement plus d'accord avec quoi que ce soit et ne trouve plus goût à rien.

Sa propre performance s'en ressent largement, et les ennuis commencent à se profiler. La crise est d'autant plus certaine qu'il ne se prive pas de critiquer la gestion et les attitudes actuelles à toute occasion, y compris devant de hauts responsables. Tout ce qu'il peut dire est perçu comme du persiflage, du mauvais esprit, de la volonté malsaine et nocive. Il est clair que ses perpétuelles jérémiades ont aussi un effet déplorable sur ses collègues.

Au premier prétexte sérieux, il est convoqué pour une mise au point, c'est-à-dire une sévère « explication de gravure ». Le licenciement est évoqué, comme une épée de Damoclès si rien ne changeait, et la mise à pied comme la prochaine étape plausible. Ernest est effondré. Par chance, son désarroi le laisse sans voix : la nouvelle reçue n'est que le couronnement d'une longue période désabusée. Quelque cruelle qu'elle soit après tant d'années de fidélité, elle ne peut constituer une surprise. Le soir chez lui, son épouse lui remet les idées en place : « Et alors, tu voulais partir ? Qu'est-ce que tu attends pour négocier rapidement un départ ? Plutôt qu'un licenciement orageux et laborieux, ils préfèrent certainement te licencier en te donnant trois sous et avoir la paix. »

Le raisonnement économique n'est pas stupide. Dès lors, Ernest va s'efforcer d'obtenir des conditions de départ honorables, à savoir des indemnisations substantielles, tout en conservant son droit à faire valoir sa perte d'emploi auprès de l'Assedic. Chaque chose en son temps : la recherche d'emploi interviendra ultérieurement. Pour l'avenir immédiat, il s'agit de conduire la négociation et d'y gagner le maximum. Toutes les énergies d'Ernest vont se mobiliser sur cette bataille.

La problématique ici, pour Ernest comme pour vous éventuellement, n'a rien à voir avec celle de Sophie. Première priorité, et équilibre bien difficile à trouver : s'assurer que l'on est tout juste une complication suffisamment ennuyeuse pour que la séparation soit souhaitée, mais ne se faire reprocher aucune faute grave, *a fortiori* lourde. La clause de départ doit concerner une cause réelle et sérieuse tout au plus.

Il faut bien entendu ouvrir la négociation. Le procédé le plus immédiat consiste à rencontrer la personne qui a transmis critiques et semonce pour lui dire : « Je reconnais que la diatribe à mon encontre peut avoir une part de fondement, mais elle a achevé de me démobiliser. J'ai pris le temps de bien y réfléchir. Comme je pense que je n'arriverai jamais à faire autrement que ce que j'ai montré récemment, je me demande s'il ne serait pas mieux qu'un départ discuté entre individus de bonne volonté vienne mettre un terme à une association qui ne serait fructueuse pour personne. Auriez-vous quelque chose de la sorte à me proposer ? Puisque vous avez en tête de me licencier, vous avez certainement prévu un budget à cet égard. Est-il vraiment nécessaire que nous arrivions à un antagonisme ouvert et à un drame sanglant pour en causer ? »

Surtout ne jamais rien écrire dans ce sens. Étudier la réponse. Elle ne sera intéressante que si vous vous êtes exprimé en évitant les tons et phrases qui se résument à des « J'en ai marre, je fous le camp, et en prime, je vous enduis d'excrément ! ». Cette dernière imprudence verbale conduirait le chef astucieux et prompt à sortir aussitôt une feuille blanche de son tiroir et à en profiter : « Je comprends parfaitement votre réaction, et trouve regrettable que nous ne puissions pas compter sur une amélioration, comme je l'avais suggéré et souhaité. Voici un papier pour rédiger votre lettre de démission. Je propose que nous lui donnions demain à 00 h 00 comme date d'effet. Précisez si vous souhaitez effectuer votre préavis ou non. Dans tous les cas, et pour régler sans délai cette question, je ferai en sorte qu'il vous soit payé. » Il serait très difficile maintenant de revenir en arrière avec un : « Eh ! Attendez, ce n'est pas du tout ce que je voulais dire, je voulais juste savoir dans quelles conditions financières vous accepteriez de me mettre à la porte… »

En outre, il ne faut pas débuter cette négociation sans avoir une idée assez précise de ce qui est possible. Pour cela, consultez des personnes qui ont déjà subi un sort comparable dans la même structure professionnelle, avec leur assentiment ou involontairement. Si vous ne pouvez en joindre aucune, essayez les représentants du personnel. Il est bien probable que l'un ou l'autre de vos prédécesseurs aura fait appel à leurs services et que le résultat de ses démarches a été connu et partagé entre collègues aux mêmes fonctions, même s'il n'est pas notoire partout.

Les plans de sauvegarde de l'emploi des années antérieures auront souvent comporté des appels aux départs volontaires avec des largesses alléchantes, ou des indemnisations négociées avec pugnacité par le comité d'entreprise : l'arithmétique consentie à ces diverses occasions est un guide pour vous, mais n'y faites pas référence le premier. Laissez la hiérarchie faire sa proposition et discutez-la. Si ses dignes représentants ont une mentalité de marchands de tapis, ils tireront bas pour lâcher un peu plus devant votre indignation argumentée. Là aussi, la manière dont cela se sera déroulé par le passé vous guidera dans votre façon de procéder. Tenez compte également de ce que les indemnités liées à un licenciement ne sont pas soumises en totalité à l'impôt sur le revenu ni aux prélèvements associés – parce qu'elles ne font que compenser un préjudice : elles peuvent ainsi constituer une solide augmentation de salaire *a posteriori*[1].

1. Internet vous dira tout sur le sujet si vous cherchez avec votre moteur favori « indemnités de licenciement » en même temps que « fiscalité ». Devant le scandale des « parachutes dorés » de certains hauts dirigeants, le législateur a décidé sur les sommes en question une taxation progressive, d'autant plus lourde que le montant est plus important. La mesure, favorablement accueillie par le public électeur,

Règle d'hygiène élémentaire

Ne pas se bercer d'illusions. L'employeur n'aime pas donner de l'argent à une personne qu'il n'apprécie plus, et redoute qu'une telle générosité n'encourage les vocations vers la médiocrité. Viser trop haut n'aide en rien la discussion. La pratique montre que certains ordres de grandeur sont difficiles à dépasser. Dans une structure de moins de onze salariés et avec moins de deux ans d'ancienneté, il n'existe aucune règle. Dans les autres cas, avec un bon dossier, recevoir six mois de salaire est souvent possible. Requérir davantage demande un solide arsenal d'arguments bien construit. Au-delà d'un an, cela est difficile, et deux ans ou plus, exceptionnel, même si des PSE récents ont gratifié leurs volontaires de trente mois : les syndicats nationaux enregistrent tout et négocient, lors d'un nouveau PSE, plus que ce qui a été obtenu dans le meilleur cas lors des précédents plans. Évidemment, si vous apparaissez comme un cas social, handicapé, totalement démuni, surendetté, etc., les pronostics pourraient être encore plus favorables.

---

a pourtant une conséquence directe. Un supplément d'indemnités est prévu en cas de casse du contrat par lequel une entreprise aurait attiré un dirigeant talentueux et très réputé pour un travail important, difficile ou au succès improbable : si la moitié des indemnités doit partir en impôts, il suffit de prévoir deux fois plus pour arriver au même résultat et attirer encore les mêmes qualifications professionnelles. Le chiffre apparent avant taxes est maintenant deux fois plus scandaleux aux yeux de l'électeur deux fois plus indigné, et l'entreprise est deux fois plus appauvrie. Évidemment, quand tout va bien, tout est différent…

Isabeau Berjonnelle est chargée du déroulement des tests au sein d'une entreprise de logiciels située dans un village de Vendée. Elle aime son travail, dont elle a en outre bien besoin pour compléter les revenus de son mari postier et assurer le confort d'une famille de cinq personnes, et surtout l'emprunt énorme contracté pour l'achat de la maison.

Elle est malheureusement l'objet d'assiduités un peu trop pressantes de la part de son récent chef de département. Elle se reproche de ne pas avoir mis les choses au point assez clairement au tout début de cette situation, quand le ton était encore celui de la franche camaraderie et des compliments flatteurs pour son élégance. Mais une remise en place nette et claire à l'époque n'aurait été qu'une rebuffade de nature à ruiner une relation qui n'était pas encore ambiguë. Elle a ainsi vu le séducteur passer insensiblement de l'estime professionnelle aux prévenances, puis aux attentions et délicatesses charmeuses, pour évoluer vers les allusions égrillardes, et enfin arriver à des propositions ouvertes, devenues insistantes et maintenant impérieuses. Résister sans esclandre quand les limites acceptables avaient été dépassées à force de petits pas insignifiants jour après jour n'a pas été facile. Maintenant ce n'est plus suffisant, et il lui faut un jour mettre pour de bon les points sur les « i » et les barres sur les « t » dans une fin de non-recevoir abrupte.

Ce n'est pas du goût du prétendant, lequel estime avoir ici des prérogatives et des droits, après s'être conforté trop durablement dans ses illusions charnelles quand il n'était pas vigoureusement dissuadé. Comme rien de tout cela n'a été visible, il ressasse sa déception et devient insupportable. Il pense n'avoir eu pour ambition sincère et désintéressée que d'apporter à Isabeau quelques instants de volupté innocente avec un joyeux drille qui n'espérait qu'une affinité concluante. Chacun son point de vue... Recherchant à présent tout ce qui pourrait mériter remarque, il accumule les humiliations et bientôt les rapports négatifs sur le travail qu'elle fournit. Finalement, à force de réunir les griefs documentés et de la décourager, il se déclare persuadé de sa médiocrité et entame le chemin du licenciement dans les règles. L'album des manquements collectés patiemment est devenu convaincant, même s'il est largement contrefait.

Pour Isabeau, c'est la méga tuile en plus de l'injustice. Elle considère en toute sincérité et objectivité qu'elle n'a rien fait de mal. Elle est victime d'un harcèlement intolérable, mais difficile à prouver de manière irréfutable. Elle ne pourra jamais trouver un autre emploi correspondant à sa compétence dans cette bourgade isolée et par ailleurs entièrement agricole. L'emprunt de la maison est incompatible avec le seul salaire de son mari. Elle va se battre. Contrairement à Sophie, son amour-propre n'est pas en jeu, et elle se moque des satisfactions de son *ego*. Et contrairement à Ernest, des indemnités ne seraient pas suffisantes, ni non plus les versements de l'Assedic. Isabeau entre dans la bagarre avec un seul objectif : faire annuler le licenciement, conserver son emploi, être réintégrée quel que soit l'historique pénible des derniers mois. Tout au plus espère-t-elle travailler dans un autre département de sa petite société, loin du Casanova importun et délictueux.

Retour au début de votre histoire. Plaçons-nous à un échelon bien en amont du licenciement : la météo de votre situation est déjà menaçante ou pourrait se détériorer rapidement. Un vent impitoyable et un ciel plombé annoncent des orages, dont la foudre pourrait vous atteindre. Dans les mêmes circonstances, aux premiers signes d'un ouragan possible, le capitaine sur son voilier prend immédiatement des précautions qui s'avèrent souvent superflues par la suite, mais peuvent aussi faire toute la différence : amarrer tout ce qui pourrait bouger ou passer par-dessus bord, enfiler ciré et bottes avant d'être douché par la première déferlante, coincer dans l'évier des nourritures consistantes et des sandwiches au cas où cuisiner deviendrait acrobatique, aller aux toilettes quand ça ne remue pas encore trop, clarifier tous les cordages et toutes les manœuvres, ajuster la voilure préventivement, poser sur la carte un point particulièrement précis et certain, passer les derniers appels par radio ou téléphone portable pour signaler cette position et la situation, expliquer encore une fois à tous les équipiers ce qu'il faut faire si l'un d'eux tombe à la mer, etc.

Omettre des précautions analogues dans votre situation serait simple folie et insouciance coupable. Commencez incessamment à *prendre des notes de manière ordonnée.* Si ce n'était déjà dans vos bonnes habitudes, ouvrez un « cahier des merveilles » que vous ne laisserez traîner nulle part (personne ne doit y avoir accès sans votre accord), ainsi qu'un dossier informatique qui sera au minimum protégé par un mot de passe inaccessible et dont vous ferez des sauvegardes très fréquentes et tout aussi confidentielles.

Le cahier des merveilles

Le cahier des merveilles est indispensable et très pratique, car vous pourrez l'emmener partout. Surtout, achetez en papeterie un modèle robuste (avec couverture entoilée, parce qu'il va vivre une existence physique agitée), « folioté », c'est-à-dire dont les pages ont été numérotées par le fabriquant, et relié d'une manière inattaquable : il vous sera impossible d'enlever ou d'ajouter des feuillets, ce qui donnera du sérieux à votre initiative si toutefois quelqu'un devait l'examiner par la suite à votre demande. Vous pourriez avoir à le produire devant un juge : il aura davantage de valeur probante s'il suit le modèle recommandé ici. Vous y tiendrez un journal des événements et des échanges tant verbaux qu'écrits, séquentiellement, dans l'ordre de leur arrivée. Si ce sont des conversations, vous noterez les participants, les heures de début et de fin, l'endroit où elles se sont tenues, et surtout les témoins silencieux s'il y en a eu.

Notez tous les éléments les uns après les autres, sans laisser d'espace entre les paragraphes et sans sauter à la page suivante en tolérant de grands blancs. Il ne doit en subsister nulle part : leur absence générale montrera la précision de votre prise de notes, et l'impossibilité où vous vous êtes mis de retravailler vos textes à votre avantage par des compléments tardifs, bien après l'événement. À défaut de représenter toute *la* vérité, ce cahier aura le mérite de représenter correctement toute *votre* vérité, telle que vécue et perçue, puis consignée sur-le-champ. C'est déjà beaucoup : personne ne pourra mettre en doute la sincérité de ce compte rendu, même si tout le monde a le droit de questionner la qualité de votre jugement. Mais vous y relaterez le moins possible vos opinions et impressions ; vous vous consacrerez prioritairement à la relation des faits, des événements, de ce que vous aurez observé, entendu, lu et dit. Vos interprétations, vos frayeurs, vos sentiments ont bien moins d'intérêt. Leur présence peut même nuire.

Attachez-vous donc à reproduire le plus exactement et le plus complètement possible tout ce que vous aurez entendu, aussi bien face à face qu'en public ou au téléphone, et non moins précisément ce que vous aurez déclaré. Faites-le tout de suite, quand la mémoire est fraîche, au moins sur un brouillon que vous mettrez au clair le lendemain – en évacuant peut-être des choses inutiles ou dangereuses – et que vous recopierez dans le cahier des merveilles. Si c'est vraiment important, c'est-à-dire nouveau ou outrageant ou excessif, et s'il y a eu des témoins, essayez de contacter au moins l'un d'entre eux (vous saurez identifier celui qui sera le plus sympathisant) pour lui faire lire, dans ce seul paragraphe de votre compte rendu, les phrases relevées, entre « guillemets ». Selon les circonstances, et dans le meilleur mais pas forcément le plus probable des cas, vous lui demanderez d'apposer un petit paraphe en marge de votre écrit, ce qui le certifiera comme conforme à l'échange, ou du moins à ce que votre témoin en a compris et retenu. Puis vous ajouterez son nom, ainsi que la date et l'heure de son assentiment.

Sinon, tentez de recueillir au moins un accord verbal sur le contenu de votre compte rendu et notez dans le cahier : « 30 février 20xx, 15 h 42. Lu à Dominique Hussenet, dans son bureau, le paragraphe ci-dessus ; elle reconnaît que ce sont bien les phrases qui ont été prononcées. Elle me quitte pour aller à un rendez-vous avec Claude Lelias, l'infirmière en chef du service urologie. » La conversation avec Dominique pourrait vous servir plus tard. Le fait que vous puissiez lui rappeler les circonstances précises en citant son rendez-vous suivant permettra de rafraîchir sa mémoire et de montrer que votre écrit n'a pas été changé depuis qu'elle l'a verbalement soutenu.

Le classeur des archives précieuses

Par ailleurs, organisez un *bon classeur d'archives*, par exemple dans une reliure ouvrante à trois trous – ce qui demandera en plus une perforeuse. Vous y rangerez les copies de tous les documents importants. Sur chaque copie, vous inscrirez l'endroit où se trouve le document original : vous ne voudriez pas que l'incendie de votre voiture dans une émeute de banlieue détruise les preuves concrètes de tous vos meilleurs arguments ; et vous garderez donc les originaux en lieu sûr, à votre domicile.

Première section : « Historique »

Ouvrez ce classeur, comme le cahier des merveilles, dès le jour du lancement des opérations, voire quand elles sont seulement encore une menace. Nommez « Historique » la première section, dans laquelle vous classerez le document primordial : votre contrat de travail, puis tous ses amendements s'il en a eu. Sans doute une petite recherche laborieuse sera-t-elle nécessaire dans des archives dont vous vous demandez bien où vous les avez rangées dans votre capharnaüm personnel : quelque part dans votre demeure, cherchez bien. Mieux vaut les retrouver maintenant qu'y passer un grand moment au pire de votre tempête, plus tard. Vous en avez encore le temps aujourd'hui, profitez-en.

Archivez ensuite un historique de l'évolution de votre position professionnelle : toutes les notes de nomination, de compliments ou de félicitations, les récompenses exceptionnelles que vous pourriez avoir reçues, vos augmentations de salaire (montant, pourcentage et date), les gratifications de fin d'année, tous les témoignages de satisfaction, écrits comme verbaux : pour ces derniers, qui n'ont pas laissé de trace, vous ferez un court descriptif des circonstances, des compliments prononcés et des noms des témoins s'il y en avait. Il faudra rechercher dans les agendas des années antérieures les dates et heures précises, de même que les endroits. Investigation monotone, mais vous avez pour elle aussi le loisir en ce moment, ce qui ne sera plus le cas au cœur de la tornade.

Partez également sans plus attendre à la chasse de tous les documents qui ont pu exister préalablement et qui auraient dû vous mettre la puce à l'oreille. Même chose pour d'éventuels témoignages : vous en trouverez sans peine auprès de collègues ayant quitté cet employeur avant vous. Ce sera d'autant plus facile que nombre d'entre eux seront partis sur une démission signifiant qu'ils seraient mieux ailleurs ; ou au terme d'un licenciement parfaitement indigeste, à moins qu'ils ne l'aient négocié en un départ amiable, avec quelques indemnités lucratives. Leur ressentiment n'en aura pas été amoindri pour autant, ils sympathiseront inconsciemment à votre situation et vous aideront volontiers. Le caractère apaisé du dénouement de leur contrat de travail (départ accepté) ne peut les faire soupçonner de parti pris ou de règlement de compte à retardement, alors qu'ils n'ont plus rien à craindre.

Les témoignages

Les témoignages n'ont de valeur que dans leur forme écrite. La manière d'en obtenir un vraiment utile n'est jamais de demander à son auteur potentiel de le rédiger suite à la discussion que vous aurez eue avec lui. Vous lui aurez certes expliqué ce dont vous aviez besoin, et vous aurez cru que c'était clair, mais il aura mal compris ; il fera de son mieux selon son entendement, y mettant ce que lui aimerait y trouver s'il était dans votre cas. Ce ne serait pas ce dont vous avez, vous, réellement besoin. La bonne méthode consiste à expliquer la situation, dire ce que vous espérez et conduire l'interlocuteur à discuter sur ce dont il se rappelle. Posez alors des questions pour le pousser à compléter ses souvenirs. S'il vous dit « Franchement je ne me remémore pas ce que tu me racontes », essayez une fois de plus, pas davantage, et passez à une autre piste si celle-là ne fonctionne pas.

Prenez en même temps toutes les notes possibles, en transcrivant mot pour mot les propos que vous écoutez. Vers la fin de la rencontre, relisez pour lui dans vos notes les formules entendues qui sont les plus utiles. Proposez alors : « Tu me rendrais un immense service si tu pouvais mentionner par écrit les points les plus importants, que tu viens d'évoquer devant moi. Comme ce n'est que la vérité historique, je sais que ton honnêteté ne peut en aucun cas en souffrir, et je t'en remercie d'avance. Si cela te convient, je vais te proposer une ébauche retenant uniquement ce qui me serait le plus utile. C'est seulement pour alléger ta tâche, éviter ce qui serait superflu ou obscur, et certainement pas pour te dicter ta rédaction. Du reste, tu auras tout le loisir de changer ce que tu voudras. Je te raconterai la suite des événements et ne manquerai pas de te tenir au courant si ton récit venait à être utilisé. » Vous lui apporterez en personne, dans les 24 heures, le projet en question dans sa forme écrite, avec en poche la clé USB sur laquelle vous aurez enregistré votre proposition. Cela vous permettrait encore de retravailler au vol, sur son ordinateur, un malentendu ou un désaccord tardif : il vous faut parvenir à la formulation qui satisfera votre contact et servira au mieux votre cause. Si c'est physiquement impossible (éloignement, absence, emploi du temps…), acheminez votre document par Internet, cela facilitera les modifications éventuelles de votre interlocuteur.

Dans l'éventualité où vous seriez déjà en relation avec un professionnel des conflits, un avocat par exemple, soumettez-lui le projet avant de le proposer à votre témoin : en expert, il vous dira que tel mot a plus de valeur que tel autre, et vous tenterez la substitution. Pour votre témoin, la différence de vocabulaire n'a pas forcément de signification, mais l'avocat connaît l'importance des nuances entre certaines tournures dans la relation avec l'adversaire ou avec les magistrats. À la fin, vous soumettrez un projet qui a toutes chances de vous revenir signé (votre collègue a certainement autre chose à faire que fignoler un texte qui ne peut rien lui coûter), dans les termes qui vous conviendront idéalement. Vous n'aurez rien falsifié ni transformé ; vous vous serez contenté de passer le matériau disponible dans votre crible intelligent et raisonné pour en retirer les minerais qui seuls avaient de l'intérêt. Si vous vous y preniez autrement, les munitions que vous vous procureriez pourraient bien ne pas être adaptées : vous auriez du petit plomb pour tirer le rhinocéros, ou de la chevrotine pour le perdreau.

Vous pourriez redouter de tomber sur un récalcitrant (nous avons tous connu un craintif, qui ne voulait jamais s'engager). La meilleure et la plus subtile des solutions est de le rencontrer en un terrain neutre, une grande brasserie bien bruyante par exemple, avec votre texte préparé sur votre ordinateur portable, et de le travailler avec lui en temps réel, côte à côte devant l'écran et le clavier : vous rectifiez votre rédaction sous son contrôle, jusqu'à ce qu'il vous dise qu'il tombe d'accord avec ce qu'il lit. Si c'est un lâche authentique, il s'attend sans doute à ce que vous le lui fassiez parvenir par Internet le lendemain, et il peut avoir en tête alors d'oublier pour toujours de vous le renvoyer. Il faut dans cette hypothèse, et sans plus d'hésitation, sortir votre botte secrète la plus perfide : une petite imprimante portable noir et blanc sur batteries que vous avez amenée dans votre cartable et que vous connectez au port USB de votre ordinateur. Difficile de dire maintenant « Non, non, non, il me faut encore réfléchir, envoie le moi, et je te le retourne par courrier avec ma signature ». Vous imprimez en deux exemplaires, et vous avez toutes les chances de repartir avec le vôtre dûment signé, et disant bien ce que vous attendiez. Le pleutre en sera pour ses frais, si son intention était impure. L'investissement d'une telle imprimante est modeste et peut vous tirer d'affaire en plus d'une circonstance. Un supplément de réflexion peut toujours conduire un corédacteur à revenir sur son idée. À vous d'ajuster encore les formules, jusqu'à arriver au soutien signé. « Battons le fer quand il est chaud », dit un hymne jouissant d'une célébrité internationale.

Les meilleurs soutiens sont certainement ceux qui ont déjà quitté l'entreprise et n'ont plus rien à y perdre ni à y gagner. Quand vous naviguez par mer belle et vent modéré, profitez-en pour noter leurs coordonnées personnelles au moment où ils quittent votre employeur. Sera toujours utile une rencontre ou un petit mot sur le thème « Je regrette de te voir partir, tu nous manqueras. Dis-moi comment je pourrai te joindre par la suite s'il se passe ici des choses méritant que tu en sois informé. Je ne manquerai pas de te contacter pour te raconter la suite ». Informations à archiver précieusement dans le cahier des merveilles et dans votre carnet d'adresses : il est fort probable qu'elles ne vous serviront pas, mais si jamais vous veniez à naviguer par des conditions climatiques plus menaçantes, vous seriez bien content de pouvoir instantanément retrouver à l'extérieur une personne encline à vous secourir. Et favorablement préparée par vos adieux estimés pour leur chaleur, dont elle aura conservé la copie dans son album de témoignages.

Deuxième section : « Documents actuels »

La section suivante du classeur se nommera « Documents actuels » (par exemple). Vous y stockez des copies de tous les courriers pertinents pour les développements récents et présents, que vous en soyez émetteur ou récepteur. C'est-à-dire tout ce qui est postérieur à la date que vous considérez comme marquant le début des hostilités. Commencez par affecter aux originaux, avant de les copier, un numéro au crayon à mine noire, indiquant la date et deux codes de lettres désignant l'expéditeur et le destinataire. Chaque pièce a ainsi un état civil définitif : toujours au même emplacement, par exemple au bas à droite de la feuille, de manière à pouvoir repérer tout de suite le bon document en feuilletant rapidement le classeur des copies. Les entreprises et les structures désignent souvent le personnel employé par des initiales, méthode que pouvez utiliser : « 331117 JC NS » ou « 17/11/33 JC NS » marquera la lettre adressée le 17 (17) novembre (11) 2033 (33) par Jacques C* à Nicolas S*. Perforez la copie et insérez-la dans le classeur. C'est votre outil de travail, que vous délogerez uniquement pour faire des copies supplémentaires, avant de le remettre aussitôt à sa place. Quand le classeur est plein, inscrivez dessus « de telle date à telle date ». Quant aux originaux, vous les empilez dans l'ordre de leur arrivée (et donc de leurs numéros), si possible dans une boîte unique qui ne quittera jamais l'endroit le plus sûr du domicile.

Les documents traduits

Les documents en langue étrangère, fréquents dans les structures qui dépassent nos frontières, constituent un autre succulent gisement à explorer. Certains ont été traduits par votre employeur, mais beaucoup d'entre eux ne l'ont pas été. Les originaux peuvent contenir des instructions ou des références de portée internationale pas toujours indispensables à l'exercice de votre métier, mais de nature à substantiellement éclairer votre débat. S'ils peuvent vous apporter un atout inespéré, ils posent un problème de traduction. Or ils offrent une opportunité singulière précisément parce qu'ils nécessitent cette traduction. D'ailleurs, en France, ils n'ont de valeur que dans la mesure où ils sont traduits. Et le tribunal (qui pourrait très bien couronner la fin de votre mésaventure) ne les accepterait pas autrement : greffiers et juges n'ont pas à connaître toutes les langues, même pas l'anglais. Qui plus est, les traductions n'y sont acceptées que si elles proviennent d'un « traducteur agréé ». Les praticiens de ce métier se désignent aussi comme « traducteurs/interprètes assermentés », « experts judiciaires agréés et certifiés ».

Vous disposez ici d'une force extraordinaire : c'est vous qui allez faire traduire officiellement le texte qui vous sera utile, et non votre employeur. Car, par un heureux miracle à votre profit, les traductions dans l'entreprise ne sont jamais l'œuvre de traducteurs assermentés : il y aurait trop de textes à leur confier, et une certaine loi Toubon n'a fait qu'en multiplier le nombre. Les traductions préexistantes de votre employeur n'ont donc aucune valeur en cour de justice, et celles que vous produirez en provenance du bon traducteur seront les seules à faire autorité. Ainsi, une fois que vous aurez fourni votre traduction, en français impeccable et avec la bonne estampille, votre employeur ne pourra plus en imposer une autre, sauf à entrer dans un difficile débat démontrant au tribunal qu'il a eu tort d'agréer l'expert qu'il a retenu et auquel vous avez fait appel. Or, il n'est jamais habile de commencer une procédure judiciaire en essayant de démontrer à un magistrat qu'il est un imbécile ou qu'il a mal travaillé en accordant aveuglément sa confiance à un traducteur incapable… !

Les *Pages jaunes* vous diront où trouver ces traducteurs à proximité de chez vous et surtout sur le territoire du conseil des prud'hommes compétent dans votre cas (qui n'est pas forcément celui de votre domicile). Il existe une seule bonne méthode pour les choisir puis pour utiliser leurs services.

Pour commencer, considérez uniquement les professionnels dont le français est la langue maternelle. Les textes dont vous vous servirez doivent en effet être rédigés de manière irréprochable car ils courraient sinon le risque de manquer de crédibilité. La rigoureuse exactitude formelle a son importance, même à une époque où l'irrespect montré à la langue semble devenir un vrai programme existentiel. Or la certification garantit la performance de son titulaire mais n'indique pas si sa spécialité est de traduire le français en berbère, ou l'ukrainien en français. Vous devez donc vite saisir la compétence de l'expert auquel vous vous adressez : il vous faut exclusivement un francophone de naissance qui traduit depuis la langue source (étrangère) vers le français.

Par ailleurs, définissez à l'avance la traduction que vous souhaitez : si vous pratiquez la langue d'origine (souvent l'anglais) suffisamment pour la comprendre et la traduire, traduisez le texte de façon à lui faire dire en français ce que vous voulez qu'il exprime. Faites-le éventuellement avec l'aide d'un conseiller ou d'un avocat au courant de vos premiers projets. Si vous n'avez pas la qualification linguistique, il vous faut trouver un collègue qui veuille bien mettre bénévolement son savoir-faire à votre disposition. Si vous n'en connaissez pas, demandez aux représentants du personnel ou cherchez en dehors de l'entreprise. Un professeur enseignant cette langue pourrait sans doute vous rendre ce service ; s'il réclamait des émoluments, ils seraient sages. Cette officieuse démarche de traduction première est indispensable avant de vous en remettre pour de bon au traducteur assermenté.

Pourquoi faire appel à cette autre qualification extérieure, ou à votre propre science, avant de confier candidement la traduction à l'expert officiel et certifié ? C'est que tout texte en langue étrangère peut donner lieu à bien des traductions différentes en français. Vous ne le croyez pas ? Regardez les multiples versions des Saintes Écritures et leurs divergences : elles sont mineures et insignifiantes, mais permettent des interprétations infinies. Dans son premier verset, le texte hébreu de la Bible dit : *« Au commencement, Dieu créa le ciel et la terre. »* Certaines traductions débutent par *« Dieu, au commencement, créa le ciel et la terre. »* Ouille, débats sans fin sur les préexistences respectives de Dieu et du « commencement »… Qui était là le premier ? Dans les textes de votre employeur, les avocats des deux parties sauraient, bien plus tard, trouver des arguments aussi byzantins ; il suffirait que l'un d'entre eux convainque un juge pour que tout devienne différent pour vous. Mieux vaut donc avoir les traductions qui vous conviennent, aussi tôt que possible, et vous avez encore ici un avantage inespéré.

À titre de galop d'essai, vous pouvez commencer par soumettre à traduction (et payer ponctuellement) un document sans portée tactique, anodin, pour voir comment travaille le traducteur et pour en devenir un familier, si possible en le rencontrant en personne. Vous remercierez par un courrier pour la promptitude et la qualité du travail reçu en retour, d'autant plus facilement que vous ne ferez que rendre compte de la réalité. Maintenant que vous connaissez ce professionnel, vous proposez pour le texte suivant « votre » traduction : elle n'est pas fausse mais, parmi toutes les traductions possibles et parfaitement acceptables d'une phrase dont la portée est immense dans votre cas, vous aurez pu sélectionner la traduction qui vous convenait. Tant que vous ne trahissez pas le texte original ou ne le poussez pas dans des limites intolérables, le traducteur se fera un plaisir d'accepter ce que vous aurez soumis : il ne se livrerait certainement pas à une imposture qui contreviendrait à sa déontologie et lui vaudrait tout logiquement la perte de son agrément, mais il n'a aucune raison de repousser une formulation qui ne fait que restituer en français l'un des très multiples sens possibles de la rédaction en langue étrangère. De surcroît, vous lui économisez un peu d'énergie.

Comment un texte fondamental peut recevoir par la traduction des interprétations passablement différentes...

Celui ou ceux qui ont reçu les récits de l'apôtre Jean ont retranscrit, dans l'*Évangile* correspondant, la relation orale qu'il a faite de la comparution de Jésus devant Pilate (chapitre XVIII, versets 37 et suivants). Après quelques préliminaires, Pilate dit à Jésus : « *Tu es roi, tout de même ?* » ou « *Tu es donc roi ?* » ou « *C'est donc que tu es roi ?* ». Question intéressante, mais pas autant que la réponse, dont la rédaction en grec, la seule que nous détenions, est « *Συ λεγεισ οτι βασιλευσ ειμι*[1] » (sans pouvoir ici reproduire les accents et « esprits » qui devraient compléter une bonne partie des voyelles dans cette citation).

L'intérêt réside dans la diversité des traductions mettant cette réponse à notre portée :

Docteur en théologie, Jean Segond traduit dès 1910 : « *Tu le dis, je suis roi.* »

Mais la *Traduction du Monde nouveau* dit en 1974 : « *Toi-même tu dis que je suis roi.* »

Et la *Traduction œcuménique de la Bible* en 1984 : « *C'est toi qui dis que je suis roi.* »

Alors qu'en anglais, *The New International Version* le traduit depuis 1965 par « *You are right in saying I am king* », soit « *Tu as raison de dire que je suis roi* ».

1. *Novum Testamentum Graece*, éd. Deutsche Bibelgesellschaft.

Ces nuances cruciales vont de la simple confirmation directe au rejet sur l'autre de la responsabilité dans l'affirmation de l'idée. Et il s'agit d'un verset essentiel du texte fondamental des chrétiens ! D'autres religions refusent les traductions de leur livre sacré, leurs fidèles se mettant ainsi à l'abri des divergences d'interprétation.

S'il peut exister, à partir d'un texte aussi important, de telles subtilités entre les traductions de personnes lettrées et compétentes, imaginez un peu ce que des travaux du même ordre peuvent fournir comme variantes sur un document banal, interne à votre entreprise, auquel nul n'a jamais prêté attention comme vous allez le faire, et dans lequel vous pourriez trouver des informations utiles. Pour tout original en langue étrangère, de multiples versions sont possibles. Insistons encore une fois : votre employeur pourrait déjà avoir diffusé sa propre adaptation en interne. Dans de nombreux cas, c'est obligatoire. Mais quoiqu'il l'ait imprimée, ce n'est pas l'œuvre d'un traducteur officiel et assermenté. Si la lecture du texte en version originale vous semble offrir la possibilité d'une autre traduction, lancez-vous ! Le traducteur professionnel assermenté en produira une, qui sera dès lors la seule faisant autorité. Or il ne choisira celle qui vous convient que si vous la lui proposez. À vous de bien vous y prendre et de tirer de bonne heure pour obtenir ce que vous voulez, dans la limite du possible et du loyal, puis de le soumettre à votre employeur avec la mention de la source agréée.

Personne ne pourrait vous en vouloir d'avoir occupé le terrain le premier en donnant au texte étranger, jusqu'ici non traduit ou même déjà traduit mais sans la bonne estampille, un sens acceptable mais qui vous arrangeait, et personne n'y pourra plus rien après votre initiative. Évidemment, tout cela a un coût, car ces services de traduction ne sont pas gratuits : certains enjeux méritent cette dépense, d'autres non. Au bout d'un moment, une intimité se créera entre vous et le traducteur dont les services sont ainsi positivement reconnus. Il ne s'agira pas de complicité, mais la confiance aidant, le traducteur n'aura aucune peine à adopter parmi toutes les traductions possibles celles qui vous desservent le moins. Lui aussi préfère David à Goliath, avec d'autant plus de naturel que, dans cette circonstance précise, c'est David qui le nourrit. Car c'est vous qui le rémunérez, et il aura vite compris de quoi il s'agit, ou vous le lui aurez dévoilé, et il se fera un plaisir de vous aider à gagner. Le tout est de rester dans les limites de la vraisemblance et de l'honnêteté intellectuelle. Votre employeur sera furibond, mais certains textes pourraient faire que vous emportiez la partie.

Lazare Garcin travaillait chez un grossiste en matériel de cuisine. Il y était responsable de la représentation commerciale de toute la gamme des produits auprès des magasins de détail, sur un secteur couvrant la grande vallée du Rhône et le littoral méditerranéen. Un concurrent plutôt moins important l'a recruté il y a quatre mois pour animer et piloter un service commercial en zone sud (l'une des quatre zones partageant l'Hexagone), avec une fort belle rémunération. La réalité, très prometteuse, est que ce concurrent a été racheté par un industriel coréen décidé à s'implanter solidement en Europe, en utilisant comme rampes de départ des entreprises locales avec leurs réseaux de distribution préexistants. La firme coréenne comptait bien se servir du nouvel employeur de Lazare sur le marché français pour pousser l'une de ses trois gammes de produits : les matériels pour cuisines collectives. C'était la raison de son avantageux recrutement.

Or voici que les Coréens décident une réorganisation qui doit affecter l'ensemble de leurs nombreuses filiales dans le monde entier, anciennes et historiques comme récentes. À la place de responsables de vastes zones en charge d'une gamme limitée de produits, ils veulent des délégués départementaux représentant toutes leurs gammes – cuisines collectives, équipement des ménages par la vente en grandes surfaces, commerce de détail, équipement mobile pour les militaires en campagne, les scouts et les campeurs. Lazare devrait se retrouver à la tête de toutes ces activités pour le seul département des Bouches-du-Rhône, et totalement désemparé devant des responsabilités qui n'ont rien à voir avec ce qui l'a attiré et qu'il connaît. Pire, cela requiert un carnet d'adresses qu'il ne possède pas. De plus, il lui faudrait déménager avec sa famille de Valence à Marseille. Il s'en ouvre à son chef, qui comprend et sympathise, et lui dit : « Tu n'as qu'à donner ta démission. » Solution facile…

Au plus fort de sa déprime, Lazare Garcin découvre le mémorandum interne par lequel les Coréens ont transmis leurs intentions dès qu'ils les ont conçues. Il a été sans aucun mystère rendu accessible à tous les employés en anglais, la langue planétaire retenue avec raison par les grands patrons de Séoul. Il disait en particulier : *« The scope of your commercial jobs is going to change drastically. We know this is going to be an outstanding challenge for each of you, but at the same time a terrific opportunity for the growth our company needs.* » Il n'a pas été traduit littéralement en français mais a inspiré les dirigeants nationaux pour imprimer un nouvel élan. Ce qu'ils ont diffusé dans une publication franchouillarde annonçait : *« L'étendue de nos métiers commerciaux va profiter d'une évolution significative. Nous savons que cette nécessaire mutation va représenter une chance merveilleuse en même temps qu'un défi excitant pour la croissance de notre compagnie, et aussi pour vous tous qui, nous en sommes certains, souhaitez en partager le succès.* » Ce n'est pas tout à fait la même chose, même si ce n'en est pas loin. Au moins dans l'esprit. Mais pas dans la lettre.

Malin, Lazare soumet à l'approbation du traducteur assermenté le texte qui va le servir et qu'il s'est empressé de rédiger avec l'aide de son beau-frère, lequel a travaillé cinq ans à Coventry en Angleterre pour une grande marque de voitures française : *« La nature de vos professions commerciales va changer radicalement. Nous savons que cela va représenter une gageure hors du commun pour chacun de vous, mais aussi une fantastique opportunité pour la croissance dont notre société a besoin. »* Le traducteur assermenté accepte sans peine sa version, puisque c'est l'une des nombreuses qui sont correctes : une fois transmise par les bons canaux à l'employeur avec mention de la bonne source – un expert judiciaire indiscutable –, elle est coulée dans le bronze.

Kolossale différence ! la nouvelle version proclame que la nature du métier offert il y a peu à Lazare est en train de se transformer en « nature », « radicalement », alors qu'on ne lui a même pas demandé son avis. En outre, « gageure », qui est l'une des bonnes traductions de « challenge », signifie *« acte étrange ou si peu probable qu'il semble plutôt relever du défi*[1] ». Enfin, il ne s'agit que d'une *« opportunité de croissance »* pour la société. Nous sommes loin ici du « défi » popularisé par la recherche des exploits sportifs. Le pauvre Lazare verrait la nature glorieuse de son nouvel emploi transformée en quelque chose de radicalement différent, et à la place des certitudes récentes, l'espoir d'une simple « opportunité » de meilleure santé pour son employeur. Voici d'excellentes raisons pour que le départ de Lazare Garcin ne devienne rien d'autre qu'un licenciement : l'un des ingrédients essentiels de son contrat de travail, la nature de son emploi, a cessé d'exister par décision unilatérale, et c'est exprimé sans l'ombre d'une ambiguïté par la maison mère dans un document officiel et mondial qui ne peut que s'appliquer en France.

---

1. *Myriade*, éd. Diagonal, dictionnaire informatisé (www.prolexis.com/myriade/synofr.php).

La clause d'indemnité associée à la rupture du contrat à l'initiative de l'employeur, sans cause réelle et sérieuse, va s'appliquer telle qu'elle a été négociée à l'embauche : un an de salaire sans fiscalité attachée. À la place d'une démission sans indemnisation et sans prise en charge par l'Assedic, voici que Lazare bénéficie d'une compensation pour la disparition du poste qui l'avait attiré et qu'il est maintenant impossible de lui conserver : Lazare va recevoir un sympathique pécule, légitime et mérité. Une bonne traduction fait toute la différence. Encore faut-il s'en occuper un peu et ne pas l'abandonner entièrement à l'inspiration loyale mais non informée du professionnel qui la déposerait solitairement.

Les documents fondamentaux

Si ce n'est déjà fait, le moment est venu de vous familiariser en détail avec au moins quatre documents fondamentaux :

Le règlement intérieur, qui vous régit avec tous vos collègues

Dans les entreprises de vingt salariés et plus, il est en effet obligatoire d'afficher un règlement intérieur. Ce document énonce les règles de conduite à observer et fixe l'échelle comme la nature des sanctions. Naturellement, ces règles ne peuvent déroger aux dispositions réglementaires et légales, mais il vaut mieux que vous étudiiez ce règlement dès que vous flairez quelque chose de louche ; en effet, il vous informe aussi des dispositions de nature à favoriser ou faciliter votre défense. Si vous ne l'avez pas encore examiné et compris, au besoin grâce à l'éclairage de collègues plus informés, c'est que ce que vous avez traversé antérieurement ne vous avait pas encore suffisamment alerté : il est à présent grand temps de vous y mettre. La compréhension de cette publication officielle, dans tous ses détails, est devenue impérative. Il faut vous atteler à son étude sérieuse et approfondie.

Vous devriez le trouver sans peine dans les locaux, habituellement à proximité des panneaux réservés aux instances représentatives, et souvent aussi non loin de la machine à café, de l'entrée au restaurant collectif, de la fontaine réfrigérante ou de la pointeuse, si cet engin est encore en service. Si vous ne le voyez nulle part, demandez-le à la secrétaire du DRH, et s'il n'en existe pas à celle du patron, voire au patron lui-même.

Cette communication ne peut vous être refusée. Si vous vous heurtez à une fin de non-recevoir, ne montez pas sur vos grands chevaux en poussant des glapissements aigus. Votre curiosité vous permettra d'obtenir la réparation d'une anomalie dont la mise en évidence pourrait vous être très utile. Vous vous contenterez donc de déclarer sobrement, sans éclat, que vous trouverez certainement un autre moyen de vous le procurer. Nulle autre précision. Contactez alors un délégué syndical pour lui dire votre indignation, en lui certifiant que vous ne lui demandez pas d'intervenir. Adressez immédiatement à l'inspecteur du travail un courrier signalant un manquement évident et rendant compte de ce que vous avez tenu au courant le délégué syndical ; en outre, demandez-lui d'enjoindre votre employeur de vous donner satisfaction. De ce courrier, vous adressez une copie au responsable qui vous refusait la communication dudit document, et au délégué syndical que vous venez de contacter. Dorénavant, tout le monde saura que vous êtes une personne aussi organisée que déterminée, et vous serez respecté. En prime, votre dossier aura bénéficié d'une première introduction fracassante à l'Inspection du travail, et clairement à votre avantage, avec une image déplorable pour votre employeur. Nette amélioration de votre position tactique avant même que les hostilités ne soient ouvertes. Pas d'une élégance raffinée, mais diablement efficace...

La convention collective s'appliquant au secteur d'activité de votre employeur

N'importe quel représentant du personnel vous la communiquera ou vous dira où vous la procurer, si même elle n'est pas affichée et connue de tout le monde. Vous la trouverez aussi sur Internet. La Toile est un gisement d'informations dont l'usage n'est pas immédiat, mais qui pourrait vous éclairer pour les développements ultérieurs[1]. Vous pouvez aussi la réclamer à votre patron ou à son DRH ; même s'il n'a que vous comme salarié, il doit être en mesure de mettre ce texte à votre disposition. Le particulier qui emploie une femme de ménage n'échappe pas à cette obligation. Le refus est ici aussi une faute.

Les accords d'entreprise qui peuvent avoir été passés entre votre employeur et les syndicats présents

Ils ont autant force de loi que les deux textes cités ci-dessus. Ils ne peuvent rien soustraire à ces derniers, mais consacrent des avantages supplémentaires pour les employés : trois jours de congés en plus après vingt-cinq ans de service, ou une grille de salaires meilleure que celle de la convention

1. En particulier le site http://lexinter.net/Legislation5/conflits_individuels_du_travail.htm, très utile pour vous puisqu'il donne toutes les précisions et compléments sur les sujets traités dans ce livre.

collective dont les chiffres ne sont que des planchers, ou encore une prime pour la naissance d'un enfant. Tout cela a été arraché souvent de haute lutte, ou accordé pour entretenir la motivation et la paix sociale. Certains chefs intermédiaires pensent parfois se faire bien voir, ou mieux, servir leur employeur en dérogeant par le bas à ces accords ; par exemple en embauchant pour un travail donné en dessous de la classification prescrite. Si vous découvriez ici que votre cas personnel n'est pas en conformité avec ces accords, frottez-vous les mains et attendez le bon moment pour tirer cette cartouche : elle fera l'effet d'une bombe thermonucléaire, et il ne faut pas la gâcher.

Les chartes éthiques

Ce sont des documents internes à l'entreprise, qui entendent préconiser quelques comportements. Souvent inspirés de scandales récents vécus par de grandes structures américaines, ils espèrent imposer des attitudes de probité et de surveillance mutuelle : par exemple l'obligation de dénoncer des agissements contraires à l'éthique ou à la philosophie que l'employeur fait partager à ses salariés. En français ordinaire, c'est ériger la délation au niveau du devoir civique. Tout cela est dicté par le bon sens et le souci d'être irréprochable, tant vis-à-vis des actionnaires que des clients, des fournisseurs et des employés, sans oublier la nation d'hébergement. Il n'empêche que ce sont des textes qu'il vaut mieux analyser et comprendre, d'autant plus que personne ne sait très bien s'ils constituent ou non des adjonctions au règlement intérieur.

La gestion des courriers

Si des courriers vous parviennent par la poste, quels qu'ils soient, comparez la date d'affranchissement à celle que porte la correspondance ; notez la date de réception sur l'enveloppe, et archivez aussi cette dernière en l'agrafant à la lettre originale. Sur ce document probant, avant copie pour insertion dans le classeur d'archives, vous indiquerez « affranchi le jour/mois/année et réceptionné le jour/mois/année ». Ainsi, le classeur en rendra également compte.

En même temps, sur votre ordinateur, ouvrez un tableur protégé par mot de passe (à trouver en général dans le menu Outils > Options > Sécurité). Listez dans ce fichier tous les documents émis ou reçus :

- colonne A : le chiffre indiquant la date (331117 ou 17/11/2033 dans l'exemple évoqué plus haut pour l'échange entre Jacques et Nicolas) ;
- colonne B : l'émetteur, ici JC ;
- colonne C : le destinataire, ici NS ;
- colonne D : l'endroit où vous avez rangé l'original, si possible avec tous les autres documents, à votre domicile, nous l'avons dit ;
- colonne E : si possible quelques mots-clés, en vrac, désignant au mieux le contenu du document : « heures supplémentaires », « véhicule », « téléphone », « copieur », « déclaration », par exemple ;
- colonnes F et au-delà : les personnes qui sont en copie, une par colonne, si possible désignées par leurs initiales, toujours les mêmes.

Avec un tel outil, vous pouvez à tout moment, par une recherche automatique, retrouver l'intégralité des textes pour lesquels vous avez retenu, par exemple, le mot-clé « avertissement » dans votre descriptif. Ou les correspondances émanant de JC, ou de toute autre personne. Si vous recherchez un courrier particulier, vous trouverez vite sa date, et il vous suffira d'ouvrir le classeur correspondant pour mettre la main dessus et en faire l'usage approprié. Vos affaires sont en ordre et l'information est accessible, d'autant plus que vos documents figurent à la fois dans ce fichier chronologique des événements et dans votre classeur à trois trous, sans parler de l'archivage des originaux en lieu sûr.

Le cas particulier des courriers électroniques

Les courriers dont vous êtes le destinataire

Les messages, notes, documents qui vous arrivent par Internet méritent une organisation spéciale, bien réfléchie et bien suivie. À l'époque actuelle, ils sont souvent nombreux, et il faut aussi s'intéresser à ceux qui ne vous sont pas adressés personnellement : nombre de communications à caractère général peuvent vous fournir des munitions, de même que tout ce qui vous est envoyé en copie, votre adresse étant noyée dans une liste de distribution innombrable.

Ce lundi matin, votre écran vous présente un nouveau message : surtout, ne vous contentez pas de l'archiver dans un dossier informatique que vous imaginez secret, bien préservé. Il ne bénéficierait ainsi ni d'une protection ni d'une réputation suffisantes : chacun le sait, il est facile de changer ce type de document, de le retravailler un tant soit peu, de l'améliorer. Vous n'en avez certainement pas l'intention, mais il serait pourtant simple de vous accuser ultérieurement, forcément avec mauvaise foi, d'avoir substitué un mot à un autre pour améliorer l'impact du texte. Vous pouvez penser qu'une telle accusation demanderait une perfidie impossible dans l'environnement où vous travaillez : « Je les connais bien, ils sont injustes avec moi, mais ils ne sont pas malhonnêtes. Il y aura bataille, mais ce sera à la loyale… » Faux ! Il suffirait de laisser planer le doute devant le juge : les avocats sont doués pour tirer parti de toutes les situations et de toutes les brèches dans votre dispositif. C'est leur métier, entre autres. Au regard de son efficacité bien plus que de sa loyauté, un bon argument est un argument qui fait progresser la cause à défendre. Et dès lors que les intérêts de votre employeur seraient placés entre les mains de son homme de loi, vous n'auriez plus guère de pronostic fondé permettant de confirmer la bonne opinion que vous aviez jusqu'ici à son sujet.

Pour préserver l'authenticité d'un courrier, la solution est la suivante : sur un ordinateur à domicile, créez un « compte supplémentaire » du type « moimeme@monserveur.fr », avec son mot de passe particulier. Le procédé est simple : dans votre logiciel de courrier électronique habituel, le chemin à suivre est en général Outils > Comptes > Courrier > Ajouter > Courrier, et vous vous laissez guider pour la création. (Si vous n'avez pas d'accès personnel à Internet, vous pouvez toujours, depuis votre bureau ou chez un voisin compréhensif, vous créer gratuitement une adresse électronique dont l'accès se fait en ligne, ce que l'on appelle communément un webmail.) Puis vous transférez tout ce que vous estimez pertinent à cette nouvelle adresse en cliquant du bouton droit de la souris sur chaque message que vous souhaitez préserver, en choisissant « Transférer en tant que pièce jointe », et surtout pas « Transférer » tout court. Ce que vous recevrez ne pourra pas subir la critique évoquée en début de section, car toute manipulation ultérieure devient impossible, et chacun devrait le savoir. Et si d'aventure une personne mal intentionnée entrait dans votre compte secret, elle ne pourrait rien y changer non plus. Vous êtes bien mieux à l'abri ainsi.

Organisez le compte Internet ainsi défini en classements intelligents et ordonnés. Faites aussi des copies fréquentes du vaste dossier qui stocke toutes les informations, idéalement sur une clé USB de la bonne capacité. Pour ce faire, utilisez deux clés que vous remplissez alternativement : celle qui a stocké votre dernière mise à jour reste à la maison, et vous sauvegardez aujourd'hui sur celle qui n'avait que l'avant-dernière version. Et ainsi alternativement : même si une clé était perdue, vous ne seriez pas privé de grand-chose, d'autant plus qu'il faudrait vraiment jouer de malchance pour que l'ordinateur source ait disparu en même temps qu'elle. De temps à autre, selon la fréquence des ajouts, gravez un disque CD ou DVD de tout ce que vous avez archivé. Bien entendu, ne conservez pas l'ensemble (clés, CD/DVD) au même endroit : les incendies ou les inondations et les destructions totales n'arrivent pas uniquement à des individus moins éveillés et moins méthodiques que vous. Il s'est déjà trouvé des voitures pour carboniser simultanément dans un accident tous les originaux et toutes les copies rassemblés dans la mallette que contenait leur coffre.

Les courriers dont vous êtes l'expéditeur

Vous allez vous aussi envoyer des courriers par Internet. Il vous en faut des copies, et des copies reconnues comme inaltérables. Il ne s'agit pas de faire confiance au dossier « Éléments envoyés » de votre programme de messagerie. Il n'offre pas cette sécurité, surtout au bureau : imaginez qu'à la faveur de l'une de vos absences, votre ordinateur soit remplacé par une machine toute neuve et que l'on ne puisse pas le retrouver… Adieu les « Éléments envoyés » et tout l'historique. Une seule bonne méthode : pour chaque courrier méritant d'être conservé, indiquez l'adresse de votre compte secret « moimeme@monserveur.fr » sur la ligne « Cci », réservée aux copies confidentielles : personne ne saura que vous vous l'êtes adressé, et ce que vous aurez archivé donnera alors toutes les certitudes de l'authenticité.

Règle d'hygiène élémentaire

Si vous vous servez, sans l'accord de votre employeur, de votre ordinateur de travail pour produire des textes personnels exploitables dans ce conflit, vous êtes imprudent. Ils portent en effet la trace de la machine sur laquelle ils ont été rédigés, et cela pourrait être utilisé contre vous. Dans un dossier (ou votre arborescence), il suffit de cliquer du bouton droit de la souris sur un document et de choisir « Propriétés ». Les onglets « Résumé » et « Général » vous renseignent précisément : identité de l'ordinateur initialement utilisé, date et heure de la création du fichier, de sa dernière modification, propriétaire de l'ordinateur. Si vous « attachez » votre document à un message Internet, le destinataire peut retrouver toutes ces informations. Et ses informaticiens en tireraient encore plus de renseignements, qui pourraient servir à vous incriminer. Est-ce vraiment ce que vous souhaitez ? Seule solution : transférez-le sur une clé USB, créez chez vous ou chez un ami un autre document tout neuf dans lequel vous copiez-collez le contenu du précédent. Vous pouvez alors l'envoyer, et vous êtes tranquille.

Les friponneries organisées

Ces précautions pourraient vous sembler bien excessives, superfétatoires, et vous pourriez être certain de vous tirer d'affaire tout en les ayant négligées. À vous de décider si vous voulez tenter la chance ou mettre toutes les chances de votre côté. Il est toutefois des circonstances dans lesquelles elles deviennent impératives : lorsque vous vous trouvez associé à quelque chose que vous estimez incorrect, voire frauduleux, mais que tous admettent et consentent, y compris votre chef ou même des cadres plus haut placés dans la hiérarchie. Ou une chose dont trop de monde profite, directement ou indirectement : bakchichs de fournisseurs, petits approvisionnements personnels prélevés dans les stocks de l'entreprise (ce que le droit appelle « larcins »), reventes à l'extérieur, en cachette, de marchandises de l'employeur, dérivations des prospects trouvés vers des prestations personnelles en dehors de l'entreprise, etc. La créativité humaine étant infinie, la liste des possibilités n'a pas de limite. Souvent, ce que vous pourriez observer ne serait que la dérive d'actes insignifiants au départ, mais dont l'évolution progressive est susceptible de pousser à des conséquences dramatiques.

L'ambiance est à la camaraderie et au souci du travail bien fait dans cet atelier de menuiserie d'un grand établissement industriel. Pour offrir aux compagnons un pot de fin d'année motivant et stimulant, alors qu'aucun budget n'est accessible, quelqu'un a eu l'idée de collecter les chutes de bois disponibles dans l'atelier, depuis toujours destinées à la poubelle, et de les remettre à des voisins cherchant du carburant pour leur chauffage domestique. Approvisionnés régulièrement maintenant, ces braves gens ont laissé des bouteilles de pastis comme témoignage de leur gratitude.

Quelque temps après, un autre ouvrier signale que son beau-frère serait prêt à acheter ces bouts de planches inutiles à un tarif avantageux : c'est accepté. Un peu plus tard encore, la pénurie de chutes conduit à transformer un madrier en chutes afin d'assurer l'approvisionnement, et la disponibilité résultante des boissons acquises grâce à ce petit revenu : à présent, elles ne sont plus consommées seulement le 31 décembre, mais aussi avant chaque départ en week-end, toujours dans une ambiance de chaude fraternité. Un coup rapide de la scie à ruban aura furtivement immolé d'autres madriers. Par la suite, ce seront des outils qui suivront le même chemin, avec d'autant plus de facilité qu'ils sont périmés et que personne ne s'en sert. Mais par malchance, ils figurent toujours dans l'inventaire des actifs...

Tout le monde est au courant, y compris le chef d'atelier. Le pot aux roses est découvert le jour où un comptable fouineur aligne les chiffres et se rend compte que le bois qui entre présente un écart sérieux depuis quelque temps avec le travail sortant. La section charpenterie est la plus visée. Le contremaître Constantino devient la cible de l'enquête. Il ne peut pas moucharder toute l'équipe et ne veut pas impliquer le chef, dont il redoute une éventuelle vengeance ultérieure. Mais à la fin, il sera démontré qu'un coulage certain, voire des larcins ont eu lieu. La haute direction, pressentant le danger de la contagion si la faute n'est pas sanctionnée vigoureusement, décide de faire un exemple à haute valeur pédagogique. Si les mêmes délinquances existent ailleurs, la sévérité des peines prononcées pour celle-là dissuadera les imitateurs. Constantino est maintenant bien menacé. Et bien isolé dans son malheur où personne n'a envie de le rejoindre, encore moins de le protéger en s'exposant.

Si vous connaissez une situation impliquant des manquements acceptés par toute une structure autour et au-dessus de vous, imaginez tout de suite que vous pourriez être un Constantino un peu plus tard. Méfiez-vous, les choses peuvent vite se putréfier. Tout le monde utilise le téléphone de l'entreprise, y compris le chef de service, pour passer des appels personnels, et certains ne se privent pas d'appeler le Maroc ou la Suède : méfiance, la forfaiture des autres ne vous couvrira pas automatiquement le jour où la direction, ou son service d'audit, découvrira cette caverne d'Ali Baba. S'abstenir d'y participer serait le plus convenable. Dans certains trafics, c'est le meilleur moyen pour se signaler et attirer à la fois la méfiance et le rejet des autres. Au minimum, il faut le plus tôt possible collectionner les récits, les comptes rendus, les preuves impliquant des collègues, en particulier les plus gradés que vous : nous l'avons vu, certaines entreprises font de la délation une obligation citoyenne, à vous de voir. Sinon, cela vous servira au moins à préparer un argumentaire en prévision du jour où la lumière se fera sur une anomalie répréhensible. Dans le cahier des merveilles ou dans le dossier d'archives confidentiel de votre ordinateur, notez les moments où les uns ou les autres auront été associés à la fraude, auront sciemment fermé les yeux, laissé faire, fait semblant de ne pas remarquer ; peut-être même auront-ils été actifs et organisateurs conscients. Si possible, ajoutez des écrits que vous aurez envoyés, sinon pour protester (ce n'est pas tellement facile), au moins pour poser une fois une question soulignant votre perplexité.

Certains observateurs ironiques ou cyniques prétendent qu'une seule sorte de faute est sévèrement sanctionnée : il s'agirait des fautes d'importance moyenne commises par un nombre réduit d'individus facilement identifiables. Car les toutes petites boulettes se satisfont en général de gros yeux, d'engueulades, des phases préliminaires que nous avons passées en revue plus haut. Comme le prévoit notre justice : « Classé sans suites, rappel à la loi, pas d'inscription au casier judiciaire ». À l'autre extrémité du spectre, les énormes conneries, et même les moins énormes sont vite oubliées. Il y a trop de monde, et de trop beau monde impliqué : toute la haute collectivité se sent solidaire, ne dit rien dans la crainte de faire couler le navire et de terminer dans la noyade collective. Tout au plus trouvera-t-on un bouc émissaire pratique pour assouvir la soif nécrophage de certains conseils d'administration. Le possible consentement de cette victime expiatoire pourrait lui valoir par la suite des faveurs, ou sans délai un licenciement négocié avec des avantages considérables destinés à contrebalancer sa capacité de représailles tapageuses.

Le pire, le vrai danger, ce serait la faute intermédiaire, trop grosse pour être cachée, trop petite pour menacer toute la structure, avec un responsable solitaire facile à identifier. En effet, plus l'enjeu est de cette taille et plus facilement sera repéré le vrai coupable dont le sacrifice pourrait être rédempteur ; il sera interpellé, écartelé, puis brûlé vif en place de Grève. Il ne bénéficiera d'aucune protection ni d'aucun traitement de faveur compensateur. Pourquoi pas vous ? Les hauts gradés n'ont pas à être mouillés, et ils se dépêcheront de ne plus se montrer solidaires. C'est la catastrophe de taille intermédiaire, sans rémission. Si vous vous trouvez impliqué à ce niveau, encore plus que dans une pagaille vraiment énorme, il vous faut absolument détenir la démonstration que vous n'y étiez pas seul, que vous vous contentiez d'exécuter les ordres reçus, que vous faisiez comme les chefs vous en instruisaient par l'exemple ou par la directive, que vous ne pouviez pas faire autrement. Personne alors ne vous attaquera, de crainte de voir trop de couronnes s'écrouler dans vos déboires. La solitude non organisée vous conduirait uniquement à une exécution solitaire bien montée.

Si vous vous découvrez en difficulté de manière inattendue, sans les signes annonciateurs flagrants qui vous auraient mis en garde, les organisations que nous venons de décrire sont encore à adopter tout de suite. Vous y prendre tard ne veut pas dire « trop tard ». Le plafond s'effondre sur votre tête, et vous déplorez de ne pas vous être prémuni bien plus tôt ? À vous de faire en sorte que ce ne soit pas trop grave : il faut agir incessamment, pour le présent et le futur, et partir à la recherche de tout ce qui peut être disponible ailleurs pour reconstituer le passé, et le structurer de la manière indiquée.

Il est temps aussi de noter vos horaires de travail, avec une urgence différente selon votre statut.

Les heures de travail

Petit point de législation

Si vous êtes non-cadre ou cadre intégré (sédentaire), vous êtes supposé ne travailler que trente-cinq heures par semaine. La pointeuse, ou votre propre déclaration, ne doit montrer rien de plus. C'est d'ailleurs à votre employeur d'apporter la démonstration que vous ne dépassez pas le nombre prévu. Il se trouve que la plupart des employeurs sont bien en peine de fournir une telle démonstration : cherchez au plus tôt à comprendre ce qu'il en est dans votre entreprise – les représentants du personnel peuvent vous y aider. Si aucun système n'est en place pour édifier cette démonstration, tout élément concret apporté par l'employé devient une preuve fiable, en particulier aux yeux du juge. Votre relevé pointilleux est alors définitif, c'est le seul à faire foi. S'il prouvait que vous avez travaillé régulièrement plus de trente-cinq heures, vous percevriez bientôt six mois de salaire au titre de dommages et intérêts, et votre employeur serait exposé à une action en correctionnelle suite à une incrimination visant la dissimulation du travail. Ouille ! Plus pudiquement, admettez que votre posture dans la discussion deviendrait subitement dominante. La distribution des cartes serait déjà en votre faveur.

La situation est moins avantageuse si vous êtes cadre au forfait jour : vous devez travailler au maximum 217 jours par an (ce peut être différent selon votre convention collective, et l'augmentation de ce nombre est en discussion), et travailler dans chacune de ces journées le nombre d'heures approprié pour que vos missions soient assurées et vos objectifs atteints. Il suffit que vous ayez au moins onze heures de repos entre votre dernière activité le jour J et la première le jour ouvrable J + 1. Si vous arrivez à prouver que vous travaillez plus que le nombre magique de jours dans l'année, ou que les onze heures de repos quotidien vous sont inaccessibles, vous avez encore un angle d'attaque. Mais moins puissant que pour les non-cadres.

Si vous êtes cadre dirigeant, vous êtes déconnecté de toutes considérations relatives au temps de travail. Mais vous êtes un gros poisson, présumé riche autant que puissant, et il se trouve forcément des circonstances dans lesquelles vos chances de gagner sont moins évidentes que celle du petit, du démuni, du défavorisé. Le syndrome de David et Goliath, et la défense privilégiée du faible…

Le pire de la vulnérabilité est réservé aux mandataires sociaux – vous ne l'ignorez que si vous n'en êtes pas un. Ces responsables, tels les gérants de SARL ou PDG de sociétés anonymes, ne jouissent en effet d'aucune protection et sont révocables *ad nutum*. Cela signifie que le mandat qui leur a été confié peut leur être retiré sans que les motifs de la décision n'aient à être justifiés, sans préavis et sans dédommagement, quelle que soit la nature du contrat de travail. C'est la raison des « parachutes » prévus en général lors de leur embauche, d'autant plus généreux que la prise en charge de la perte d'emploi par l'Assedic est exclue. Elle l'est d'ailleurs aussi pour un salarié ordinaire renvoyé par son employeur dans les conditions habituelles, mais qui aurait eu le tort d'accepter un poste de gérant dans la petite SARL créée par son fils : l'Assedic en aurait connaissance par des fichiers en rendant compte et refuserait de l'indemniser, avec d'autant plus de vigueur que cette responsabilité, quelque symbolique qu'elle ait pu être, aurait été assortie d'une rémunération, même mineure. Ces patrons privés statutairement d'indemnités de chômage en payent quand même les cotisations (pour les autres) et souscrivent une assurance personnelle fort onéreuse pour couvrir la perte toujours possible de leur emploi. Mais elle ne fonctionne pas en cas de faute grave, le souscripteur étant alors suspecté d'avoir participé au licenciement qu'il subit.

Règle d'hygiène élémentaire

En tant que salarié, refusez tous ces rôles annexes qui feraient de vous un mandataire social. Même si vous êtes bénévole, ils peuvent vous créer des difficultés en cas de perte de votre emploi. Si vous le pouvez, confiez ce type de rôle à un proche ne courant pas ce risque. Si la sollicitation est difficile à refuser, consultez le service juridique de l'Assedic, toujours disponible pour renseigner et tranquilliser les cotisants. Vous lui poserez la question clé : « Si par malchance je perdais mon emploi salarié, cette responsabilité de gérant ferait-elle obstacle à mon éventuelle prise en charge par vos services ? » La réponse est négative ? Adressez le lendemain une chaleureuse lettre de remerciement, ou mieux un courrier électronique (avec copie à la personne qui vous a proposé le mandat) indiquant que vous acceptez le poste en question, maintenant que vous vous sentez rassuré. Dans le cas contraire, empressez-vous de décliner la proposition.

Le maître mot : sauvegarder !

Quoi qu'il en soit, dans tous les cas où un moyen de pointage est disponible, abonnez-vous-y et faites des copies de ses relevés au bon moment : à conserver précieusement. Les dépassements que vous consentez pourraient plus tard constituer une information précieuse. Il est possible que vous soyez de ces employés qui ne comptent pas leurs heures et qui en sont fiers. Le jour où la menace commencera à flotter, il ne faudra pas forcément compter plus pour réclamer plus que vous ne le faisiez auparavant ; mais au moins noter vos heures pour pouvoir montrer à votre employeur que vous n'avez rien réclamé mais que vous dépassiez allègrement, que tout le monde le savait, et que donc il est en tort. Excellente préface à la polémique attendue.

Si un tel équipement de pointage officiel n'est pas disponible, c'est très regrettable. Imaginez un accident de circulation lors d'un retour tardif au domicile. Il sera d'autant plus facilement considéré comme un accident du travail que vous pourrez prouver que vous veniez de quitter le lieu de votre travail plutôt que la partie de cartes en nocturne. Sur le plan d'une pension en cas d'invalidité, la différence de traitement serait énorme, ce qui est compréhensible. Donc s'il n'existe pas de pointeuse ou de matériel équivalent, arrangez-vous pour en compenser l'absence : un petit carnet avec des colonnes « date, jour, heure d'entrée, heure de sortie, temps passé », et un cumul hebdomadaire, puis mensuel, puis annuel. Le tableur informatisé (avec mot de passe) est forcément plus pratique et plus efficace, en complément du carnet des relevés manuscrits.

Conservez en prime tout ce qui peut démontrer l'exactitude de vos relevés d'arrivée sur le lieu de travail et de départ : tickets de transport en commun portant les heures de leur usage, fiches de taxis sur lesquelles vous aurez fait mentionner les horaires précis de prise en charge et de dépôt à destination, tickets de péage d'autoroute… Vous pouvez toujours demander par écrit au patron si cette précaution suffirait, en l'absence d'une pointeuse, pour vous mettre à l'abri d'une contestation de la Sécurité sociale en cas d'accident de transport au retour du travail. Une démonstration bien construite et indémontable de tous vos dépassements sera un argument de poids dans une discussion avec un inspecteur du travail (voir plus loin). Si le sol menaçait de vous engloutir pour d'autres raisons, montrer cette arme offensive à votre DRH ne pourrait que le faire frémir et le convaincre qu'une petite discussion avec vous est sans doute méritée avant de rentrer dans la chicane.

Associez à tout cela des preuves tangibles de votre travail tardif et/ou précoce : par exemple les appels téléphoniques depuis votre domicile, consignés avec leurs destinataires et leurs horaires dans le relevé chronologique. Le fournisseur de votre ligne téléphonique privée peut d'ailleurs, si vous avez souscrit ce service, vous fournir mensuellement un document rendant compte de tous vos appels. Collectez aussi les courriels (*e-mails*) quand vous vous mettez à la tâche le matin, et juste avant de partir le soir, voire depuis le domicile quand une idée vous passe par la tête et que vous la traitez sur le champ à partir de votre internet familial. Chacun sait que ces messages renseignent sur l'heure d'envoi telle qu'indiquée par l'horloge de votre ordinateur, et que vous pouvez infliger à cette horloge tous les horaires fantaisistes de votre choix ; c'est du reste l'astuce que certains recommandent pour rendre encore active une application dont le CD d'installation contient une date de péremption dépassée. Mais vous ne recourrez pas à ce procédé, car certains destinataires pourraient recevoir des messages supposés expédiés par vous à 20 h 45 alors qu'il n'est que 16 h 45 ; ils vous rangeraient instantanément dans la cohorte des manipulateurs qui ourdissent une affaire pas bien nette. Puisque vous ne vous livrerez à aucun trucage de la sorte, les heures indiquées sur les messages que vous adresserez ne pourront nulle part être questionnées. Comme ailleurs, la sincérité de vos démonstrations ne doit pas pouvoir être mise en cause.

Toutes ces dispositions préventives peuvent demander de nombreuses copies. À la poste du coin de la rue, elles deviendront un budget important. Si vous vous trouvez dans une situation périlleuse, l'achat d'une imprimante d'ordinateur faisant aussi office de copieur aurait son mérite. En regard de l'enjeu, le budget en est décent. Certaines structures sont tolérantes concernant les copies réalisées par leurs salariés, dans leurs locaux, sur leurs équipements. Mais si vous êtes en danger, ce n'est pas le moment d'en abuser. Il ne manquerait plus que l'on vous accuse d'utiliser à des fins strictement personnelles les moyens de l'employeur ; en outre, certains photocopieurs inscrivent automatiquement sur la copie la source de l'engin qui l'a produite, ce qui signerait votre abus. Mieux vaut demander à votre chef l'autorisation confirmée de procéder ainsi ; faites-le si possible par écrit, ou notez au moins les circonstances et le moment de la demande formulée verbalement comme celui de l'acquiescement reçu. Ou alors envoyez un mot par messagerie électronique pour remercier et assurer que vous en ferez un usage limité au strict nécessaire.

Il est bien peu vraisemblable que cela vous soit refusé. Si tel était le cas, notez aussi le refus et, si vous êtes vraiment prudent, accusez réception de ce refus par un petit mot manuscrit ou par Internet (avec une copie à un représentant du personnel) : « J'ai bien noté que vous m'interdisiez d'utiliser les copieurs de l'entreprise pour dupliquer les documents nécessaires à la constitution de ma défense dans les discussions qui nous mobilisent. Soyez bien assuré que je me conformerai à cette directive, même si je redoute sincèrement qu'elle ne nuise à la découverte de la vérité et à sa mise en lumière dans mon cas au profit de votre conviction. » Si vous ne pouvez ou ne voulez pas procéder à ces copies sur votre propre outil, demandez à un représentant au comité d'entreprise de les faire pour vous sur les machines appropriées que détient cet organisme officiel ; il en est généralement bien équipé pour ses propres publications. Si vous êtes le seul employé d'un petit magasin d'horlogerie-bijouterie ou d'un chirurgien-dentiste, il se peut que vous n'ayez pas ces ressources matérielles à portée de la main, mais il est aussi probable que les documents à copier y sont moins nombreux. Il ne vous restera plus que la poste, le papetier du coin, certaines grandes surfaces et les copieurs des proches. Quoi qu'il en soit, ce qui mérite d'être conservé en copie doit être copié, et les économies éventuellement réalisées ici pourraient s'avérer extrêmement coûteuses plus tard.

Les ressources « virtuelles »

De nombreux experts juridiques et cabinets d'avocats expliquent sur le Web ce que vous avez besoin de savoir, espérant ainsi montrer leur compétence et attirer des clients séduits par leurs talents. Nous verrons plus loin que ce n'est pas le meilleur procédé pour choisir un avocat ; mais c'est très pratique pour se documenter. Lisez, réfléchissez, faites des copies, surlignez les passages qui retiennent votre intérêt, archivez dans un classement organisé par rubriques séparées et clairement identifiées. Tout cela sera utile par la suite.

Dans les forums sur la Toile, vous pouvez aussi poser des questions en employant un pseudonyme discret. Vous y recueillerez des réponses que vous prendrez avec un grain de sel, pour deux raisons. La première est que vous y aurez présenté votre cas de manière forcément orientée : vous y aurez détaillé ce que vous trouviez intolérable, mais vous vous serez moins largement étendu sur vos écarts. Seconde raison : les personnes qui s'intéresseront à votre situation et vous répondront seront uniquement celles qui sympathisent avec ce que vous en décrivez, et elles ne seront pas nécessairement expérimentées. Ces âmes compatissantes vous diront qu'elles sont de votre côté, vous consoleront et vous donneront des avis dont vous ne pourrez savoir s'ils sont adéquats et issus de sources compétentes. Elles partageront votre indignation et votre émotion, ce qui vous fera chaud au cœur mais ne vous sera d'aucune utilité. Les plus intéressantes sont celles qui vous poseront des questions pour compléter leur compréhension de votre exposé. À moins que vous ne trouviez un improbable correspondant vous disant : « Tu débloques complètement, tel que tu le racontes, ton cas est désespéré. Je veux bien réfléchir avec toi à un autre moyen de défense… » Propos que vous auriez du mal à digérer mais qu'il conviendrait de prendre sérieusement en considération, plus que tous les soutiens.

Il ne faut donc pas tout accepter pour argent comptant, mais cette démarche est utile, et une pierre précieuse, un bijou, peut parfois apparaître dans la rédaction de quelqu'un qui aura vécu une situation proche et vous racontera son expérience.

Chapitre 3

Les deux acteurs imposés, le chef et le DRH

Dans un conflit avec l'employeur, les intervenants potentiels sont nombreux : nous allons à présent étudier les profils possibles des deux acteurs les plus importants après vous. Aux quatrième et cinquième chapitres, nous présenterons les autres, cités dans la liste ci-dessous, intervenants accessoires, souvent facultatifs, auxquels l'employé peut avoir affaire, auxquels il peut faire appel au fur et à mesure des démêlés, ou même qu'il n'approchera jamais :

Les premiers, sur le devant de la scène, objets de ce chapitre :

- le chef – le vôtre : agent de maîtrise, cadre intermédiaire ou patron de l'entreprise ;
- le directeur des ressources humaines (et ses adjoints).

Les autres, facultatifs :

- le patron suprême, le PDG, le gérant, le haut fonctionnaire ou l'homme politique en charge ;
- l'enquêteur/médiateur dans les procédures de « porte ouverte » ;
- les proches, le conjoint, les parents ;
- les amis dans l'entreprise, les camarades de travail ;
- un représentant du personnel :
  - un délégué du personnel ;
  - un représentant au comité d'entreprise ou d'établissement ;
  - un membre du comité d'hygiène, de sécurité et des conditions de travail (CHSCT) ;
  - un délégué syndical ;
- le « conseiller du salarié » ;
- l'assistant(e) de service social ;
- le médecin du travail ;
- l'inspecteur du travail ;
- la presse ;
- l'avocat de l'employé ;
- l'avocat de l'employeur ;
- le conseil des prud'hommes ;
- les tribunaux d'appel.

Pour le moment, définissons les deux principaux acteurs selon deux schémas extrêmes entre lesquels, quelque part, se trouve la vérité de chacun.

Votre chef

Jérôme Bonsergent est le fondateur de cette PME de cinq salariés à laquelle il a consacré son existence. C'est son unique amour. Sa vie personnelle est devenue un désastre marécageux, pour la raison qu'il n'a jamais trouvé le temps de s'en occuper. Il est responsable de ses employés, et s'il veut assurer la pérennité de son affaire c'est aussi en pensant à eux. D'ailleurs, il répudie le terme « employés » et ne parle que de ses « compagnons de route ». Certains le disent paternaliste, il n'est que maternel.

Il a décidé depuis longtemps de payer des salaires un peu au-dessus de la moyenne de la profession et de la région. En revanche, il pense que cette bienveillance lui donne le droit d'être exigeant, ce dont il ne se prive pas. Il s'étonne encore de constater que certains de ses collaborateurs ne marchent pas dans le système et se montrent heureux de profiter de leur rémunération favorable sans vouloir consentir le supplément d'effort attendu. C'est une souffrance pour lui. Il n'a qu'une conscience confuse de son potentiel enrichissement personnel. De toute manière, on n'encaisse que quand on vend, et il est loin de vouloir vendre sa seule raison d'exister. Et il est passé trop de fois à côté de la liquidation judiciaire pour croire la situation présente définitive et garantie.

Pour ne pas tuer la motivation, il n'a jamais rien avoué de ces dangers à ses employés, mais il a vu passer de près le spectre de la ruine à plusieurs reprises. C'est aussi pourquoi il a peine à admettre que quelqu'un puisse avoir un conflit avec lui : « On ne mord pas la main qui vous nourrit » ou, bien pire, dire du mal de son affaire : *« Même les cochons ne chient pas où ils mangent »* (Nikita Khrouchtchev). Pour Bonsergent, son entreprise, on l'aime ou on la quitte. Elle n'est qu'un grand navire où tout le monde doit jouer le rôle assigné, sinon le bateau fait tôt ou tard naufrage sur un récif, et tout le monde coulera avec lui. Il faut un capitaine rigoureux et présent : c'est lui.

Yannick Mevel est cadre dans une grande entreprise, où il est responsable d'une unité d'une cinquantaine de personnes. Il y connaît chacun de ses employés par ses nom et prénom, et le plus souvent ses histoires personnelles. En de nombreuses occasions, il a invité tous ses collaborateurs à des « pots » de service, comme au méchoui qu'il organise avec bonheur à son domicile, et à ses seuls frais, à chaque Saint-Jean d'été. Une joyeuse atmosphère de « country club » où les formes de déférence hiérarchique ne sont pas totalement oubliées, mais où règne la bonne entente dans les libations, et où les conjoints ont le privilège de découvrir les collègues de leur partenaire, avec le chef amphitryon et la personne qui partage ses bonheurs privés.

Yannick pense que son rôle est de faire progresser ses collaborateurs au-delà de ce dont ils sont naturellement capables, et d'en obtenir des performances et des contributions inattendues. Il les aura fait avancer pour leur plus grand épanouissement, de même que pour le sien, la performance de son département en étant le résultat concret et palpable. Il ne mesure donc ni son engagement personnel, ni son attention à ceux que le hasard, et parfois son choix, placent sous ses ordres.

Sa hiérarchie lui transmet des objectifs. Il doit tout faire pour les atteindre conformément aux attentes. Il pense que, s'il n'était pas d'accord avec les consignes ainsi reçues, il n'aurait qu'à aller travailler ailleurs. Son pedigree universitaire et son historique professionnel rendent toujours possible une telle solution ; du moins se plaît-il à en chérir l'idée. Pour le moment, il n'est qu'un officier avec une mission et des moyens. Il poursuit sa mission et en optimise les moyens ; les hommes et les femmes qu'il contrôle ne sont au fond que des instruments mis à sa disposition, comme les ordinateurs et les immeubles, quoique demandant un peu plus de psychologie.

Son passage n'est pas durable, mais Yannick est sincère à sa manière, égoïste et déterminée, car il porte un intérêt sans partage à ces personnes dont il se sent responsable. Tout litige ici est pour lui une blessure, pire : un échec. Certes, il est le chef, mais n'est ni responsable ni comptable des instructions qu'il reçoit de son propre chef ; il peut uniquement faire le maximum pour qu'elles soient exécutées de manière satisfaisante. Il admet qu'il puisse y avoir de la « casse », qu'il désigne secrètement sous le vocable nouveau de « dommages collatéraux ».

Sous son autorité ne se trouvent que des « collaborateurs » (car il les désigne ainsi, sa jeunesse oubliant la connotation péjorative dont ce mot a pâti entre 1940 et quelques années plus tard). Il s'ingénie à obtenir de ceux-ci qu'ils s'appliquent à faire de leur mieux dans la même direction. L'idée d'un potentiel conflit avec l'un ou l'autre est de nature à l'horrifier : tout le monde peut bénéficier de la performance de l'équipe qu'il dirige, tant qu'il sera en place. Si l'aventure laisse des victimes sur le bord de la route, il faut admettre qu'elles ne sont pas fréquentes, et le progrès de tous est sans doute à ce prix : à la guerre, des chefs envoient des hommes se faire tuer pour que toute la section ne disparaisse pas ; ceux qui tombent ainsi au champ d'honneur seront des héros décorés à titre posthume. Après son départ de l'unité, ce sera une autre péripétie, avec un autre chef, son successeur, mais avec les mêmes règles. Tout le reste, l'attention portée aux états d'âme, l'inspiration par la familiarité acceptée et voulue, la considération au-delà de la poursuite de l'objectif, ne sont pour lui que sensiblerie gentillette ou angélisme nièvre.

Outre des chefs comme Bonsergent et Mevel, il y a ceux qui ne méritent pas leur poste, gauches, maladroits, injustes, partiaux, parfois malfaisants, incompétents et/ou dépassés par ce qui les entoure. Ils ne bénéficient généralement pas d'une notable longévité à leur poste, mais, tant qu'ils durent, il faut faire avec…

Tous ces supérieurs hiérarchiques interagissent avec les autres employés. Ils affichent ostensiblement un objectif commun : le succès de l'unité dont ils sont membres et animateurs. En réalité, ils ont des priorités secrètes mais importantes – qui peuvent diverger de celles de l'unité –, au premier rang desquelles leur sort personnel. Et par contrecoup, le vôtre.

Au demeurant, ces intervenants chargés de vous superviser ont une relation personnelle avec vous, ils vous voient tous les jours, ou du moins fréquemment. Vous méritez peut-être à leurs yeux une sanction, voire une sanction funeste, mais ils vous ont gardé avec eux jusqu'à cette période de tension, et c'est forcément parce que vous leur donniez le minimum des satisfactions attendues. Prendre la décision qui va déboucher sur une confrontation ne leur est pas facile, le coefficient affectif ayant toujours tendance à perturber le jugement objectif. C'est ce coefficient qui tire souvent les attitudes vers la miséricorde, avec l'idée que sa puissance de persuasion vous convaincra à elle seule que vous devez changer. L'élaboration de la conviction intime, et avec elle de la décision qui vous torpillera, est pour eux un accouchement épouvantable, mais ils se garderont bien de vous le montrer. Soyez-en pourtant conscient : complimenter est gratifiant, critiquer est pénible, mettre à pied ou licencier est difficile à vivre. Aucun chef ne peut s'y résoudre sans imaginer les drames personnels qui vont résulter de sa décision, nous en avons déjà parlé.

Et surtout, pour toutes ces personnes, vous n'êtes qu'un problème parmi beaucoup d'autres, le plus souvent même, un bien petit problème. Atteindre les résultats du trimestre est autrement plus important pour eux, et leur propre stabilité dans l'entreprise pourrait s'y trouver associée. Négocier un accord de partenariat prometteur ; lancer la campagne de pub pour les fêtes de Noël ; acheter quinze tonnes d'un produit quand le fournisseur habituel vient de mettre la clé sous le paillasson ; préparer un « plan de sauvegarde de l'emploi » (en français clair, tout de même souvent, un plan de licenciement massif) ; éviter la grève que semble mitonner un syndicat dont le sigle commence par « C » ; bien se positionner pour une promotion au départ du chef de division : croyez-vous que votre sort soit si capital face à ces échéances ? De votre côté, il n'y a rien de plus vital pour vous que ce qui va vous arriver, et ici réside votre force principale. La difficulté que vous vivez va maintenant vous mobiliser au détriment de toute autre préoccupation, le danger étant d'ailleurs qu'elle vous embrigade exclusivement et que vous ne fassiez rien d'autre que de vous y consacrer : votre performance professionnelle ne pourrait qu'en souffrir, ce qui n'arrangerait rien à la situation qui vous implique.

Cela dit, vous avez toutes les cartes en main et vous les y avez en permanence, car vous ne les poserez jamais sur la table simplement pour vous reposer. À l'inverse, votre hiérarchie ne les a pas toutes ; elle ne les prend en main que de temps à autre, quand il faut s'occuper de votre cas et quand le reste du quotidien, du trimestre, de l'année et de la carrière en laisse un peu le temps aux intéressés. Vous, vous avez le *temps*, et c'est vous qui connaissez le mieux le dossier dans son ensemble. Personne ne peut vous égaler. Mesurez-vous ici votre force ? Pourriez-vous croire un instant qu'un joueur de poker qui jouerait à douze tables simultanément disposerait du même capital d'attention à chacune d'elles que celui qui ne se consacre qu'à un seul lot de joueurs autour d'un unique tapis vert ? C'est pourtant la situation dans laquelle vous vous trouvez. Bien entendu, certains de vos adversaires sont plus qualifiés que vous, et mieux conseillés parfois, mais ils sont dispersés, alors que vous êtes concentré. Le premier objectif de chacun d'eux est ailleurs, le vôtre est ici. Les chances sont donc de votre côté.

Comprenez bien également que dans la plupart des cas, le chef, qui est le visage de l'entreprise devant vous, n'est qu'un amateur dans ce genre de situation : il n'en a pas une grande habitude, ses réflexes ne sont pas nécessairement les bons (les vôtres non plus, du reste), il risque de commettre des bourdes tragiques dans l'exécution de son programme à votre égard. D'autant plus qu'il lui faudra trop souvent agir dans la précipitation, et que vous saurez reconnaître les moments de presse chez lui et en profiter pour requérir précisément alors le meilleur de son attention au profit de votre dossier. Vous en tirerez parfaitement parti si vous y êtes décidé. S'il s'agit d'un patron de PME, il est vraiment très seul – les conseillers extérieurs sont chers, surtout si le débat ne semble pas de grande portée. Le patron de la station-service, celui de la supérette, l'artisan qui travaille si bien le cuir, n'auront comme premier recours que leur expert-comptable, que vous ne rencontrerez jamais : c'est un professionnel, mais son premier métier n'est pas la relation avec le personnel, même si certains cabinets, à partir d'une surface pas encore extravagante, ont compris l'intérêt de mettre cette compétence au service de leurs clients. Si vous travaillez dans une très petite entreprise (TPE), prenez quelques renseignements sur la taille et les compétences du cabinet d'expertise comptable qui la conseille. Le patron de votre modeste structure a mille autres choses à faire dans son métier difficile, ingrat et insuffisamment reconnu. Selon la compétence de son conseiller, il sera plus ou moins inspiré. C'est une injustice, mais c'est ainsi. Or de votre côté, vous pouvez être parfaitement documenté.

Si vous avez en face de vous un cadre ou un agent de maîtrise dans une grande entreprise, il n'a pas pris seul la décision à votre endroit, s'il y a même participé. Votre situation implique plusieurs personnes dont les visions ne coïncident pas obligatoirement, voire peuvent présenter des divergences d'opinion profondes. Elles ne vous les dévoileront sans doute pas explicitement, mais vous finirez par les entrevoir, pour la raison élémentaire que toute leur organisation va souffrir d'un défaut de coordination (elles n'ont pas que cela à faire, elles non plus…). Il est même des circonstances dans lesquelles votre chef direct, souvent simple émissaire dans le débat présent, était initialement hostile à la décision dont il est devenu le porte-parole : face à ce qui vous est reproché, il recommandait un autre type d'action mais n'a pas réussi à faire prévaloir son point de vue. Commencez par vous demander ce qu'il en est, et travaillez-le avec doigté dans ce sens. Il pourrait finir par se montrer faible en avouant son impuissance et son désarroi : « Je ne peux pas faire autrement… Je ne fais que transmettre… Si j'avais été seul à décider… », ou au moins en le laissant conjecturer. Si la haute hiérarchie le savait, elle lui reprocherait d'être « transparent », critique aussi sévère que celle d'être « opaque » pour un chef intermédiaire : allez comprendre le vocabulaire… Toutefois, dans cette vaste structure, il est mieux entouré que le dirigeant solitaire de la petite entreprise : il a des conseillers, des chefs au-dessus de lui pour l'aider ou le suppléer dans la prise de décision comme dans l'exécution. Il a surtout, non loin de lui, une direction des ressources humaines : ce type de situation est familier à ses employés, qui ont des idées sur le droit, ses raffinements et ses difficultés.

Et si d'aventure ce chef avait pris cette décision solitairement, il est bien probable qu'elle serait mal inspirée, ou mal documentée, ou les deux. Le travail à plusieurs est toujours meilleur.

Le représentant de votre employeur est surtout bien armé pour faire de votre vie professionnelle un supplice si l'envie lui en prend : mesures vexatoires, réprimandes justifiées mais cruelles dans leur formulation ou leur publicité, mise à l'écart de la vie sociale du groupe, index vengeur pointé pour vous désigner comme celui qui a détérioré la performance collective et a conduit à l'échec, attribution régulière d'objectifs impossibles à atteindre, les idées ne lui manqueront pas s'il est perfide, un peu vicieux et créatif. Qu'il encadre trois personnes ou trois cents, il n'y a pas de différence pour ses subordonnés immédiats. L'individu est puissant, et s'il est pervers et organisé, la coexistence peut devenir franchement odieuse. Avant de vous embarquer dans un conflit frontal avec lui, mesurez bien sa personnalité, informez-vous sur ce qu'il a fait dans des circonstances analogues avec d'autres collègues, et préparez-vous solidement. Vous avez peut-être raison, mais il est des moulins à vent avec lesquels l'engagement est toujours douloureux et souvent infructueux.

Si la structure dans laquelle vous travaillez est importante, les chefs directs y sont nombreux. Le vôtre, au vu de l'embrasement qu'il peut imaginer possible avec vous, voire au regard d'un simple début de mésentente, peut céder à une tentation infiniment prometteuse pour vous. Vous allez d'ailleurs l'y pousser en lui rappelant l'existence et les avantages que toutes les parties y trouveraient : il s'agit de vous transférer sans délai et sans tapage dans un autre service. C'est tout bénéfice.

Tout d'abord, vous vous éloignez de celui avec lequel le contact n'était pas idéal, le problème pouvant alors se résoudre rapidement de lui-même ; ce sera d'autant plus facile que vous aurez envie de montrer que la difficulté récente ne trouvait pas sa source chez vous, mais chez le chef borné que vous aviez le malheur de devoir servir. Ensuite et surtout, pour vous « refiler » à l'un de ses collègues, il lui faudra dire du bien de vous : vos qualités (vous en avez quand même) seront mises en exergue, vos défauts seront minimisés, vous serez présenté comme un collaborateur dont l'arrivée est une bonne nouvelle. Les raisons qui poussent le service à se séparer de vous seront retravaillées pour ne pas inquiéter. Vous n'imaginez pas votre chef vous pilotant vers un département adjacent sur le thème « Je te recommande de le prendre avec toi, c'est une nullité absolue, avec un état d'esprit déplorable et une paresse congénitale » ? Ce sera tout le contraire, et si vous arriviez à mettre la main sur une note vous décrivant ainsi sous votre jour le plus favorable, vous auriez fait une sacrée bonne affaire : à mettre tout de suite dans le classeur à trois trous décrit au chapitre précédent, et à conserver précieusement, car ce seul document invaliderait tout ce qui aurait pu être dit ou fait auparavant par le chef que vous quittez.

Certains supérieurs qui sont animés d'une louable bravoure tant morale que physique ne se livreraient jamais à de telles démarches, trop évocatrices d'une lâche débrouillardise. D'autres y céderaient facilement, en masquant leurs motivations réelles sous des considérations aux allures généreuses dont ils finiraient par se persuader intimement qu'elles sont ingénieuses et loyales pour tout le monde. Seuls de mauvais esprits oseraient désigner cette attitude en employant l'expression « se refiler la patate chaude ». Dans tous les cas, le bien que l'on dit de vous nettoie l'ardoise, et si cela se passait mal dans votre affectation suivante, il faudrait conclure que c'est une nouveauté au sortir d'une période sans problème reconnu.

Si les circonstances de la collaboration semblent tourner au vinaigre, vous ne perdrez donc rien à demander à votre chef s'il ne serait pas possible de vous trouver un autre emploi ailleurs dans la même entreprise : « Il semble que nos personnalités aient du mal à cohabiter. Nous ne faisons pas les choses de la même manière, et je vois bien que la façon dont je les fais ne vous satisfait pas autant que je le voudrais. Malgré mes efforts, je n'y suis pas arrivé, et il se pourrait que vous doutiez même de mes tentatives dans ce sens. Je réalise que je ne vais donc pas y parvenir. Ne serait-il pas possible de trouver une autre affectation dans les services d'un autre chef, en tablant sur une meilleure compatibilité de tempéraments ? Et en repartant sur une base nouvelle pour moi, sans tout ce qui semble déjà nous séparer ? » Une telle requête ne peut pas faire de mal : si on vous oppose un refus, vous restez là où vous en étiez, mais avec dans votre besace une démonstration de bonne volonté qui ne peut qu'être utilement exhibée plus tard ; si c'est accepté, vous avez une chance de vous refaire une virginité et une santé ailleurs.

Le directeur des ressources humaines

Quand il existe un DRH dans la structure où vous opérez, ce n'est pas seulement un autre représentant de la haute direction face à vous. C'est aussi son conseiller, le grand professionnel de la boîte : il est payé pour éviter heurts inutiles et conflits nuisibles, mais aussi pour gagner ceux dont les exigences seraient outrageusement injustifiées, ou dont les victoires auraient une exemplarité fâcheuse. À ce titre, gardez en tête que, quoi que vous fassiez, il faut toujours lui donner une chance de comprendre que votre cas est emblématique. La prolifération de votre situation est en effet son grand souci : il combattra farouchement tout risque de métastase que vous pourriez représenter si votre virus de réclamation venait à se propager dans l'effectif qu'il a vocation à contrôler. Mais appliquez-vous aussi à lui laisser entrevoir une sortie qui vous serait spécifique, personnelle. Il doit comprendre que s'il se rend à vos arguments, ce sera par une issue tellement exceptionnelle qu'elle ne pourra en aucun cas être invoquée par d'autres pour réclamer une solution identique à celle qu'il vous aurait consentie. Vous devrez donc lui démontrer que vous êtes entouré de nombreux cas semblables au vôtre quant à la problématique, mais que vous serez totalement différent et sans aucun équivalent ailleurs pour ce qui relève de la solution, sur laquelle vous saurez de plus rester discret. Il y aurait épidémie si le terrain d'entente n'était pas trouvé, mais il n'y aura aucune contagion si satisfaction vous est donnée. Il faut laisser entrevoir ce péril et en démontrer l'imminence concrète, et parallèlement offrir une voie de sortie praticable qui doit être à l'épreuve de toute réclamation ultérieure de la part de vos collègues.

Quiétude et harmonie dans les relations sociales au sein du groupe humain de votre employeur sont les idéaux du DRH. Mais dès que les choses tournent mal, l'opinion à son encontre est susceptible de changer. Votre situation, à partir du moment où elle devient critique, comporte donc potentiellement un risque pour lui : guerre ouverte, médiatisation interne, prise en main par les syndicats et autres instances officielles, apparition dans la grande presse.

Il est de ce fait important d'entretenir avec lui les rapports les moins mauvais possibles, des rapports entre personnes qui se veulent responsables. L'insulter ou l'agresser n'est pas plus utile que tempêter contre le gendarme qui vous verbalise : ce ne sont que des instruments, des chargés de mission impartiaux et incorruptibles. Définir le bon ton avec le DRH demande souvent une grande maîtrise : après tout, c'est votre métier, votre carrière, votre vie qui se trouvent en jeu, et il y a de quoi s'exciter. Luttez contre le naturel qui revient chez vous au galop. Cela dit, faire preuve ici de maturité et de recul devrait être d'autant moins difficile que lui aussi est un employé, comme vous. Certes, il a un rôle à remplir, une partition à jouer, mais il n'est pas toujours un compositeur et n'est le plus souvent qu'un interprète. Il vous dit et vous écrit ce qu'il doit vous dire et vous écrire. Il pourrait avoir eu à votre encontre une inimitié personnelle, mais la vigueur de ses propos, leur caractère acrimonieux, sa mauvaise volonté à vous écouter n'en sont pas forcément un témoignage. Ne fondez pas votre action sur une interprétation superficielle des apparences. Dans certains cas, son attitude montre seulement combien il sait sa position faible et inconfortable, mais il ne peut ni l'avouer ni le laisser entendre : il s'enveloppera alors dans un drap d'inaccessibilité. Vous imaginerez avoir en face de vous un ennemi obtus et intolérant, voire un ennemi bardé de convictions non fondées, quand vous n'aurez qu'un brave type mal à l'aise dans son répertoire, essayant de se dissimuler sous des airs de bravache. Celui qui donne l'impression de refuser tout dialogue en redoute souvent l'inconfort : plus il est brutal dans son refus, plus il montre sa faiblesse. Ayez aussi cette grille de lecture, et trouvez si possible le moyen de percer sa cuirasse là où elle présente la faiblesse d'un premier petit orifice, le reste pourrait suivre…

Nous le répétons, ce DRH n'est vraiment pas la personne qu'il convient de malmener, quoiqu'il vous dise et quelle que soit la manière dont il vous le dit. Votre précipitation mal contrôlée et la férocité de votre ton contrasteraient vite avec la forme qu'en homme de métier il sait utiliser pour dire des choses qui vous sont insupportables, le plus souvent dans une expression policée : votre rudesse ne ferait qu'engendrer chez lui un supplément d'inflexibilité, et vous le coinceriez dans une attitude qui interdirait tout progrès dans une éventuelle recherche de solution. Car il faut aussi préparer des sorties moins défavorables que ce qui semble programmé, et surtout ne pas l'aliéner, ne pas en faire un ennemi convaincu personnellement, maintenant, que vous méritez bien le sort qui semble vous être réservé. Traitez-le toujours sur le thème « Je sais que tu ne peux pas dire autre chose, même si tu sais que ce que tu me dis est infondé et injuste ». Il ne manquera pas de vous certifier que son propos est tout à fait fondé, et vous continuerez de faire croire que vous n'en pensez rien : s'il devait un jour changer d'avis, prendre votre défense ou vous aider après son propre licenciement, vous seriez largement récompensé de cette compréhension tactique. D'ailleurs, vous ignorez quel compte rendu il fera de sa rencontre avec vous : mieux vaut ne pas l'avoir indisposé par les intimidations, le chantage, les jappements. Laissez croire que votre intelligence demeure ouverte et vos oreilles attentives, et il pourrait se mettre à afficher la même attitude ; sinon il camperait sur ses positions et vous perdriez toute chance de le voir mettre à votre service la première pincée de son inventivité. Après tout, il se pourrait aussi qu'il ait de bons conseils à prodiguer et qu'il soit finalement heureux de trouver une solution de compromis réglant le problème sans drame, avec une heureuse issue que tout le monde accepterait et inscrirait à son seul crédit. Lui aussi a une carrière à conduire : aplanir les problèmes fait partie des réussites qui le font apprécier de ses propres chefs.

C'est de toute façon le DRH qui doit détenir la connaissance et la compétence dans l'entreprise en ce qui vous regarde : connaissance de ce que vous faites et avez fait (renseignements glanés auprès de votre hiérarchie directe, consultation de votre dossier) ; compétence quant aux lois, règlements, convention collective et accords d'entreprise ; et compétence concernant tant le climat social, qui ne permet pas tout, que les intervenants que vous pouvez mobiliser (que nous passerons en revue plus loin). Quand votre conflit se développe, il est donc important de documenter le DRH, le moins possible par écrit et pas trop tôt : il ne faudrait pas faciliter un ajustement de son approche qui vous pourrait vous nuire. Pour influencer le cours de votre histoire en distribuant précautionneusement sur la table les cartes maîtresses dont vous disposez, il convient donc d'évaluer les moments favorables : quand le DRH ou la hiérarchie a visiblement engagé son artillerie et montré son dispositif, et avant que les offensives ne deviennent irréversibles. Dans ces circonstances, montrer des copies de documents et les commenter est sans grand danger. Écrire à leur sujet, livrer avec votre signature des conclusions ou des raisonnements et des analyses est bien plus risqué : par la suite, vous ne pourrez jamais récuser ce que vous aurez ainsi fourni. Vous risquez de vous enfermer et de vous interdire par une lettre envoyée en janvier une stratégie qui vous servirait en juillet. Si le licenciement est dans le domaine du possible, tout ce qui est écrit avant que le licenciement ne soit prononcé comporte potentiellement un danger. Après, il faut faire vite, car les choses s'enchaînent sur un tempo endiablé.

Il convient à l'évidence de garder la tête froide, car tout peut changer face à de bons arguments, à condition de les présenter au moment critique et selon la forme opportune. Par exemple, les introduire dès le départ lors d'une réplique instantanée est rarement une bonne tactique. Il peut être brièvement euphorisant de commencer la partie en raflant les premiers plis avec les atouts les plus importants, mais cela ne permet généralement pas de gagner la manche. La communication verbale avec le DRH doit donc être privilégiée le plus longtemps possible et mérite d'être soignée : dès qu'il entre dans le jeu, il est un personnage exclusivement officiel. Les rapports affectifs que vous espérez peut-être continuer à entretenir avec votre chef direct n'ont aucune chance d'exister avec le DRH, sauf relation interpersonnelle antérieure. Même dans ce cas, il ne sera certainement pas votre complice et ne devrait jamais fraterniser, quelque ami personnel puisse-t-il être depuis longtemps déjà. Bien entendu, aux questions précises, vous répondrez avec précision : vous serez le plus possible factuel et n'interpréterez pas. Lors de ces premiers pas, vous donnerez les faits, non pas vos opinions ou commentaires.

À l'instar des chefs directs étudiés précédemment, le DRH a d'autres dossiers que le vôtre. Il en a même de bien plus pressants, c'est certain. Comprenez vite l'attention qu'il peut vous réserver, en fonction notamment du contexte social dans l'affaire que vous servez et des autres difficultés dans son actualité. Si une fusion est en cours, avec l'alignement de deux forces de travail, si un PSE est en chantier, si une grande cause nationale suscite un mouvement soutenu dans votre petit monde par les syndicats, avec la perspective d'une grève paralysante, vous avez encore plus de chances de votre côté. Le DRH sera largement pris ailleurs, et les probabilités de voir votre dossier négligé deviennent plus grandes, comme celles de le voir abandonné purement et simplement : « Y en a marre, on n'a qu'à lui donner ce qu'il demande et on pourra se consacrer aux vrais problèmes ; après tout, ce n'est pas si exorbitant, et il cessera de nous pourrir la vie… »

Dans certaines structures très vastes, la discussion sera conduite avec un subalterne travaillant à la direction des ressources humaines, à un niveau intermédiaire. C'est encore mieux, car vous avez alors le recours de demander à rencontrer quelqu'un au-dessus de lui. Aucun employé n'a envie d'être ainsi désavoué par une demande d'escalade dans sa pyramide hiérarchique : il le prendra toujours comme une protestation motivée par son incapacité. Et les autres pourraient en conclure : « On pensait que Jacques allait nous traiter le dossier de Ronald, mais apparemment il n'en est pas capable. » Vous avez donc un moyen de chantage vis-à-vis de Jacques. Mais il ne faut surtout pas le transformer en carillon, tout au plus le laisser entendre, et surtout le conserver comme arme ultime : vous ne pourrez en faire usage qu'une seule fois. Mieux vaut donc vous limiter à des allusions relatives à cette possibilité : « Vous êtes certain que notre DRH, monsieur Cétout, aurait la même opinion ? Peut-être pourriez-vous l'interroger et vérifier, car c'est très grave. Si vous n'y arriviez pas, je pourrais lui demander qu'il me reçoive… » À quoi il vous sera toujours et immanquablement répondu : « Ce serait du temps perdu, j'en ai déjà discuté avec lui et je ne fais que vous rapporter des propos sur lesquels nous sommes entièrement d'accord. » Peu importe que ce soit vrai ou faux : l'essentiel est d'avoir rappelé que vous saviez bien qu'il se trouve des échelons hiérarchiques au-dessus de celui qui représente devant vous l'employeur à cet instant précis. Vous lui aurez fait percevoir que l'humilité de sa position personnelle pourrait faire de lui un allié clandestin plus proche de vous que le très haut directeur, dont l'intervention pourrait devenir menaçante aussi pour lui. De cette proximité inavouable avec vous, il ne vous donnera aucune indication et encore moins de démonstration. Mais dans le souci d'éviter votre demande d'audience à l'échelon supérieur, il pourrait très bien aller négocier en votre nom ce qu'il venait de vous dire immotivé et impossible.

En revanche, le DRH ou son collaborateur pensent le plus souvent avoir une grande habitude des cas dans lesquels ils rangent votre situation. Celui qui discute avec vous va donc réagir selon des réflexes acquis, avec des stéréotypes extraits d'un catalogue constitué au fil des expériences passées : tel problème, tel comportement, telle réaction. Ici se trouve une autre de vos forces : la créativité est de votre côté, car vous n'êtes qu'un amateur, un novice, nullement encombré par tout un bagage d'expériences riches mais qui menotteraient votre imagination. Vous allez inventer de nouvelles tactiques qui pourront dérouter vos interlocuteurs, voire de nouvelles idées qui pourraient amener des solutions plus avantageuses pour tous. Vous n'êtes ni isolé ni désarmé, comme nous le verrons, mais dans votre cas, une seule personne prend les décisions relatives aux actions à entreprendre, et cette personne, c'est vous. L'unité d'action joue aussi en votre faveur. Rien ni personne ne peut vous désunir.

Nous venons de passer en revue les premiers représentants homologués de votre employeur. Sur chacun d'entre eux il vous faut mener une courte enquête personnelle, dans la plus absolue discrétion. Les espions le savent très bien : sauf dans les films et à la télévision, le renseignement vient rarement d'une source qui vous livre spontanément une information de grande valeur. On le trouve bien plus souvent en rapprochant des informations triviales, facilement fournies par les uns et par les autres parce que sans réelle portée, mais dont la juxtaposition bien analysée donne une vision panoramique. En période de crise, le moment du départ en opérations d'un navire de guerre est une information hautement secrète : pourtant, l'emmagasinage précipité des vivres livrés le 11 avril indique que l'appareillage aura lieu ce même jour ou le lendemain. Si en plus vous découvriez que les vêtements envoyés au nettoyage par le commandant ont été exigés en retour pour le 11 et pas plus tard, vous seriez fixé pour de bon. Vous pouvez commencer à glaner des renseignements sur chacun des représentants de l'employeur, en variant les sources : sa secrétaire, son assistante, celle de son patron, etc. Les informateurs possibles sont innombrables, et votre curiosité sera toujours anodine. Vous atteindrez un niveau où vous saurez sur la personne que vous rencontrez des choses qui ne sont pas forcément publiées dans les gazettes. Elles n'ont sans doute rien de répréhensible mais elles donnent de la force à celui qui sait. Et tous les cas de figure peuvent devenir possibles : vous savez, puis il sait que vous savez, puis vous savez qu'il sait que vous savez, et il a conscience de ce que vous savez qu'il sait que vous savez. Chaque cas présente une altération du rapport de force et une incidence sur la manière dont sera conduite la discussion par la suite.

Vous pouvez ainsi découvrir que celui qui se montre si rigoriste, toujours fidèle à son rôle, est aussi sur le départ, ou vit un difficile désaccord avec votre employeur commun, ou, tout au contraire, se trouve proposé pour une promotion qui le fera sous peu disparaître de votre champ de manœuvre pour y être remplacé par un autre, dont vous apprenez aussi les caractéristiques. Imaginez la déconvenue du partant promis à la glorieuse promotion si une crise à votre propos démontrait soudain son incompétence ou son insensibilité… La réciproque peut aussi être vraie, et des confidences peuvent circuler à votre sujet. C'est le moment pour vous d'être le plus discret et le plus prudent possible.

Un plan de sauvegarde de l'emploi est en discussion dans la filiale française de la société Pickles Bros International (PBI), leader européen des condiments de table. Cadre canadien parfaitement francophone et responsable du marketing, Ivan-Patrick Daley rêve de négocier un départ à l'amiable, en profitant de ce que sa démission va alléger la structure et éviter un autre licenciement économique. Il n'a pas encore approché sa direction dans ce sens, mais en a entretenu tellement de collègues que la rumeur en est largement remontée à son insu dans sa chaîne hiérarchique.

Par un hasard nullement prémédité, le DRH de PBI rencontre à une soirée mondaine un chasseur de têtes de ses amis qui lui demande : « Que penses-tu du dénommé Daley, qui travaille chez toi ? » Tilt ! À la faveur de la confiante amitié et des coupes déjà ingurgitées, cet excellent DRH fait son travail de renseignement. Il dit du bien d'Ivan-Patrick et ajoute : « Je ne pense pas trahir un grand secret en disant qu'il a claironné son intention de nous quitter. Il t'a sans doute contacté ; tu lui as trouvé quelque chose de bien ? Je te dirai si je le crois adapté à ce nouveau job, si tu veux. »

Le consultant en recherche de dirigeants flaire une chance de pouvoir ajouter quelques originalités inédites au dossier qu'il présentera à son client. Trop heureux de l'aubaine, il s'empresse de confier au DRH de PBI, à voix basse : « Oui, il est en tête de liste pour le poste de directeur commercial chez… qui veut se lancer dans… » C'est suffisant, Ivan-Patrick va maintenant quitter PBI les poches vides, quels que soient les arguments qu'il pourra avancer et les suppliques qu'il pourra inventer. Il ne connaîtra jamais les raisons de l'intransigeance réservée à ses demandes. Il s'entendra dire : « Si tu veux nous quitter, tu nous quittes. Je le regretterai, car nous n'avons aucune envie de te voir partir, mais je ne vais pas en plus t'inciter à partir en te donnant des sous ! » Un peu de discrétion tout au long du chemin aurait pu faire une grosse différence.

Nous venons de traiter de votre chef direct et du DRH, vos deux interlocuteurs privilégiés. Vous ne pourrez jamais les éviter. Ils sont postés sur votre route. À l'inverse, les personnes suivantes ne rentreront en course que selon votre décision.

Chapitre 4

Les quatorze acteurs facultatifs, accessoires ou périphériques

Les acteurs dont vous seul déciderez s'ils prendront part ou non à l'action sont les suivants :

- le patron suprême, le PDG, le gérant, le haut fonctionnaire ou l'homme politique en charge ;
- l'enquêteur/médiateur dans les procédures de « porte ouverte » ;
- les proches, le conjoint, les parents ;
- les amis dans l'entreprise, les camarades de travail ;
- un représentant du personnel :
  - un délégué du personnel ;
  - un représentant au comité d'entreprise ou d'établissement ;
  - un membre du comité d'hygiène, de sécurité et des conditions de travail (CHSCT) ;
  - un délégué syndical ;

- le « conseiller du salarié » ;
- l'assistant(e) de service social ;
- Le médecin du travail ;
- l'inspecteur du travail ;
- la presse ;
- l'internet ;
- l'avocat de l'employé ;
- l'avocat de l'employeur ;
- le conseil des prud'hommes ;
- les tribunaux d'appel.

Nous traitons dans ce chapitre des personnes qui ne sont pas des professionnels du droit, c'est-à-dire les quatorze premières dans la liste ci-dessus, réservant pour le chapitre suivant les avocats et tous les magistrats.

Le patron suprême

Certaines entreprises ont institutionnalisé un dispositif d'appel à l'autorité suprême pour l'employé qui se sent victime d'une injustice. Les vocables sont nombreux pour désigner ce système fondé sur des intentions excellentes. Du temps de la royauté en France, ces requêtes s'appelaient des « placets ». Le roi Louis IX, plus connu sous le nom de saint Louis, affectionnait cette proximité. Il s'asseyait sous son chêne au bois de Vincennes, puis demandait à ses sujets : « Y a-t-il quelqu'un qui est ici partie ? » Ce qui signifiait : « Se trouve-t-il parmi vous une personne qui ait une cause méritant à ses yeux d'être défendue ? » De nos jours, il s'agit souvent de la « politique de porte ouverte ». Elle vous permet, par un courrier ou par toute autre forme de contact, de saisir le plus haut gradé dans la hiérarchie, ou un échelon intermédiaire éloigné de vos événements, pour lui demander de statuer sur un conflit entre vous et l'entreprise. Quelle que soit la taille de la structure, dès que votre chef direct n'est pas le patron suprême, vous pouvez faire appel à cette autorité, même si personne ne l'a encore essayé et que c'est une improvisation totalement inconnue à ce jour.

En effet, s'il n'existe pas d'organisation à cet égard dans votre environnement professionnel, rien ne vous interdit d'écrire à qui bon vous semble pour réclamer que justice vous soit rendue, en désaveu des positions déjà communiquées par les échelons les plus proches de vous. Faute de législation interne affichée, vous ne savez pas très bien quelle suite sera donnée, mais il devrait en être donné une. Si tel n'était pas le cas, cette absence de réaction serait encore bonne pour vous, car des juges ou observateurs extérieurs y liraient plus tard une désinvolture, éloquente et démonstrative à votre propos, sinon répréhensible. Si vous ne voyiez pas d'autre issue, vous auriez bien tort de ne pas tenter celle-là, d'autant plus qu'elle donne des résultats satisfaisants dans nombre de cas.

Si vous commencez par un écrit, appliquez-vous à sa rédaction. Partez de l'idée que le destinataire n'aura pas grand temps à consacrer à sa lecture. Évitez de vous épancher et de soulager votre amour-propre par un long texte plus approprié à la cure autopsychanalytique qu'à la demande d'action concrète. Si vous dépassez une page recto, vous avez déjà tort : c'est trop long et vous amoindrissez votre position et vos chances de convaincre. Voici un modèle, non destiné à être copié, mais à servir d'inspiration.

Monsieur le Président,

Après *x* années passées avec bonheur à servir les ambitions que nous partageons tous sous votre conduite, je me trouve confronté à un différend (ou un conflit, un litige, une critique...) qu'il m'est impossible d'accepter. J'y découvre, de la part de ma hiérarchie immédiate, un manque de considération et un parti pris diamétralement opposés à toutes les valeurs dont vous souhaitez voir vos collaborateurs imprégnés, et qui m'ont toujours semblé rendre votre affaire différente des autres.

Il m'est reproché de... (deux lignes au maximum pour dire ce dont il s'agit). Et je suis menacé de... (la sanction s'il en a été annoncé une).

Je vous demande respectueusement de consacrer un peu de votre attention à cette situation injuste, tant je suis persuadé que vous y ferez remettre bon ordre dès que vous aurez eu connaissance des faits exacts.

Je me tiens à votre disposition, ou à celle de la personne que vous voudrez bien désigner, pour vous éclairer sur la réalité de ces pénibles circonstances.

Croyez, Monsieur le Président, à l'expression de mon total et fidèle dévouement.

Aucun détail justificatif n'est donné ; l'aide est demandée, le lecteur comprend pourquoi, et sur quoi. Cet autre exemple pour montrer ce qu'il faut absolument éviter :

Monsieur,

Mon chef, Ludovic Cornegidouille, me reproche de... Franchement, de sa part c'est plus que grotesque : il n'est jamais lui-même capable de... et je ne l'ai jamais entendu me donner le moindre conseil dans ce domaine. Et pour cause !

Vous pouvez demander à tous mes collègues dans le département, ils vous diront tous la même chose. C'est une indignité.

Ce matin même, ce petit monsieur a osé me dire que... alors que ce n'était pas vrai. Depuis deux mois, il ne cesse de me harceler de critiques toutes plus injustifiées les unes que les autres. Tous vos employés savent en outre qu'il a une liaison avec mademoiselle Colette... qui bénéficie de ses faveurs professionnelles les plus invraisemblables.

Et si tout cela avait un fondement, sachez bien que l'ensemble du service mériterait les mêmes critiques et les mêmes sanctions que moi. C'est un Boeing 747 qu'il faudrait affréter en charter pour embarquer tous ceux qui devraient partir avec moi.

Cela n'est pas tolérable, et je vous demande d'y mettre bon ordre, en personne et au plus vite, avant que la situation ne dégénère et que je ne me livre à d'autres actions qui seraient forcément fâcheuses pour votre société.

Croyez, Monsieur, à l'expression de mes sentiments distingués.

Cette seconde rédaction est mauvaise à tous égards. Elle est trop anecdotique, abuse des détails (et certainement pas les bons), contient des reproches personnels sans rapport avec le problème, ne fait que calomnier sans apporter de preuves, démontre une rédaction dans la fièvre de l'incident (qui pourrait bien être oublié demain), n'indique en rien la gravité de la situation et des sanctions éventuellement envisagées, utilise un ton de diktat ne montrant pas les égards qu'un dirigeant peut attendre et, pire que tout, agite des chantages dont l'expression orale serait déjà une maladresse flagrante et dont la formulation écrite est une erreur magistrale.

Dans une ligne hiérarchique parfois longue, le choix du destinataire est important : paradoxalement, il faut en sélectionner un dont l'emploi du temps et la position interdiront la disponibilité nécessaire à une enquête conduite en personne. Car ce type d'appel ne peut décemment se terminer ni par un soutien indéfectible à votre ligne de management, ni par son abject désaveu en votre faveur sans que les deux parties aient eu l'occasion de dévoiler complètement leurs positions en vue de l'arbitrage demandé. Le dirigeant interpellé dans ces conditions ne peut alors que désigner un enquêteur qui aura pour mission d'écouter les points de vue et de tenter une médiation.

L'enquêteur/médiateur dans les procédures de « porte ouverte »

Dans le meilleur des cas, et le plus probable, cette personne sera un vieux serviteur fidèle, proche de la retraite, parfois déjà gentiment « placardisé », et qui aura la disponibilité et le recul pour vous entendre et préparer au profit de votre destinataire une recommandation éclairée, après avoir étudié tous les points de vue.

C'est donc sans doute cet intervenant extérieur à votre situation que vous verrez. Il a la confiance du destinataire de votre lettre et appartient forcément à la hiérarchie, ce qui n'en fait pas forcément un ennemi. Il est en effet écartelé entre deux tentations qu'il combat à égalité : d'un côté éviter, en vous donnant raison, de discréditer le collègue *manager* qui semble vous vouloir du mal, et avec lui toute la hiérarchie ; de l'autre côté, éviter de discréditer l'appel à la justice ultime en soutenant les yeux bandés votre chef à votre détriment. Faites donc le pari que l'homme sera équilibré et équitable dans sa recommandation, et parlez-lui en confiance. Vous ne pouvez qu'être servi par le courant de sympathie qu'engendre votre comportement ouvert, objectif et mesuré, et par votre dossier documenté et étayé.

Sachez toutefois que cette approche pourrait laisser des traces : les chefs n'aiment pas avoir tort, encore moins se l'entendre dire par les autorités. La famille unie de vos supérieurs hiérarchiques tient à son intégrité, dans tous les sens du terme. Elle veut paraître intègre et n'aime pas se désintégrer à cause d'un trublion extérieur. Si vous avez raison et que l'enquêteur vous donne raison, ce sera une démonstration d'intégrité ; il sera dit officiellement que vous avez bien fait de ne pas accepter une injustice et de fournir l'occasion de démontrer publiquement que l'injustice est insupportable ici. Mais il se pourrait que l'un ou l'autre vous en veuille d'avoir démontré que la hiérarchie n'était pas irréprochable. Il n'est pas impossible qu'ici se trouve un danger dont les manifestations et les conséquences seront différées.

Il se trouve toujours un salarié qui, après avoir mis en œuvre ce système, s'imagine par la suite victime de ses *tsunamis* post-traumatiques : « on » lui en voudrait d'un procédé qui n'a fait que lui rendre justice, et toute la puissante structure se liguerait pour le persécuter et le conduire à sa ruine. Ce genre de victime supposée rentre alors couramment dans un exercice en spirale descendante où les conflits engendrent les conflits, chacun avec sa porte ouverte et souvent ses succès – mais en étant relégué à la marge de l'activité commune. Personne ne veut plus dans son service de ces maniaques récidivistes ; ce sont des empêcheurs de tourner en rond, et ce jusqu'à la retraite ou jusqu'à une erreur fatale qui ne bénéficiera alors d'aucune indulgence et permettra de se débarrasser d'eux pour de bon. Méfiance. N'utiliser la porte ouverte qu'avec circonspection, mais aussi avec la certitude de son bon droit. Il ne suffit pas d'être certain de la solidité de ses arguments : certains, fallacieux mais indestructibles, seraient vite décryptés comme tels.

Les proches, le conjoint, les parents

Sauf situation exceptionnelle, aucun d'eux n'a de compétence pour vous aider. Il ne faut pourtant pas les écarter. Dans l'épreuve que vous vivez, vous en arriverez à un point où l'exaspération vous transformera, quel que soit le sujet. Quoique conjoncturelle, votre irritabilité maladive n'arrangera rien autour de vous, en particulier avec vos proches. Suivez notre conseil : traitez-les avec considération, en évitant de les taxer d'« indifférence » quand ils ne posent pas de questions et d'« inquisition » quand ils en posent. Ils comprennent forcément que ce que vous traversez est stressant, et ne demandent en général qu'à en partager le fardeau.

Or ils peuvent apporter une contribution originale et inventive. Il convient pour cela de leur en raconter suffisamment pour que leurs questions soient bien calibrées : elles vous forceront à rendre vos explications plus claires et vous pousseront dans des analyses que vous n'auriez pas entreprises sans leur curiosité. Ce sera hautement salutaire, et vous pourriez être surpris par la créativité de leurs interrogations : ce sont des ingénus capables d'aborder votre problématique par un angle inattendu. S'ils ne faisaient que vous soutenir viscéralement, ce serait sans intérêt, mais leur bon sens, leur distance par rapport à l'événement peuvent en faire des guides efficaces. Ils se tromperont souvent, faute d'une information assez complète, mais même s'ils ne vous donnaient qu'une seule idée, vous seriez déjà largement récompensé de la confiance que vous leur auriez montrée. Et eux y auraient trouvé autant de plaisir que de fierté. Ne vous en privez pas, ne les en privez pas.

Les amis dans l'entreprise, les camarades de travail

Ce sont vos alliés, à moins que des ennemis personnels s'y dissimulent, mais vous devriez déjà savoir sous quels manteaux ils se cachent, en couleur de muraille. Tous les autres seront prêts à vous écouter et vous aider. Pour eux, *a priori*, vous êtes une victime qui mérite d'être secourue. D'ailleurs, votre sort peu enviable pourrait tout aussi bien devenir le leur demain. Cependant, pour commencer, méfiez-vous d'eux et des opinions qu'ils vous transmettent en réponse à vos exposés et à vos SOS. Trois raisons à cela.

Tout d'abord, le récit que vous leur ferez des faits qui vous indisposent sera toujours biaisé : vous rechercherez leur adhésion, leur soutien, et opérerez instinctivement dans la relation des événements une sélection mettant en valeur ce qui valide votre position. Vous oublierez sans effort vos manquements, ou bien les décrirez en empilant immanquablement les circonstances atténuantes. Votre narration sera orientée, et les consolations que vous recevrez en réponse vous réjouiront. Elles seront certes revigorantes mais pourraient vous inciter à des actions mal fondées, sur la base d'une représentation tronquée de la réalité.

Deuxième motif de scepticisme : naturellement, vous allez entretenir de vos problèmes ceux qui vous sont les plus proches, dont vous estimez la discrétion absolue et le jugement fiable. Or vous le croyez fiable depuis longtemps pour la raison qu'il est le plus souvent conforme au vôtre. Ne vous attendez donc pas, de la part de vos copains immédiats, à une grande originalité de pensée par rapport à la vôtre. Vous vous associez à ceux qui vous ressemblent, et ils vont réagir comme vous. Ajoutons qu'en vous réconfortant, ils risquent de vous faire persévérer sur *votre* mauvaise route, si vous l'avez déjà prise. En tout cas, il est peu probable qu'ils vous en dissuadent ou vous en détournent.

Enfin, troisième considération : ce sont des amis que vous avez toujours entourés de votre tendresse, et inversement. Ils vous aiment comme vous les aimez. Vous n'éprouveriez aucun plaisir à leur faire de la peine, et la réciproque est vraie. Bien rares parmi eux sont ceux qui auront à la fois le recul, la volonté sincère de vous être utile, la clairvoyance et l'honnêteté de décortiquer votre problème au milieu de toutes vos complaintes, puis de vous dire « À mon avis, tu te goures complètement, et tu vas droit dans le mur ». Plus nombreux seront ceux qui vous confirmeront dans votre détermination, sans calcul, simplement pour communier, pour vous être agréable. Ces derniers n'auront pas servi à grand-chose pour vous ouvrir les yeux.

Les valables dans cette troupe sont ceux qui se disent d'un avis différent du vôtre : écoutez-les, faites-les parler, argumentez : s'ils ne fléchissent pas, sachez que ce sont les plus précieux. Entendez leurs points de vue, car ils vous feront progresser dans votre compréhension de la crise. Ils connaissent l'entreprise qui vous emploie, ses dirigeants, ses politiques, son DRH, parfois aussi votre image et vos contributions, et ils sont bien placés pour avoir une opinion documentée : elle n'a de valeur que si elle remet en question la vôtre.

Parmi tous les candidats possibles, n'oubliez pas d'approcher les collègues qui proviennent de l'immigration directe. Avant de quitter leur terre natale, il leur a fallu choisir un pays d'accueil : vous ne le feriez pas sans collecter quelques renseignements, eux non plus. Ils ont souvent pris la peine de se faire expliquer la situation et les conditions de l'emploi, le droit du travail, les règlements. Une fois arrivés, il leur a fallu vérifier et assimiler ce que nous croyons inné, génétique. Ces collègues venus d'ailleurs sont souvent mieux informés des ficelles, des astuces et des artifices que vous, et ils vous accueilleront certainement de manière positive. N'hésitez pas à bénéficier de leur expérience. Les Hexagonaux de naissance n'ont pas eu autant l'occasion de consentir les mêmes efforts, la question du choix ne s'étant jamais posée pour eux.

Nous l'avons indiqué plus haut : dans nombre de rencontres officielles, vous pouvez venir accompagné d'une personne destinée à vous assister, à condition qu'elle fasse partie de l'entreprise comme vous[1]. Le choix est immense, et vous pouvez aussi retenir un collègue de travail ne disposant d'aucun mandat de représentation du personnel (syndicat, délégué du personnel, comité d'entreprise ou d'établissement, CHSCT). Lequel s'adjoindre ?

Il faut approcher ceux qui peuvent être utiles. Utiles à quoi ? Certainement pas à plaider votre cause grâce à une personnalité mieux trempée que la vôtre, une expression plus fluide ou un magnétisme plus rayonnant (vous n'en

1. S'il n'y a pas de représentation organisée du personnel dans votre entreprise, vous avez la liberté de choisir une personne extérieure à l'entreprise, sur une liste établie par le préfet de votre département (voir plus bas).

êtes pas encore là, et sauriez très bien le faire tout seul), mais à comprendre ce qui se passe et se dit. C'est que dans cette épopée, vous n'êtes en général qu'un débutant inexpérimenté, parfois en face de représentants de l'entreprise qui sont des coriaces ayant vu tous les coups. Ils vont vous dévoiler des griefs auxquels vous ne vous attendiez pas, parfois dans des termes que vous trouverez insultants et sur des sujets que vous trouverez injustes, si ce n'est déshonorants. Les choses vont aller vite. L'émotion peut vous submerger. Dans ce petit cyclone bien mieux préparé par eux que par vous, il est probable que circuleront des projectiles qui pourront vous échapper, et c'est là que l'observateur ami vous sera utile : l'enjeu n'étant pas le même pour lui, ses oreilles seront toujours plus neutres et plus objectives, donc plus disponibles et plus attentives.

Mieux vaut ici un taciturne qui sera surtout silencieux et n'argumentera jamais, mais observera tout, prendra des notes et vous révélera à la sortie des paragraphes ou des remarques que vous n'aviez pas perçues. Un vieux malin auquel la proximité de la retraite confère toute la sérénité et toute l'expérience est bien préférable à un jeune agité, inexpérimenté et interventionniste, qui mobiliserait la parole à votre place, interromprait et créerait la confusion. L'amitié est inutile, de même que de vous faire assister de votre tendre conjoint : retrouvez-le à la sortie, il vous aidera à reprendre vos esprits. Écartez aussi tous ceux qui ont déjà eu maille à partir avec le même chef ou la même structure : vous n'avez pas besoin d'un pugilat ni d'un lutteur profitant de votre situation pour solder un compte personnel. Il vous faut de l'objectivité et de la lucidité.

Évitez aussi les sujets brillants, ceux que la rumeur et les qualités semblent promettre à des avancements fulgurants.

Ils sont sans doute énergiques et bien perçus, mais ils pourraient céder à la tentation de démontrer un peu plus leur hauteur de vue et leurs capacités de conviction en essayant d'arranger la situation et en vous conduisant à vous compromettre plus que nécessaire ou plus que vous ne l'auriez souhaité. Comme vous n'aurez jamais de certitude sur ce point, le doute vous taraudera toujours.

Votre collègue est là pour vous assister, non pour vous remplacer. Il peut à la rigueur poser des questions pour obtenir des précisions, mais ne le laissez pas conduire la conversation à votre place. Votre réplique aux accusations entendues ou reçues par écrit trouvera toute sa puissance dans votre réponse écrite : pour la préparer, ce collègue sera irremplaçable car il aura tout observé et ressenti mieux que vous, et c'est pourquoi son aide peut être fort nécessaire. Si la personne qui vous reçoit n'est pas seule, vous devez impérativement être flanqué au minimum d'un collègue de travail, quel qu'il soit : sinon la position convergente des deux responsables que vous auriez rencontrés serait plus puissante et plus convaincante que la vôtre quand le contenu de cette réunion serait discuté par la suite. Or vous ne voulez pas vous trouver dans cette situation de faiblesse. Votre témoignage isolé n'aurait pas grande valeur, selon le principe éternel « *Testis unus, testis nullus* » (témoin unique, témoin nul : il en faut au moins deux pour établir une vérité). Vous pourriez être surpris par le compte rendu que vos deux adversaires feraient conjointement et qui divergerait largement de vos souvenirs, qui sont inévitablement parcellaires (l'émotion aura opéré parmi eux une sélection naturelle), ou parce que les deux responsables auront un tant soit peu aménagé les leurs. La parole de deux personnes qui s'accordent est toujours plus crédible que celle d'une seule.

Si vous n'avez pas prévu ce type d'escorte, c'est que vous n'aurez pas été averti de la présence de deux représentants de l'employeur en face de vous. Dans un tel cas, n'acceptez pas de commencer la réunion. Demandez un délai pour aller chercher un collègue ; il serait bien étrange que cette faveur vous soit refusée. Par précaution, vous aurez prévenu à l'avance la personne de votre choix et lui aurez demandé de se trouver disponible « pour le cas où », ou de venir d'emblée à deux sans vous poser davantage de questions.

Les quatre sortes de représentants du personnel

Il peut exister quatre familles de représentants du personnel chez votre employeur, (ou moins ou aucune, selon l'importance de l'effectif) :

- les délégués du personnel ;
- les représentants au comité d'entreprise ou au comité d'établissement ;
- les délégués syndicaux ;
- les représentants au comité d'hygiène, de sécurité et des conditions de travail (CHSCT).

Avant de passer en revue leurs différences, voyons ce qu'ils ont en commun.

Chacun d'entre eux est très certainement pour vous un allié : vous vous en rendrez compte dès le premier contact. Vous pouvez tout d'abord consulter le représentant sur le problème qui vous agite, quel que soit le niveau de conflit atteint avec votre employeur ou avec votre chef. Celui que vous rencontrerez ainsi sera le plus souvent une personne de bon conseil, pour plusieurs raisons.

Il rencontre régulièrement les membres de la direction lors de réunions programmées, et souvent en personne le DRH, dont la porte lui est ouverte en permanence. Ainsi, il connaît bien plus intimement que vous les interlocuteurs suprêmes avec lesquels votre sort est sans doute discuté, et il est capable de placer les propos ou écrits que vous rapporterez dans un contexte qui vous échappe, avec l'éclairage, les tempéraments et les particularismes que vous ne pouvez pas avoir perçus autant que lui.

Ensuite, il a probablement déjà eu à traiter des problèmes similaires. Il a donc des termes de comparaison nombreux et variés, et il est capable de placer les incidents que vous retracerez sur une échelle qui permettra l'élaboration de pronostics et d'évaluations. L'éclairage d'autres cas, dont vous ne savez rien, illuminera dès lors votre situation personnelle. Si ce représentant est doué et organisé, il vous forcera aussi à en structurer la présentation pour la rendre bien compréhensible : comme toujours, ce seul effort de formulation et de clarification vous sera déjà d'un grand secours, et vous commencerez à y voir plus clair. Il vous montrera sans doute que vous attachez une importance excessive à des considérations parfaitement triviales, dépourvues de portée, alors qu'un propos que vous aviez à peine retenu révélait et indiquait clairement ce qui allait se produire par la suite.

Ce représentant vous posera des questions que vous n'aviez pas envisagées, et la recherche des réponses vous fera aussi progresser, que ce soit sur-le-champ ou en différé. Dans l'élaboration de votre stratégie, de ce qu'il convient de faire, de dire et d'écrire, il ne peut être qu'un bon inspirateur. Nous avons vu que préalablement à l'annonce d'une décision de licenciement, toute trace écrite pouvait hypothéquer la diversité des options tactiques possibles dans la défense ultérieure, une fois la sanction prononcée. Le dilemme est pour vous : écrire pour être précis, factuel et démonstratif, mais en consommant à l'avance des degrés de liberté, ou se contenter de parler pour ne pas se trouver bloqué plus tard par des écrits auxquels plus rien ne peut être changé, mais en acceptant la faiblesse et l'imprécision du verbe et des messages exprimés oralement. Le représentant du personnel apporte la plus souple des solutions : il est en effet riche de son mandat officiel et peut consigner tout ce que vous avez envie de voir précisé ; pourtant rien de ce qu'il aura écrit à votre sujet ne vous engagera personnellement. Il dira « Je pense que Thalie se satisferait d'une indemnité compensatoire des préjudices qu'elle a subis. Je pense que vous pourriez vous entendre sur un chiffre équivalant à neuf fois son salaire mensuel brut », ou « Je pense que la mutation immédiate de Thalie à Marseille résoudrait toutes les difficultés pour lesquelles elle a souhaité mon assistance ». Rien au monde ne pourra empêcher Thalie, si les choses évoluaient tout autrement que ce qui était escompté, de prendre ou de faire prendre au même représentant, ou à un autre, une attitude différente. Elle n'aura même pas à dire que le représentant avait mal compris ; ses propos ont une valeur indicative, ils constituent une « stipulation pour autrui » qui ne crée aucune obligation. Les destinataires cauteleux auraient demandé une confirmation écrite de Thalie avant de s'engager dans leur proposition. Mais la plupart n'auront pas trouvé bon de le faire, et Thalie aura conservé par le truchement du représentant la totale liberté de toutes ses options, en même temps qu'elle aura trouvé un ambassadeur fiable et exact…

Comment choisir le représentant du personnel qui pourrait vous assister ?

Pour vous conduire dans le choix de la personne à laquelle vous allez vous en remettre, deux maîtres mots : prudence et analyse.

Comme en d'autres circonstances, les hommes et les femmes que vous rencontrerez dans cette fonction, au sein de votre univers, sont inégaux en talent, en compétence, en énergie et en disponibilité. Et une fois que vous serez en relation avec l'un d'eux concernant votre affaire, il vous sera difficile d'en changer : c'est toujours possible, mais l'investissement en explications à reprendre vous en dissuadera. En outre, la disparité des opinions entre la nouvelle personne et l'ancienne parviendrait uniquement à vous faire vaciller dans un flottement stérile. En prime, dans leur milieu, vous auriez alors l'image suspecte d'un personnage instable et volage.

Certains de ces représentants sont élus par le personnel, donc par vous, lors d'un scrutin secret – mais rien ne vous oblige à retenir à présent l'un de ceux pour lesquels vous avez voté[1] –, d'autres ne doivent rien à votre bulletin dans l'urne. Il faut opérer un choix parmi tous ces collègues.

---

1. En revanche, votre participation au vote aura été mentionnée sur une liste – sinon comment faire pour être certain que personne ne votera plusieurs fois ? Raison de plus pour faire montre de votre civisme et participer au scrutin soutenant ces institutions très importantes pour la vie de l'entreprise. Si vous croyez en avoir les talents, n'hésitez pas à vous présenter à l'élection et à vous y consacrer durant un mandat au moins : vous n'y trouverez que des avantages. C'est aussi un moyen de se faire remarquer pour sa rectitude, l'ampleur de sa vision, sa rigueur, sa générosité, son esprit d'équipe, sa familiarité avec la culture de l'entreprise, voire son adhésion, tant il est vrai que l'on peut réclamer ce qui est dû sans se désolidariser d'avec son employeur.

Mieux vaut opter pour une personne dont la fonction soit proche de la vôtre, ou même immergée dans les mêmes services surtout si les reproches que vous encourez ont un rapport avec les métiers qui y sont exercés : les fondeurs avec les fondeurs, les infirmiers avec les infirmiers, et les vendangeurs avec les vendangeurs. Cela est vraiment important si votre hiérarchie estime votre performance insuffisante, mais l'intérêt est moindre si l'on vous reproche de garer systématiquement votre mobylette à la place réservée au somptueux véhicule du directeur de votre usine.

Il vous faut aussi acquérir une conviction quant aux motivations profondes de celui qui pourrait devenir votre conseiller et votre guide. Certains se trouvent dans ce rôle par pur altruisme, et parce qu'en démocrates convaincus ils savent qu'ils peuvent faire avancer les choses en représentant leurs camarades de travail ; souvent, ils auront consulté leur patron et recueilli son approbation avant de se porter candidats à cette responsabilité dont ils mesurent l'importance. Ils y auront été encouragés : pour un dirigeant progressiste et visionnaire, les représentants de qualité sont une bénédiction, et leur qualité ne se mesure aucunement à une attitude de « béni-oui-oui ». D'autres, qui s'intéressent à la vie de l'entreprise, veulent mieux la comprendre et mieux la découvrir tout en se rendant utiles.

Quelques-uns aussi peuvent être grisés par ce rôle qui permet de discuter d'égal à égal, sans risque aucun, avec le patron de l'entreprise : on est redouté et l'on devient l'objet d'attentions délectables, ou du moins connaît-on une intimité flatteuse avec lui. Ce haut personnage devant lequel tout le monde tremble, transpire à son tour devant le plus humble de ses collaborateurs, car celui-ci peut déclencher une tempête dévastatrice, afficher à peu près ce qu'il veut sur des panneaux réservés à cet effet (avec la claire exclusion d'opinions politiques), imprimer ce qui lui passe par la tête (sauf écrits diffamatoires et informations confidentielles de l'entreprise), voire poser des questions remettant en cause la capacité du dirigeant. À cette satisfaction qui peut être intoxicante, certains trouvent un plaisir qui a peu à voir avec l'essence de la mission. Qui, dans une entreprise, peut se permettre de dire à un PDG expliquant la stratégie qu'il veut impulser : « Si vous êtes un si grand stratège, expliquez-nous donc pourquoi notre chiffre d'affaires stagne depuis deux ans. Ne serait-ce pas que vous n'avez pas les compétences voulues pour amener nos efforts à faire réussir votre si excellente stratégie ? »

D'autres enfin, se sentant un peu frêles dans leur positionnement professionnel, sont séduits par l'utilité de la mission, mais aussi par la protection qui rend leur éventuel licenciement particulièrement ardu (opinion politiquement très incorrecte – voir un développement à ce sujet au premier chapitre).

Ainsi, vous rencontrerez dans ces fonctions des personnes de grande valeur, animées d'un sincère désir de servir les autres. Mais vous pourriez aussi en découvrir qui y ont cherché un refuge, une protection, avec une motivation profonde moins nette, pas toujours proclamée ni même ressentie, voire même alourdie des comptes à régler avec un employeur qu'elles perçoivent comme despotique. Cela étant admis, si vous cherchez au sein de ce groupe le soutien qui vous assistera dans vos contacts, évitez les amateurs de protection ou présumés tels : leur jugement est moins serein, ils jouissent de leur intouchabilité, et cela peut dévier leur comportement.

Générosité au service des autres et donc de votre cause, installation dans une forteresse inviolable depuis laquelle votre défense n'aura pas de limite, exaltation d'un pouvoir sans bornes claires où l'enthousiasme pour votre soutien ne connaîtra aucune frontière : où est le bon partenaire pour vous ? Mieux vaut approcher l'un ou l'autre qui jouit d'une réputation professionnelle irréprochable et exerce correctement son métier en même temps que son rôle de représentant. Privilégiez donc le sérieux, le renom, l'ancienneté, la connaissance du droit, de l'entreprise et des métiers qui y sont pratiqués, le sens de la mesure, ainsi que l'harmonie des rapports entre cette personne et la direction.

Cela dit, tout représentant peut contribuer efficacement à votre défense. Il y sera d'autant meilleur que la protection dont il profite est « exorbitante du droit commun » comme nous l'avons vu plus haut. Aucun ne craint la direction, qu'il peut affronter en votre nom avec toute l'énergie nécessaire. Nombre d'initiatives qui, pour vous, déboucheraient sur des sanctions, ne peuvent être reprochées aux représentants : c'est le prix à payer pour que le personnel soit représenté avec assez de vigueur, en espérant que les difficultés seront ainsi traitées de bonne heure et proprement. Sinon, les employés les croiraient vite refoulées par les pressions d'un patronat délibérément autiste, jusqu'à ce que la macération desdites difficultés dans l'injustice ou la frustration débouche inexorablement sur des mouvements ravageurs. C'est donc une excellente institution ; ses participants peuvent dire ce qu'ils veulent, en particulier à votre sujet.

Ayez aussi à l'esprit que celui qui jouit ici d'une bonne ancienneté a traité une honorable quantité de cas du même type que le vôtre. Vous avez donc des prédécesseurs, dont la plupart auront davantage cherché à persuader votre représentant de la justesse de leur position qu'entrepris de recevoir de lui un point de vue d'autant plus intéressant qu'il aura été éclairé par une représentation plus objective de la réalité vécue par les parties en présence. Or, comment être objectif quand la stabilité de son emploi est en jeu ? Somme toute, il aura vu bien souvent des doléances qui avaient toutes les apparences de fondations parfaitement solides, mais qu'il n'aura pas réussi à faire prévaloir parce que la hiérarchie avait une opinion opposée, et des moyens plus ou moins immaculés de faire triompher son point de vue. S'il a ainsi vécu des échecs dans ses interventions, il n'aura pu les traverser qu'avec un sentiment de déception qui le rangera encore davantage de votre côté, par son expérience et sa fonction. Plus il aura assisté de vos collègues, plus il aura perdu de ces batailles, plus il s'engagera sous votre étendard.

Ce représentant pourrait être victime de ce que l'on appelait autrefois le « syndrome du dentiste ». À l'époque, ces praticiens intervenaient sans anesthésie et sans calmant, au milieu des braillements motivés de patients dont ils faisaient le bonheur durable dans la souffrance immédiate et intense. Les dentistes d'alors en venaient à conclure que tout le monde souffrait, puisqu'ils ne voyaient dans leur fauteuil que des individus en souffrance, et que ces souffrances étaient injustes, même si elles étaient justifiées. Pareillement, à force de voir des cas tordus, votre représentant pourrait se persuader que le vôtre n'en est qu'un de plus, face à une hiérarchie aveugle, manipulatrice et organisée ; et vous donner automatiquement raison sans chercher à analyser la situation plus avant. La personne qui adopterait ainsi votre position sans même vous pousser dans vos retranchements, sans vous questionner ni chercher à clarifier les choses au-delà de vos déclarations liminaires, n'est pas celle qu'il vous faut : elle vous regonflera en criant avec vous à l'injustice, mais ne vous fera pas avancer et sera incapable de vous représenter d'une manière argumentée et convaincante. Un représentant trop récent, c'est l'inexpérience ; trop ancien, c'est l'enracinement, et pas toujours avec le discernement que vous attendriez : peut-être pense-t-il avoir vu trop de manigances qu'il n'a pas aimées. Autre interrogation pour vous…

Règle d'hygiène élémentaire

Si vous souhaitez le soutien de quelqu'un, il faut lui dire tout de suite *toute* la vérité. Ne vous limitez pas aux éléments qui vous attireront sa sympathie et amèneront son adhésion à votre point de vue : la vérité éclatera toujours, et ce que vous auriez dissimulé mettrait fin à l'assistance que vous espériez. Il serait alors trop tard pour aller chercher d'autres secours. Il faut tout confesser sans déformer ni arranger ni travestir. Si vous esquiviez du pourri, si vous maquilliez la vérité, le patron le dévoilerait à votre défenseur, lequel se retirerait sur la pointe des pieds, confus et courroucé. Vous auriez tout perdu. Franchise intégrale et sans fard, tout de suite !

Nous avons vu le cas de mademoiselle Gauner, employée d'une marque de matériel pour le BTP qui se faisait rétrocéder des commissions par les agents de sa marque auxquels elle adressait des prospects. Elle s'insurge contre le licenciement prononcé à son encontre, clamant partout que le manquement est minime et n'a strictement rien coûté à l'employeur, que la pratique frauduleuse est universellement répandue parmi ses collègues, et que tout le monde devrait être licencié en même temps (ce qui, naturellement, ruinerait instantanément l'entreprise). Cette indication ne fait que renforcer la direction dans sa détermination : si le mal est répandu, un châtiment proportionnel à la faute deviendra exemplaire et instructif, d'autant plus facilement que les plaintes ulcérées de la salariée pourraient le rendre plus visible. Passer par indulgence sur la faute (« C'est la première fois... Elle ne le fera plus dorénavant ») ne ferait qu'engager le reste du personnel à l'imiter.

Pour favoriser sa défense, mademoiselle Gauner saisit de son affaire un délégué du personnel, élu sur une liste du syndicat C* et dont la probité est connue de tous. Elle lui raconte un roman idyllique, passant sous silence la basse vérité de sa combine, accusant un complot ourdi pour des raisons de haine personnelle, et omettant de mentionner les preuves que son employeur lui a dit détenir.

Parfaitement remonté, mais méfiant par principe, le délégué vient rencontrer le responsable qui a annoncé la décision de licenciement, lui explique le propos de sa visite et lui demande de l'instruire des éléments du dossier. Le dirigeant, qui connaît bien cet élu et le respecte pour sa droiture, lui répond : « Vous ferez ce que vous voulez, et je ne veux ni ne dois vous influencer, mais sachez que ma conviction est fondée sur des éléments factuels qui sont à mes yeux plus que suffisants. Je vais vous indiquer celui que je n'estime pas confidentiel dans ce que je détiens, réservant le reste pour le juge si nécessaire. » Le délégué remercie et part en disant qu'il va réfléchir.

Son soutien à mademoiselle Gauner s'arrêtera là, et son engagement dans une cause qui ne le méritait pas sera ainsi évité. La salariée cherchera vainement un autre défenseur : ils se sont passé le mot. Elle sera remerciée sans plus d'interventions en sa faveur. Les représentants du personnel sont des personnes responsables ; ils n'aiment pas consommer leur crédit dans des batailles non valables.

Quand vous avez repéré votre homme, interrogez-vous sur sa compétence dans le domaine des relations sociales et des dossiers individuels. Les délégués du personnel et les représentants au CE sont élus selon un scrutin qui peut comprendre deux tours. Le premier tour propose uniquement à votre suffrage des employés inscrits sur des listes constituées par les syndicats représentatifs et affichant noir sur blanc leur en-tête[1]. La C*, par exemple, vous aura présenté son équipe, dont tous les membres ne sont pas forcément inscrits au syndicat, et encore moins à un parti politique, tant s'en faut. Simplement, ils se reconnaissent assez bien dans les positions de ce syndicat de portée nationale. Celui-ci se sera efforcé de donner une formation pertinente à ses élus. En matière de droit et de pratiques, vous trouverez chez eux une compétence qui peut vous être utile, notamment si le représentant que vous approchez est ancien dans la fonction et s'il a, par exemple, plusieurs mandats derrière lui. Celui qui a été fraîchement élu au dernier scrutin sera animé de la meilleure volonté mais n'aura pas de facultés

1. Sur ces listes, qui présentent souvent autant de noms que de sièges à pourvoir, il est fréquent qu'apparaissent les patronymes de collègues de travail réputés pour leur intelligence, leur recul, leur neutralité et leur courage. Ils sont souvent proposés en tête de liste, ce qui ne peut qu'attirer les votes des électeurs souhaitant être représentés par des personnes non politisées. Mais ils seront élus uniquement si leur nom sur le formulaire a été rayé moins souvent que celui des autres candidats. Il se trouve donc ici un moyen aisé, et parfaitement licite, de favoriser les candidats que l'on souhaite tout en éliminant ceux que l'on considère indésirables. Ne votez pas sans y prêter attention. Observez bien le résultat des élections et la manière dont les têtes inspirantes voient parfois leur nom rayé pour des raisons inexplicables. L'une des interprétations avancées est que ces personnes ont servi à attirer des suffrages sur la liste, les vrais acteurs influents s'étant chargés de les évacuer du match en rayant leur nom. Ces scrutins sont ainsi faits, et ces institutions fonctionnent.

profondes pour apporter beaucoup de valeur au-delà de vos propres convictions. (Un représentant qui n'est soutenu par aucun syndicat peut aussi être élu au second tour, si le premier n'a pas rempli tous les sièges disponibles. Un tel élu sera par définition totalement indépendant de toute consigne ou attitude dictée de l'extérieur, mais moins entouré et probablement moins formé.) Cela dit, comme avec toutes les personnes accréditées par un syndicat, vous ignorez si votre situation sera traitée en raison de son exceptionnelle importance – en particulier pour vous –, de son intolérable injustice, ou de son principal intérêt tactique pour les causes dans lesquelles ce syndicat est actuellement engagé, au niveau de l'entreprise ou de la nation.

Rachid Ben Cherqui est dessinateur-concepteur dans une entreprise de téléphonie fixe. Ses rapports avec son responsable de bureau d'études sont depuis toujours un tantinet fielleux. Les caractères des deux hommes ne sont pas vraiment compatibles, et Rachid n'a pas grande estime pour ce patron dont le comportement acerbe avec toute son équipe, en particulier avec les femmes, lui est insupportable. Bien qu'il estime sa compétence, il le trouve médiocre chef et se plaint du manque de clarté des directives reçues pour orienter son activité. C'est un jour la source d'un incident orageux : l'un reproche que ses instructions n'ont pas été exécutées ; pour l'autre, les instructions étaient si confuses qu'il ne pouvait deviner l'attente signalée. Des sommations sont proférées et une lettre sévère est adressée à Rachid, mais pas encore sous la forme d'un avertissement officiel.

Indigné, Rachid rencontre un délégué du personnel pour obtenir son avis. Celui-ci a entendu parler de ce chef, et d'autres incidents l'ont conduit à le soupçonner d'être un brin raciste. Questionné sur ce point, Rachid ne peut fournir que des réponses évasives : ni clairement oui, ni distinctement non. Après tout, pourquoi pas, l'inimitié qu'il a observée pourrait tout aussi bien trouver sa source dans le fait qu'il est originaire de Meknès. Mais rien ne le prouve. Le délégué promet de s'en occuper.

Et comment ! Le lendemain, le syndicat appelle à une grève d'une heure pour soutenir le « bougnoule Ben Cherqui ». Personne ne s'est jamais servi du terme ignominieux à l'encontre de Rachid, encore moins son chef qui s'est toujours montré correct à cet égard. D'ailleurs, le tract ne dit nulle part qu'il a été utilisé, ni en ces circonstances ni autrement avec Rachid. Mais ce vocable, inacceptable quel que soit le contexte, a été employé la semaine précédente dans une affaire qui n'a rien à voir et dans un tout autre département, sur un coup de colère méprisante et indigne. Certains ont trouvé bon de monter l'incident de Rachid en épingle et de l'enjoliver en rappelant l'usage d'une insulte intolérable qui prend ainsi une nouvelle importance. Bizarrement, tout ce développement se déroule à la veille d'une négociation délicate sur l'attribution d'un treizième mois à des catégories de personnel qui n'en profitent pas en raison d'une ancienneté encore insuffisante.

Déstabilisation de bonne guerre ?... Malgré sa maturité et sa sagesse tout orientale, Rachid est catastrophé de voir son histoire prendre une proportion qu'il n'a jamais voulue et encore moins imaginée. Se découvrir baptisé de ce qualificatif insupportable lui est plus que pénible. Partout maintenant, il lit dans les sourires de sympathie une nuance de dérision qui le blesse. Il a le sentiment de n'être plus qu'un pion dans une lutte où il n'a rien à faire. La suite va être difficile... Il croit être devenu contre son gré un enjeu de portée politique. L'apaisement quant au démêlé raciste pourrait bien coïncider mystérieusement avec la satisfaction obtenue concernant le treizième mois. Aucune relation de cause à effet, naturellement. D'autres, à l'esprit mal tourné, pourraient parler de troc, mais ce serait inconvenant.

Règle d'hygiène élémentaire

Bien établir au départ que la situation évoquée avec le représentant ne pourra être utilisée publiquement par lui autrement qu'avec l'accord précis et écrit de l'employé qui le saisit, et que toute action, en particulier avec la hiérarchie, est soumise à la même autorisation, que l'employé donnera après discussion sur la nature de l'action envisagée.

Le risque est toujours présent que l'on fasse de vous le sujet d'une campagne qui vous dépasse. Mais aussi, et c'est vrai avec tous ceux qui ont un rôle de représentation, de les voir consentir à des arrangements que vous aimerez ou détesterez. Ces représentants ont en permanence des dossiers similaires au vôtre, ou tout à fait différents, à discuter et à négocier avec l'employeur, et souvent avec son représentant privilégié, le DRH. Bien que parfaitement codifiés par la loi et les règlements, ces rapports ne sont pas exempts de quelques accommodements : « Je te laisse en paix sur le dossier du local réservé aux fumeurs invétérés, mais tu me donnes raison sur celui de Barthélemy, dans lequel son chef a manifestement de larges torts. » Ou l'inverse, pourquoi pas… À partir du moment où vous remettez vos intérêts entre les mains d'un tiers non rémunéré par vos deniers, quel qu'il soit, vous devez admettre qu'il ne réservera pas forcément toute la priorité à votre situation, mais qu'il peut tout autant déclarer forfait sur d'autres priorités, dont certaines pour obtenir l'intégralité de ce que vous voulez. C'est un risque à courir, qu'il faut analyser les yeux grands ouverts et les lunettes bien nettoyées. Personne ne peut gagner à tous les coups : il est préférable d'en gagner quelques-uns, prometteurs, plutôt que de s'obstiner stérilement sur la totalité des sujets. Souhaitez que le vôtre ne soit pas une monnaie d'échange. Perspicacité et analyse pénétrante de votre part, associées à quelques conversations avec d'autres collègues, vous aideront à trouver le champion idéal et à ne pas devenir un autre Rachid Ben Cherqui.

Un délégué du personnel

Les délégués du personnel forment une institution qui représente les salariés. Leur fonction, créée en 1936, n'a cessé d'exister que pendant les quatre ans du régime de l'État français, à l'époque de l'occupation allemande entre 1940 et 1944. On les rencontre pratiquement partout en dehors des armées : leur élection est prévue dans tous les organismes civils dès que l'effectif des salariés atteint ou dépasse onze personnes pendant un cumul de douze mois (pas nécessairement consécutifs) sur une période de trois ans. La petite PME n'en a donc pas toujours, encore que certains patrons inspirés trouvent intelligent d'identifier dans leur effectif un représentant porte-parole, sans mandat ni élection. Quand on veut dialoguer et progresser, ce n'est pas une mauvaise idée. Dans une grande entreprise, ceux qui sont en place ont été élus par les salariés (leurs « mandants »). Pour chaque titulaire, vous trouverez aussi un suppléant, également élu dans les mêmes conditions, mais avec un rôle uniquement consultatif, sans droit de vote. Le mécanisme de l'élection a été sommairement décrit un peu plus haut.

La durée de leur mandat est en principe de quatre ans, sauf dérogation dans un accord de branche, de groupe ou d'entreprise. Avant août 2005, leur longévité était de deux ans. Leurs rencontres avec la direction sont au moins mensuelles.

Comme le titre de la fonction l'indique, parmi leurs missions se trouve celle de représenter le personnel devant l'employeur et de faire part des réclamations collectives ou individuelles relatives aux salariés dans plusieurs domaines : celui qui vous mobilise ici tombera forcément dans l'une des catégories répertoriées par la législation – liste que l'on découvre facilement sur Internet. Vous pouvez donc faire appel à un délégué du personnel pour plusieurs choses et, principalement, selon les termes qui définissent son action, pour « réclamer ». C'est-à-dire demander que vous soit accordé quelque chose que vous avez droit d'avoir, parce que c'est honnête, prévu par la loi, le règlement, les accords d'entreprise, la coutume, la simple équité. Au-delà, ce qui n'est pas encore alloué appartient au domaine de la « revendication », apanage d'une autre fonction de représentation que nous traiterons plus loin.

Un représentant au comité d'entreprise ou d'établissement (CE)

Ce comité est présidé par le chef d'entreprise (ou le chef de chaque établissement dans les entreprises réparties géographiquement en plusieurs établissements, chacun avec un comité en propre). Ce patron peut déléguer de manière permanente à un suppléant. Il sera éventuellement assisté de collaborateurs compétents ou spécialisés mais sans droit de vote. Le CE est composé des représentants titulaires et des suppléants, tous élus par le personnel. Le CE, créé en 1945, existe dans toutes les entreprises de plus de cinquante salariés. Les effectifs en sont adaptés à la taille de l'entité : trois titulaires pour les plus petites, quinze pour celles de plus de 10 000 salariés, et autant de suppléants. Depuis le 2 août 2005, le mandat a une durée de quatre ans, sauf dérogation à deux ans par accord.

Les rôles des délégués du personnel et des représentants au CE sont bien distincts, mais peuvent parfois être fusionnés dans les entreprises de moins de deux cents salariés. En principe, donc, au lieu de s'intéresser aux « réclamations », le CE :

> « a pour objet d'assurer une expression collective des salariés, permettant la prise en compte permanente de leurs intérêts dans les décisions relatives à la gestion et à l'évolution économique et financière de l'entreprise, à l'organisation du travail, à la formation professionnelle et aux techniques de production ». Le CE détient aussi « le monopole de la gestion des activités sociales et culturelles au sein de l'entreprise [...]. Il prend également en charge des activités concernant la famille du salarié : arbres de Noël, colonies de vacances, etc. ».

Par conséquent, en principe aussi, le collègue que vous approcheriez ici n'a pas à s'intéresser à votre sort individuel, excepté si vous êtes un délégué du personnel dont le licenciement a besoin de son approbation, ou du moins de celle de la majorité de ses collègues. Dans tous les autres cas, et sauf si votre éventuel licenciement s'inscrit dans une procédure collective (« plan de sauvegarde de l'emploi »), vous ne devriez pas avoir affaire à ces représentants. Ils sont pourtant communément très au fait du droit du travail, comme de la situation économique de l'entreprise, puisque tout projet de licenciement collectif pour raisons économiques est obligatoirement discuté avec eux, de même que, régulièrement, la santé de l'affaire. Ils sont aussi très proches du personnel et très connus de la hiérarchie, du DRH, souvent du responsable des services juridiques : ils les rencontrent périodiquement, en particulier le président ou son représentant direct, à savoir une fois tous les deux mois au minimum, et le plus souvent une fois par mois (selon la taille de la structure et d'autres critères, sans intérêt dans cet exposé).

Comme vous pouvez choisir de vous faire assister de qui vous voulez, et que ces représentants seront toujours prêts à vous écouter et à vous conseiller, vous pouvez aussi bien vous adresser à l'un d'entre eux. Il n'a pas d'obligation d'accéder à votre demande mais, de la part d'un élu, un refus serait bien surprenant hormis s'il a une bonne raison de se récuser (du genre « Je suis désolée, mais je suis la compagne du chef avec lequel tu me dis avoir des déboires »). Titulaires et suppléants se valent pour l'usage que vous voulez en faire, les titulaires représentant seulement une meilleure influence sur la direction en raison d'un pouvoir de vote qu'elle préférera toujours se concilier.

Si des sanctions graves sont envisagées à votre encontre pendant qu'un plan de licenciement collectif est en cours, ce peut être une excellente opportunité. Nous l'avons vu en début d'ouvrage : le représentant au CE (ou le suppléant) est au fait de toutes les discussions conduites lors des réunions requises, et a certainement une idée du dispositif d'accompagnement matériel que souhaite l'assemblée des élus, même si elle ne l'a pas encore dévoilé à la direction. C'est donc lui qui pourra vous conseiller de patienter, de faire durer ou au contraire d'accélérer compte tenu de ce qu'il croit pouvoir attendre par ailleurs.

Un membre du comité d'hygiène, de sécurité et des conditions de travail (CHSCT)

Dans le type de situation abordé ici, il n'est pas immédiatement naturel de penser aux employés jouant un rôle dans cette autre instance officielle. Elle doit exister dans tous les établissements occupant plus de cinquante salariés. Si l'effectif est inférieur, ce sont les délégués du personnel qui se voient décerner cette responsabilité. À moins qu'au regard de circonstances comportant des risques particuliers, l'inspecteur du travail n'en impose la création. Le CHSCT a pour mission de contribuer à la protection de la santé et de la sécurité des salariés, ainsi qu'à l'amélioration des conditions de travail. Il doit aussi veiller à « l'accès des femmes à tous les emplois ». Un riche filon si vous êtes une femme : il vous suffirait de proclamer puis de démontrer que l'accès à un emploi que vous méritez vous a été refusé. Vous avez ici de jolies et salutaires escarmouches en perspective, si vous le voulez.

En plus du chef d'établissement ou de son représentant, qui le préside, ses membres sont désignés pour deux ans, parmi les salariés, par un collège rassemblant les délégués du personnel que vous avez élus et les membres du comité d'entreprise ou d'établissement, également élus par vous. Vous n'élisez donc pas le CHSCT directement, mais vous influencez sa composition par ricochet. Ses membres sont en conséquence disposés à vous écouter et à vous aider, comme tous les autres représentants, et dans les mêmes conditions. Ils bénéficient du reste de formations particulières pour les préparer à leurs missions. À l'instar des autres représentants du personnel déjà cités, ils disposent d'heures de délégation – variables selon l'importance des effectifs – qui doivent leur permettre d'assurer correctement leurs devoirs.

Des réunions au minimum trimestrielles leur donnent l'occasion de rencontrer de près la direction, à laquelle ils ont accès à tout moment pour les sujets qui sont de leur ressort. Parmi ceux-ci figurent explicitement les mesures assurant la prévention en matière de harcèlement sexuel ou moral. Le harcèlement sexuel n'est pas aussi fréquent que ce qu'en dit la rumeur, surtout en France, où sont assimilés à des compliments amicaux et élogieux ce qui peut ailleurs passer pour des avances avec contrainte indécentes et punissables. Mais le harcèlement moral est facile à invoquer, et prouver son absence est loin d'être enfantin pour l'employeur une fois que vous avez porté l'accusation. Comme l'a si bien dit le Président de l'hyper puissance du moment, à propos d'un pays du Moyen-Orient et de ses armes de destruction massive : « L'absence de preuve n'est pas la preuve de l'absence… »

Si votre travail a changé de nature, de machine, d'équipement, d'outillage, de produit, de cadence, de normes de productivité, ou subi une mutation technologique, ce comité aurait dû être consulté avant toute évolution ; si vous découvriez que tel n'est pas le cas, vous détiendriez une nouvelle munition. Comme la liste est vaste et que le vocabulaire la décrivant n'est guère restrictif, vous pourriez tenter de démontrer qu'il y a eu manquement.

En fonction des personnalités rencontrées et de leur familiarité avec votre type d'emploi, ce CHSCT offre un autre soutien que vous pouvez rechercher directement.

Un délégué syndical

Son rôle est de soutenir les revendications des salariés auprès de l'employeur. Il s'attache principalement à obtenir ce qui n'a pas encore été accordé, par modification du droit tel qu'il résulte des lois et des conventions ou accords passés. Le délégué du personnel veille à l'application de ce droit, et le délégué syndical doit travailler à son évolution. En réalité, ce dernier peut aussi empiéter sur le domaine du premier.

Dans toute entreprise de plus de cinquante salariés, les « syndicats représentatifs[1] » au niveau national peuvent désigner un ou plusieurs délégués. Ils siègent de droit au comité d'entreprise ou d'établissement, mais sans participer au vote : ils ont donc la même familiarité avec la direction et l'entreprise que les élus dans cette institution. Ils ne doivent rien au suffrage universel, mais ils sont proches du personnel. Ce sont également, parmi tous les employés munis d'un mandat, les plus familiers des syndicats : ils ont très certainement la carte de l'un d'eux. En outre, en raison de leur rôle et de leur appartenance, ils doivent bénéficier d'une formation précise et, partant, d'une compétence qui vous sera utile.

Comme ses collègues que nous venons de passer en revue, il est peu probable qu'un délégué syndical vous éconduise. Toute cause visible et populaire attirera ses passions. Lui aussi a vu trop de cas pour ne pas imaginer le vôtre aussi valable que les précédents. Et il ne peut guère donner une image d'indifférence face à la situation dramatique d'un camarade salarié. Sauf situation exceptionnelle impossible à imaginer, il est par conséquent votre allié, et un allié actif et impliqué, à l'exemple de ceux que nous venons de décrire.

Les injustices les plus criantes suscitent d'autant plus l'attention et méritent d'autant plus l'intérêt qu'elles touchent

1. CFDT, CFTC, CGC, CGT, CGT-FO.

des groupes de personnes plus importants, et que ces personnes se trouvent dans les catégories les moins favorisées, donc les plus nombreuses en général.

Medicture SA est la filiale française d'un groupe multinational spécialisé dans l'imagerie médicale. Des difficultés mondiales insurmontables l'amènent à se séparer de quelques-unes de ses activités, en premier lieu de celles qui étaient basées sur l'image et les supports argentiques, maintenant dépassés par l'imagerie électronique. Ce marché s'est effondré. Faute de croissance suffisante ailleurs, il faut malheureusement alléger les effectifs en proportion.

À un plan de licenciement massif, la direction préfère un PSE avec d'abord un imposant appel au volontariat, enrichi d'indemnités convenables pour les partants qui seront néanmoins réputés licenciés pour raison économique.

Il se trouve que cette société avait organisé un régime de *stock-options* largement distribuées à une trentaine de cadres de haut niveau. C'était un complément salarial important, sous forme de rémunération différée. Mais il prévoyait que les options non encore exercées, c'est-à-dire les actions non encore acquises, étaient perdues lors du départ de l'entreprise, quelles qu'en soient la forme ou la raison : l'esprit du montage était de fidéliser ces responsables. Qui plus est, ceux qui opteraient pour le départ volontaire dans le PSE pourraient retrouver un emploi chez des concurrents ; on aurait peine à imaginer qu'ils soient encore rémunérés par Medicture, alors qu'ils s'appliqueraient ailleurs à piller ses affaires.

Cela n'empêche pas les bénéficiaires de réclamer le maintien de leur avantage, en dépit de leur départ, jusqu'à la fin de la période de validité de ces *stock-options* (cinq ans après leur attribution dans le cas précis). D'autant plus que le calcul des indemnités de séparation ne tient compte que du salaire principal et non du rendement fort appréciable de ces options, lequel n'a jamais été garanti.

La direction renâcle. Elle s'attend à une vigoureuse intervention du comité d'entreprise ou des délégués du personnel, et s'imagine pouvoir alors céder en espérant de leur part un peu de bonne volonté ailleurs sur d'autres points épineux du PSE, comme témoignage de gratitude pour son consentement. Mais les représentants ne se laissent pas mobiliser par la requête des cadres en question : ils ne sont somme toute qu'une poignée d'anciens et ont trop une image de « nantis » pour mériter une joute supplémentaire avec l'employeur. Juste ou pas, la cause ne serait pas populaire. La défense en sera surtout symbolique.

Le « conseiller du salarié »

Les petites structures n'ont pas toutes les représentants et délégués que nous venons de décrire : si vous êtes l'unique employé de votre patron agent de voyage, vous n'avez évidemment pas ces recours à portée de la main. Les employés de maison, les assistantes maternelles, les aides de vie, etc., ne sont pas les seuls à se trouver dans cette situation. À dix salariés ou moins, c'est la norme, et cela concerne les structures que les règlements européens englobent sous le terme de « microentreprises », si toutefois leur bilan annuel n'excède pas deux millions d'euros. Le terme ne semble pas très bien choisi, invention de technocrates loin du marché peut-être… D'autant plus qu'il correspond aussi à la définition d'un régime fiscal, par ailleurs désigné par le terme « très petite entreprise » (TPE). L'Insee nous apprend que, sur presque trois millions, les TPE représentent plus d'un million d'entreprises en France (dont plus de la moitié sans aucun employé)[1].

1. « Entreprises selon le nombre de salariés et l'activité », site en ligne de l'Insee, www.insee.fr/fr/ffc/chifcle_fiche.asp?ref_id=NATTEF09203&tab_id=219.

Si vous travaillez dans ce type d'environnement, ne vous imaginez pas perdu en face d'un employeur mieux équipé que vous. Car vous pouvez vous adresser à un « conseiller du salarié ». C'est une personne qui exerce ses fonctions à titre bénévole, mettant à la disposition des autres une expérience sérieuse de la vie de l'entreprise et des rapports entre employeurs et salariés. Le préfet du département nomme ces conseillers. Vous y trouverez souvent des retraités, parfois d'anciens DRH, forts d'une compétence pratique acquise tout au long d'une carrière, et désireux de se rendre utiles en meublant leurs loisirs de manière altruiste. La discrétion vous est garantie dans les rapports que vous aurez avec eux, et vous pouvez être certain qu'ils vous fourniront de bons conseils et une aide utile. La liste de ces intervenants est disponible à la direction départementale de l'emploi et de la formation professionnelle, ainsi qu'à la mairie de votre localité.

Règle d'hygiène élémentaire

Si votre employeur vous convoque à un entretien préalable à un licenciement et que les représentants officiels n'existent pas chez lui en raison des effectifs, sa lettre de convocation doit impérativement évoquer l'existence de ces conseillers et vous fournir les adresses auxquelles vous pouvez les trouver. Sinon la lettre est nulle, ce qui affecte la procédure qui vous vise. Regardez bien… Dans le cas où cette mention a été oubliée, ne réagissez pas, ce sera utile plus tard.

Si un conseiller est disponible et décidé à vous assister, vous devez le faire savoir à votre employeur. Il est bon de le faire par écrit, ou par une méthode qui laisse une trace : vous avisez ainsi votre patron que vous serez assisté lors de l'entretien préalable auquel vous êtes convoqué. Un courrier recommandé avec accusé de réception fera très bien l'affaire. Si le formalisme du procédé vous est reproché, vous n'aurez qu'à montrer le paragraphe que vous êtes en train de lire. L'employeur n'a aucun moyen de s'opposer à la présence de cette personne venue vous assister. Comme vous le savez, cinq jours ouvrables au moins doivent séparer la lettre de l'entretien, ce qui vous laisse assez de temps pour découvrir et préparer le conseiller que vous aurez retenu.

Lors de cet entretien, et pendant toute la suite, ce conseiller vous apportera son aide comme le ferait un délégué du personnel. Il a l'avantage de jouir d'une complète indépendance et d'une absolue association à votre cause. Ne craignez pas qu'il ourdisse une intrigue en vous utilisant à d'autres fins : il n'a rien à demander à votre employeur en dehors de ce qu'il pourra vous aider à obtenir. C'est lui aussi un excellent allié.

L'assistant(e) de service social

Il s'agit de la personne autrefois dénommée « assistant(e) social(e) ». Le corps professionnel en question a commencé à voir le jour en 1917, quand d'innombrables femmes ont remplacé dans les usines les hommes partis à la guerre. Cela a posé des problèmes inconnus jusqu'alors (que faire du bébé ? où l'allaiter ?) qui ont été résolus grâce à l'intermédiation d'autres femmes. Le maréchal Pétain a structuré le système en imposant cette fonction dans toute entreprise de plus de 250 salariés. Il s'agit pour l'assistant de s'atteler à l'amélioration des conditions de vie professionnelle, personnelle et collective, tout en recherchant un équilibre entre les exigences et les intérêts de l'entreprise et de ses salariés. Il remplit aussi d'autres missions, mais qui vous concernent moins ici, sauf si vous appartenez à la catégorie des personnes fragiles ou en détresse.

Les origines et la tradition de ce corps font que ce sont souvent des femmes qui exercent ce métier. Il faut dire qu'il exige une grande sensibilité et une non moins grande noblesse d'âme, les situations pénibles y étant le pain quotidien. Il demande un diplôme d'État qui ne s'obtient pas en moins de trois ans d'études, après un recrutement par concours au sortir du baccalauréat. C'est donc un métier de haut professionnalisme. En vous adressant à l'une de ces personnes, vous êtes d'emblée assuré de recevoir une écoute « humaine » et attentive, ainsi que de judicieux conseils, alliant souvent bon sens et modération. Pourtant, le sujet que vous soumettez, votre difficulté avec votre employeur, ne correspond qu'à une toute petite partie de ses préoccupations et du vaste spectre de ses interventions.

Cet assistant, outre la qualité de son écoute et de ses idées, a l'avantage de rencontrer toutes les instances de l'entreprise, en particulier les représentants de la direction, le DRH et le patron de l'unité ou de l'établissement. La périodicité de ces contacts n'est pas stipulée, mais ils sont fréquents ; d'autant plus qu'ils sont toujours recherchés par une direction intelligente. Les assistants de service social sont en effet une incroyable fontaine d'informations et de renseignements sur ce qui se passe, ce qui se dit, ce qui se pense, donc sur le moral de l'effectif encadré. Comme ils sont les confidents de tout le monde, ils arrivent à développer une perception documentée de tous ces thèmes. Ils peuvent naturellement se tromper, tant dans leurs observations que dans leurs analyses, mais les patrons savent toujours qu'il est intéressant de les entendre et de prêter attention à leurs rapports.

Au cours des interventions de l'assistant à votre sujet, votre anonymat sera protégé tant que vous ne souhaiterez pas le voir divulgué. Rappeler votre compréhension de cette confidentialité en prologue à vos conversations ne peut pas faire de mal, même si c'est superflu. Mais vous pouvez aussi demander à l'assistant de poser votre problème directement en vous citant. Si vous vous sentez victime d'une injustice, ou que votre situation est particulièrement critique, soyez assuré qu'il défendra votre cause avec détermination. C'est un procédé subtil pour faire passer le message en haut de la pyramide sans risquer d'antagonismes intermédiaires. Encore un intervenant qui souhaitera sincèrement vous aider.

Le médecin du travail

On ne pense pas toujours à lui, pourtant c'est un personnage attentif et influent : la santé, il n'y a rien de plus important, et le médecin du travail en parle avec science. Comme son métier se limite à la prévention, il ne soigne ni ne guérit directement. Il se préoccupe de faire que l'employeur évite tout ce qui pourrait entraîner des dégradations de la santé, des maladies, des contagions. Il est rémunéré par l'employeur, qui lui fournit le cadre nécessaire à l'exercice de son métier.

Le médecin du travail est en contact direct avec les représentants du personnel, qui surveillent son activité. Pareillement avec la direction, à laquelle il a accès à tout moment, pour informer, et prévenir les dérives pouvant induire des problèmes, voire des crises. Il est l'ami de tout le monde et ne cherche qu'à rendre service. Si ce que vous vivez ou ce qui vous est reproché est de près ou de loin lié à votre état de santé, ce docteur est très bien placé. Personne ne peut le surpasser pour dire : « Certes, il boit, et c'est une pathologie qui affecte sérieusement sa performance. Je comprends que vous en soyez irrité et même que vous envisagiez des sanctions. Mais il est clair qu'il ne boirait pas de cette manière si la pression sur son poste de travail n'était pas ce qu'elle est… C'est trop dur… Êtes-vous certain qu'un peu d'humanité ne pourrait pas arranger les choses ? » L'employeur aura du mal à lutter contre la compétence de l'homme de l'art et contre sa compassion habituelle envers le patient. Là où d'autres verraient des manquements, il verra des syndromes, des affections, des maladies professionnelles : un excellent allié potentiel.

Vous le rencontrerez régulièrement à l'initiative de votre employeur. Selon la taille et les effectifs de l'entreprise, il exercera uniquement dans celle-ci ou se partagera entre un nombre important de petites structures. Il ne devrait pas s'intéresser à votre problème professionnel si celui-ci n'a pas d'incidence actuelle ou prévisible sur votre santé. Mais comme il est disponible et soucieux d'intégrer ce que vous avez à dire dans sa collecte d'observations sur l'ambiance de travail, il est bien probable qu'il vous consacrera du temps.

Ses conseils sont ceux d'un homme savant qui a une vision globale et élevée de l'univers qui vous emploie. Ce seront donc toujours des conseils de sage et, comme il voit en vous avant tout le patient, soyez assuré de sa bonne volonté à votre profit. Il peut aussi, si vous lui en confiez la mission, entretenir de votre problème d'autres puissants de votre monde. Mais il n'en a pas la vocation et pourrait s'en prévaloir pour vous écarter de son chemin. Dans une telle circonstance, il vous conseillerait certainement une autre façon de vous y prendre, et vous seriez libre de la suivre ou non. En tout état de cause, vous n'avez rien à perdre à consulter cet intervenant qui connaît tout le monde chez votre employeur, le plus souvent de manière intime. Certains de ses examens peuvent avoir un caractère indiscutablement pénétrant.

L'inspecteur du travail

C'est un fonctionnaire qui appartient à un corps d'État spécialisé, plus que centenaire et donc riche de traditions et d'habitudes. Sa mission est de veiller à la bonne application du droit du travail dans les entreprises. C'est certainement un expert en la matière, bien plus que les représentants du personnel que nous avons abordés, qui ne se sont familiarisés avec le sujet que par bonne volonté ou par vocation, mais n'ont pas forcément la formation tant universitaire que professionnelle de cet agent du service public.

En termes de compétence, son équivalent dans l'entreprise a des chances d'être le directeur des ressources humaines (DRH) ou le directeur des services juridiques. Mais ce n'est pas toujours le cas, d'autant plus qu'un excellent DRH peut aussi être un manager opérationnel reconnu et populaire, passé tardivement aux ressources humaines sans formation juridique préalable. Les conflits ne sont heureusement pas le principal d'un métier de DRH.

Selon que vous travaillez dans l'agriculture, dans les transports ou dans un autre type d'environnement, les inspecteurs ne sont pas les mêmes : ils sont répartis dans ces trois familles. Cela ne change rien à leurs attributions ni à l'utilité qu'ils peuvent avoir pour soutenir votre cause. Chaque inspecteur a autorité sur un territoire (appelé « section ») où il opère avec des adjoints portant le titre de « contrôleurs », qui ont les mêmes pouvoirs d'investigation et de contrôle que lui, mais pas la même étendue de décision. Vous pourriez avoir affaire à l'un ou à l'autre de ces fonctionnaires si vous recourez à cette structure administrative. Il n'est pas inutile de vite comprendre si vous rencontrez l'inspecteur ou le contrôleur.

Normalement, les *« fonctions des inspecteurs du travail ne devraient pas comprendre la fonction d'agir en qualité de conciliateurs ou d'arbitres dans des différends du travail »*. Bien que cette recommandation soit inscrite dans les textes, les inspecteurs du travail manquent rarement l'occasion de se rendre utiles dès qu'ils sont saisis par un salarié (les employeurs ne trouvent pas souvent nécessaire de requérir leur intervention sur ces dossiers). Ils ont aussi comme rôle officiel de renseigner le public sur la réglementation du travail. La confidentialité totale de votre démarche est parfaitement garantie vis-à-vis de votre employeur tant que vous n'avez pas autorisé ou demandé l'inverse – ce qui peut devenir rapidement nécessaire si vous comprenez que vous devez faire appel à ces bons offices.

Ce fonctionnaire et sa compétence vous sont donc accessibles ; vous serez heureux de constater sa bonne volonté et son sens de l'écoute. Il est là pour réprimer les errements des employeurs, et ainsi tout disposé à imaginer dès l'abord que votre sort pourrait signaler un abus. Si sa neutralité ne peut être mise en doute, il est comme le dentiste décrit à propos des représentants du personnel : il voit surtout des manquements. Ses courriers de rappel à l'ordre ou de verbalisation sont plus fréquents que ses lettres de compliments, tant il est vrai que personne ne prend la plume pour nous apprendre que le train est arrivé à l'heure.

Comme avec les quatre catégories de représentants du personnel étudiées précédemment, vous pouvez *a priori* compter sur son soutien. Il devrait être de votre côté, d'autant qu'il voit forcément en vous le faible démuni face à la toute puissance de l'employeur, riche des ressources et des compétences que vous n'aurez jamais. En conséquence, il fera ce qu'il peut pour vous aider. Mais ne comptez pas sur lui pour défendre une cause qui irait à l'encontre de son éthique. Si vous avez commis une faute évidente et documentée, grave ou lourde, il lui faudra bien vous le dire et il ne vous soutiendrait que par commisération pour les conditions matérielles de votre renvoi. Ce serait déjà bien clément, et vous auriez amélioré sa sympathie en avouant d'emblée l'étendue de votre erreur. Dans les cas un peu moins nets, comme souvent les problèmes de harcèlement moral, voire sexuel, il est plus probable qu'il aura, dès l'instant où il vous aura tendu la main, une grande bienveillance à votre égard. Mais si, à plusieurs reprises, vous avez estimé astucieux de crever les pneus du scooter utilisé par l'huissier de justice dont vous êtes secrétaire, et que ce forfait vous soit reproché avec preuves à l'appui, il est douteux que vous puissiez compter sur la même démonstration de bonne volonté.

Dans l'hypothèse où vous allez le rencontrer, il est utile de savoir à l'avance s'il a des préventions en faveur de votre employeur (toujours irréprochable, jamais suspecté, perpétuellement impeccable avec ses salariés) ou à son encontre (trop souvent en tort, une atmosphère médiocre, des représentants du personnel qui viennent fréquemment consulter et se plaindre dans son bureau). Le premier cas est rare, nous l'avons dit. Le second cas vous serait entièrement favorable : commençant à être prévenu contre votre employeur, il vous écouterait d'une oreille d'autant plus positive. Les représentants du personnel seront ici de bons informateurs ; en général, il est connu d'eux, du moins de certains d'entre eux, surtout si des licenciements, à plus forte raison collectifs, ont eu lieu depuis qu'il est en place dans sa section.

Règle d'hygiène élémentaire

Pour demander une audience à l'Inspection du travail, il vaut mieux passer par un élu du personnel ou un délégué syndical, ou en avoir au moins la recommandation et le soutien visible. Ceux-ci se garderaient bien, d'ailleurs, d'endosser votre querelle si votre position était par trop faiblarde, car aucun ne voudrait gaspiller sa crédibilité auprès du fonctionnaire : c'est souvent un premier test éloquent pour vous. Surtout, l'inspecteur sait ainsi que les dossiers qui lui sont amenés ont une chance d'avoir été honnêtement filtrés par quelqu'un de responsable chez l'employeur. Cette recommandation d'un collègue muni d'un mandat est facultative, mais elle vous garantit un accueil encore plus attentif, une sympathie initiale encore plus nette. Commencez par là. Et plus ce camarade de travail est visible, mieux c'est : un secrétaire de CE ou un délégué syndical central, ancien et reconnu, par exemple.

Avant votre rendez-vous, prenez la peine de rédiger et dactylographier une note de synthèse, que vous discuterez avec le représentant du personnel qui vous soutient. Idéalement, elle doit tenir en une page recto ; sa brièveté vous obligera à un effort de concision et de synthèse qui sera salutaire. Rien de pire que le salarié qui expose verbalement une longue chronique tissée de balivernes dans laquelle personne n'arrive à distinguer le début de la fin : c'est perdu d'avance. Alors qu'avec la méthode contraignante que nous recommandons, vous aurez intéressé votre interlocuteur et il vous aura récompensé avec de bonnes questions et de bonnes suggestions. Vos révélations pourraient aussi l'avoir instantanément mis sur le sentier de la guerre, et il vous dirait : « Bien, je vais diligenter une enquête. » À partir de là, abstenez-vous de le presser et d'appeler tous les deux jours pour avoir des nouvelles du déroulement. Le mieux pour contrôler votre impatiente curiosité est encore d'utiliser le délégué ou l'élu qui vous a parrainé. Envoyez-le aux résultats : il contactera l'inspecteur ou le contrôleur sur le ton « Alors, pour mon protégé, il y a du nouveau ? », ce qui vous évitera d'être importun ou d'étaler votre anxiété.

À votre dossier, vous pouvez joindre des annexes, voire des pièces justificatives.

Soyez dès le début précis et clair sur ce que vous attendez : par exemple des informations pour fonder votre opinion, des conseils sur ce que vous pourriez ou devriez faire, ou une demande d'intervention en votre faveur. Vous pouvez commencer votre note par un paragraphe intitulé « Ce que j'attends de vous », ou un titre voisin. Ce n'est pas la coutume, mais l'inspecteur ou le contrôleur en sera agréablement impressionné. Au moins les choses seront-elles claires, et il lira puis écoutera le reste en le mettant tout de suite en rapport avec les attentes annoncées en préambule. Surtout, n'attendez pas de finir tout votre exposé pour lui dire ce que vous voulez : vous lui feriez perdre beaucoup de son temps.

En toute logique, la première rencontre ne devrait donner lieu qu'à des demandes d'information ou de clarification sur les textes traitant de la situation qui vous concerne, mais vous quitterez la réunion en ayant une idée de la position du fonctionnaire. Vous aurez peut-être reçu des recommandations non directement sollicitées, voire soulevé une indignation telle que l'inspecteur vous proposera de prendre le dossier en main sans délai. Même s'il vous a juste conseillé, remerciez-le et annoncez que vous allez réfléchir, puis demandez s'il vous est possible de revenir en discuter au terme de votre réflexion. Dans tous les cas, prenez un maximum de notes dans votre cahier des merveilles : non seulement vous en aurez besoin pour mener votre réflexion et en discuter avec d'autres soutiens, mais c'est aussi une marque de considération envers l'interlocuteur, et d'intérêt porté à ses propos. Vous pouvez même l'interrompre de temps en temps en disant : « Excusez-moi, il faut que je note aussi ce point important. » Il sera flatté, et ne manquera pas de vous en laisser le temps nécessaire.

De retour chez vous, vous pouvez envoyer un mot de remerciement résumant quelques points essentiels que vous avez notés, et qui étaient nouveaux pour vous. Ce geste n'est nullement exigé – l'inspecteur n'a fait que son métier –, mais il est toujours bien venu et il préparera agréablement les rencontres ultérieures. Inutile de faire étalage de votre exquise maîtrise de la langue française et des usages de la distinction épistolaire : plus vous paraîtrez faible, démuni, précaire, et plus il aura envie de vous défendre. Votre style participe à votre image, il faut le soigner dans le sens voulu : sobre, net, direct, pas de littérature. Vous n'êtes pas Victor Hugo, vous êtes un salarié dans le pétrin. N'écrivez pas comme un PDG diplômé de Normale-sup lettres : si vous en étiez un ou en adoptiez le style, vous n'augmenteriez en rien chez ce fonctionnaire le brûlant désir de porter vos couleurs.

Vous l'avez lu en prologue de cet ouvrage : quels que soient l'obligation et le désir d'observer une totale égalité, la sympathie du chevalier va automatiquement à la veuve et à l'orphelin. Le dirigeant qui voudrait négocier une indemnité de départ représentant trente ans de salaire d'un contrôleur du travail mérite la même attention, mais aurait moins de facilité à éveiller le même attendrissement que l'agent de surface pour lequel la perte d'emploi équivaut à un Hiroshima d'une tout autre ampleur.

La presse

Le métier de la presse tourne pour l'essentiel autour de l'actualité ; partant, vous ne pouvez l'intéresser qu'aux événements actuels de votre histoire. En outre, elle aime bien traiter des sujets qui retiennent l'attention des lecteurs. Quoi de plus naturel ? C'est plus facile quand l'indignation et l'exaspération sont vigoureusement titillées. Vous pourriez penser que votre cas, qui vous tord si sévèrement les tripes, appartient à cette catégorie : vous n'êtes pas un observateur objectif. Le journaliste et son rédacteur en chef seront bien meilleurs juges. Naturellement, un accident du travail horrible ou un gréviste de la faim déjà famélique ont de plus grandes chances ici qu'un dirigeant replet et repus. Le pathétique, le déchirant, le poignant sont les meilleurs thèmes pour mobiliser les foules qui achètent les journaux et ne répugnent pas à larmoyer. Pour elles, il est bon de bouleverser ou de dénoncer.

En tout cas, aborder directement des journalistes serait une maladresse. Il est bien plus adroit de demander à l'un de vos représentants du personnel – délégué syndical central, secrétaire du CE – de s'en charger : il sera infiniment plus crédible que vous et retiendra l'intérêt beaucoup plus sûrement. D'ailleurs, il est fort possible qu'il se soit déjà, par le passé, abouché avec des journalistes : ils l'écouteront avec attention. Et si ce collègue refusait, c'est sans doute que votre sujet ne méritait pas que les journaux se penchent sur lui.

Attention, toutefois : la presse échappera à votre contrôle dès que vous entrerez en rapport avec elle. Si vous avez pu inspirer bien des rédactions à d'autres soutiens que nous avons passé en revue, ne comptez pas dicter sa copie au journaliste. Relater est son métier, et vous n'y connaissez rien. Ce professionnel ne devrait pas raconter de choses divergeant de votre récit. Il n'écornerait pas avec une telle erreur de jugement sa réputation, qu'il cultive avec constance et sérieux. En revanche, il fera le tri dans votre relation, selon ses critères – la vertu première de la presse est son indépendance, ne l'oublions jamais –, pour retenir uniquement ce qui intéressera au mieux ses lecteurs. Il pourra aussi le mettre en perspective en l'associant à des cas similaires connus, à d'autres scandales, d'autres crises, et en y ajoutant des considérations extérieures et des anecdotes complémentaires. Un peu plus de sensationnel ne peut pas faire de mal. Vous ne le découvrirez qu'une fois le papier en vente dans les kiosques.

Votre apparition dans la presse peut être sur votre employeur un moyen de pression colossal. Si vous travaillez pour une administration ou une entité dépendant de l'État, la rumeur peut éclabousser le pouvoir en place. Le Conseil des ministres du mercredi suivant risque d'envoyer valser votre plus grand patron. Plus probablement, il vous aura été cédé du terrain bien avant, afin de pouvoir déminer la zone avant l'attaque : « Tout est réglé, c'était un malentendu au niveau d'un échelon subalterne. » De son côté, un employeur privé craindra la réaction de ses actionnaires, de ses associés ou de ses clients découvrant tout à coup des méthodes peu orthodoxes. Votre apparition émouvante sur un plateau de télévision, avec une histoire révoltante d'injustice et de saccage moral, peut altérer dramatiquement sa précieuse image et amener les clients à se détourner massivement de sa marque. Au moins dans une proportion suffisante pour transformer une affaire rentable en une cible facile pour les charognards du business.

La presse est pour vous un canon de très gros calibre, à un seul coup, et dont vous ne maîtrisez pas la précision. Les dégâts peuvent être considérables et conduire, au contraire de l'objectif visé, à un raidissement de l'employeur, avec la fin de toute possibilité de continuer à discuter. Comme la presse ne repassera pas le plat une seconde fois, votre mésaventure a toutes chances de ne pas se retrouver à nouveau dans ses colonnes, sauf événement imprévu et vraiment spectaculaire. Et puisque vous ne savez pas bien à l'avance ce dont il sera rendu compte, vous ne pouvez présager l'effet qui en résultera.

En substance, la relation avec la presse est un exercice délicat. Elle est à envisager avec précaution et idéalement quand tout semble « foutu », qu'il n'y a plus grand-chose à perdre.

Les blogs, les forums, l'internet

Ne cédez pas à la tentation d'y raconter votre histoire en signant nommément vos rédactions. Votre employeur y trouverait bien des déclarations utiles à sa défense. Si vous imaginez exercer sur lui par ce biais une saine pression en dénonçant publiquement ses félonies, sachez que vous ne ferez que cumuler les risques sans atteindre votre but. À éviter, ou au mieux à n'utiliser que pour recueillir des échos et des réactions, en couvrant de pseudonymes tout autant votre entreprise que votre signature.

Chapitre 5

Les acteurs professionnels du droit, avocats et magistrats

Votre avocat

Peut vite survenir le moment où vous réaliserez que les conseils et le soutien des intervenants ci-dessus mentionnés ne vous serviront plus à grand-chose. Vous avez épuisé les ressources de proximité (qui avaient l'avantage de la gratuité), principalement parce que votre employeur ne veut rien entendre, campe sur ses positions et semble déterminé à ne pas bouger d'un pouce.

Il va falloir commencer à envisager la mobilisation des décideurs officiels et indépendants : les juges, qui seront d'abord ceux du conseil des prud'hommes (que nous abordons plus loin), puis éventuellement les magistrats d'appel si les premiers ne vous donnaient pas suffisamment raison et que vous choisissiez de prolonger par les moyens officiels pour obtenir une autre décision. Vous allez entrer dans ce qu'il est convenu d'appeler la « phase contentieuse », dont la première étape sera l'« assignation » de votre employeur à comparaître devant le tribunal pour que votre dossier y soit tranché à l'occasion du procès.

Il est bien probable que vous vous trouverez fort démuni pour l'épisode judiciaire, bien plus complexe que les précédents. Vous pouvez toujours vous croire capable de construire solitairement votre défense, voire de plaider en personne devant une cour de justice. En première instance, devant les prud'hommes, c'est parfaitement autorisé. Mais c'est risqué pour la raison que vous n'en avez pas la compétence : vous développeriez avec talent ce qui vous fait mal, ce qui vous indigne, mais qui n'est pas forcément utile à la conviction des juges. Vous en avez gros sur la patate et vous pensez que vous saurez mieux que quiconque faire le récit édifiant des injustices et des coups bas dont vous avez été victime. Excellent pour un *show* télévisé, mais certainement peu adapté pour des magistrats qui veulent surtout comprendre si le droit ou les contrats ont été violés, et restaurer l'équité. Les prud'hommes voient à l'occasion des employés qui plaident leur cause sans autre secours. Ils se disent qu'ils auraient un supplément de sympathie pour le malheureux salarié dont la misère est ainsi encore plus clairement mise en évidence : un David bien plus déshérité que les autres. Ils pourraient lui pardonner quelques approximations qui seraient intolérables chez un professionnel. Mais ils ne jugeront sans doute pas la cause en déviant leurs convictions sur le fond de l'affaire.

Et surtout, vous ne connaissez rien au droit ni à la jurisprudence – ces décisions déjà prises par la justice dans des procès antérieurs et qui servent à éclairer les juges dans leur compréhension de la loi et des règlements ; ils s'en servent aussi pour évaluer ce qui en a été fait chez votre employeur dans votre cas précis. Vous pouvez essayer de trouver les informations pertinentes, et Internet vous aidera à déterrer des éléments intéressants, mais un professionnel organisé s'y montrera toujours meilleur que vous. De surcroît, les formulations que vous liriez alors vous seraient pour une bonne part incompréhensibles, tant le langage juridique s'apparente à un jargon peu pénétrable pour le profane.

Tant que vous ne vous trouvez pas en face des juges, vous pouvez imaginer vous passer de l'avocat et espérer vous satisfaire des conseillers internes à l'entreprise. Un peu plus tard, vous sentirez que l'affaire va se prolonger dans le prétoire : ce sera le moment de prendre contact avec un avocat, qui sera également votre « conseil ».

Avant toute chose, demandez-vous bien si l'enjeu permet d'envisager financièrement ce recours. Un avocat coûte cher : c'est un spécialiste qui a passé de longues années à étudier sans percevoir de rémunération et qui, une fois sur le marché du travail, s'attend à une rétribution à la hauteur de ses qualifications. C'est légitime. En outre, il occupe un bureau, qu'il appelle « cabinet », dont le budget est important, et doit s'entourer d'un personnel non moins coûteux (secrétaire, standardiste, etc.). Enfin, il ne consacre pas son temps exclusivement à des tâches facturées : le maintien de sa compétence suppose une étude permanente, des lectures nombreuses, des participations à des colloques. Le financement de tout cela se trouve dans les honoraires que lui règlent ses clients.

Notez pourtant qu'existe une solution intermédiaire, quoique minoritairement employée. Vous pouvez encore faire assurer votre défense par quelqu'un d'indépendant, de compétent, et de gratuit : un délégué syndical. Nous avons vu plus haut comment repérer parmi eux un partenaire vous convenant au mieux. Ils sont souvent très bien formés en droit du travail et ils parlent le même langage que les conseillers prud'homaux. Il en est qui peuvent se révéler aussi efficaces que les avocats eux-mêmes… À votre demande, le syndicat en désignera un qui sera muni pour cet exercice d'un mandat exprès.

Comment identifier l'avocat qui vous conviendra : le tout-venant

Les avocats seraient actuellement au nombre de 46 000 en France, dont un bon tiers d'indépendants. Naturellement, leurs talents sont inégaux, et trouver celui qui gagne plus de causes que son voisin n'est pas chose aisée. Leur charge de travail est aussi inégale. Il est des ténors à l'expérience vaste, à la science encyclopédique, aux tarifs plus que confortables et à la disponibilité limitée. Il en est d'autres qui courent après les causes, sont peu expérimentés encore parce qu'ils n'ont revêtu la robe noire que récemment : ceux-là auront bien plus d'heures à vous accorder, seront plus abordables, mais leur compétence moins aiguisée pourrait ne pas offrir d'aussi bons pronostics si elle n'est pas compensée par un supplément de temps à vous consacrer.

Les habituelles recettes de sélection passent par le bouche-à-oreille ou la proximité. La belle-sœur de la cousine germaine de votre gardienne d'immeuble est avocate, et c'est la seule personne que vous connaissiez plus ou moins dans ce domaine. Ou le neveu de votre garagiste habituel. Vous vous adressez à l'un ou l'autre, bien soulagé de pouvoir vous confier au plus vite, vaguement persuadé que les liens de famille ou une chaude recommandation, ainsi que votre visible désarroi, vous méritent un traitement privilégié. C'est bien improbable : cet avocat ne verra en vous qu'une cause à défendre, et le sentimentalisme devrait être exclu de la relation.

Ou bien vous savez que votre ex-voisin de bureau, Boris, a traîné votre employeur aux prud'hommes sur un litige qui a conduit au licenciement. Il n'a pas été réintégré, mais il se dit qu'il s'en est mis plein les poches. Comme il a vite retrouvé un emploi, c'est tout bénéfice, et il s'en vante bruyamment auprès des collègues qui le croisent encore. Il va vous donner les coordonnées de l'avocat qui a assuré sa défense. Pourquoi pas ? Mais tout ce que vous savez, c'est que, selon le rapport non vérifiable de Boris, ce professionnel a gagné dans son cas, qui était peut-être plus simple que le vôtre et sans doute tout à fait différent. Il en va des avocats comme des chirurgiens : le patient sauvé par une intervention magistrale adule l'homme de l'art, les autres en disent pis que pendre. À la porte de chacun se trouve le seul midi qu'il puisse lire.

Les avocats n'ont pas le droit de faire de la publicité : vous ne trouverez jamais leur prospectus dans votre boîte à lettres, ni des affiches de 12 m^2 vantant leurs mérites au bord des routes. Mais l'exploration d'Internet vous fera découvrir nombre de leurs sites abordant des problèmes sociaux, et peut-être celui qui justement vous mobilise. Ce n'est pas de la publicité : ces sites fournissent des informations et démontrent la compétence des spécialistes en question. Quoi qu'il en soit, c'est un moyen pour dénicher un homme de loi qui semble en connaître un rayon dans ce qui vous préoccupe. Reste à savoir si c'est bien celui qui vous convient.

Vous pouvez également ouvrir l'annuaire des *Pages jaunes* pour y rechercher les avocats dans votre cité. Pour la seule ville de Paris, vous trouverez cinquante-deux pages d'avocats, dont seulement six pages de personnes inscrites au barreau et signalant une spécialité : fiscal, immobilier, propriété industrielle, etc. Celle qui vous intéresse est le « droit social ». Il est bien clair qu'elle est aussi pratiquée par une multitude de généralistes figurant dans la liste, mais qui ne mentionnent aucune spécialité. Il est par ailleurs évident que tous les avocats ne prennent pas la peine d'apparaître dans les *Pages jaunes*. S'en abstiennent aisément ceux dont la réputation et l'assise déjà reconnue font que les clients arrivent directement à leur cabinet sans qu'ils aient à les chercher : ce ne sont certes pas les moins bons. Alors comment trouver le meilleur pour vous dans cette meule de foin ? Feuilleter l'annuaire téléphonique n'est qu'une première solution. C'est souvent la tentation dans une petite agglomération, où vous pourriez préférer la proximité d'un généraliste à des déplacements vers le spécialiste qui exerce dans la plus grosse ville du département ou de la région, voire jusqu'à la capitale.

Certains avocats vous diront que leur discipline étant tout autre, ils ne peuvent rien pour vous : leur ignorance et leur honnêteté, mais souvent aussi leur charge de travail ainsi drapée dans une tunique d'intégrité, les conduisent à repousser votre demande. Or ils peuvent au moins vous indiquer un confrère spécialiste du droit du travail, ce qui facilitera votre recherche.

Ainsi renseigné, il se pourrait que vous approchiez par malchance un cabinet assurant régulièrement la défense de votre employeur : il vous éconduirait poliment. Demandez-lui s'il a un collègue à vous recommander, il le fera volontiers. N'imaginez pas pour autant que vous avez forcément été dirigé vers le meilleur dans la discipline : il est fort possible que vous ayez été directement adressé à un camarade d'études ou à un copain proche. Mais vous pouvez toujours aller le voir.

En fait, si vous en êtes rendu à cette extrémité, sachez bien qu'*il n'existe que deux critères pour trouver l'avocat correspondant à vos besoins.* Car vous recherchez la conjonction de deux caractéristiques précieuses : la compétence au regard de votre problème particulier, et la meilleure compatibilité possible des tempéraments, c'est-à-dire l'empathie et la communion des personnalités. Relativement à tous les avocats que vous rencontrerez, les deux seules bonnes questions à vous poser sont donc :

- Est-il compétent et talentueux ?
- Allons-nous bien nous entendre et travailler efficacement, sans peine ni déplaisir, en totale confiance ?

Le meilleur « recrutement » : au conseil des prud'hommes

La seule bonne méthode pour identifier l'oiseau rare est la suivante : rendez-vous au conseil des prud'hommes dans le ressort duquel vous vous trouvez. C'est celui que vous pourriez ultérieurement saisir de votre situation, et pas un autre. Les représentants du personnel vous diront où le trouver. Les audiences y sont publiques, et les causes traitées sont affichées à l'entrée de la salle avant son ouverture.

Préparez des fiches permettant la prise de notes. Un exemple vous est donné en annexe mais vous pouvez en élaborer une toute différente. Commencez par établir une fiche pour chacune des causes dont vous allez observer les plaidoiries. Installez-vous alors dans la salle d'audiences, un peu à l'arrière, à proximité immédiate de la porte donnant accès au public, et attendez, le stylo à la main.

Pour chacune des causes, vous inscrivez les noms des parties[1] (salarié et employeur) ainsi que la nature des conflits, de manière à repérer et vous rappeler ceux qui sont les plus proches de votre préoccupation. Puis vous notez quelques informations sur les deux avocats en présence (les avocats défendent en général indifféremment une partie ou l'autre, et l'avocat d'un employeur peut très bien devenir le vôtre). Vous indiquez de quoi vous souvenir assez précisément de ces personnes : sexe, âge estimé, taille, corpulence, signes particuliers (chauve, distingué, souriant, d'aspect sévère, ressemble à Jean Gabin… ce qui vous frappe !).

Enfin et surtout, vous notez la manière dont chacun travaille et se comporte : organisé, avec des papiers bien classés et facilement accessibles, ou artiste qui fait tout sans lire une note, capable d'éclairer synthétiquement un débat avec un charisme impressionnant. Vous comprenez ce qu'il raconte ou son propos est-il inaccessible pour un amateur comme vous ? Une trop grande facilité apparente n'est pas toujours bon signe. Les juges des prud'hommes sont des personnes simples et directes, souvent peu accessibles à la gestuelle que vous pouvez imaginer inhérente au port de la robe noire et de l'épitoge. Ils sont même parfois indisposés par les effets de manche popularisés dans les fictions télévisuelles qui représentent les procès au pénal (surtout aux États-Unis). Le spectaculaire y est privilégié et il véhicule une image fausse : vous aurez besoin que votre sujet soit

1. À écrire au crayon, car beaucoup de causes sont simplement ajournées, et vous serez heureux de pouvoir gommer pour réutiliser la fiche !

traité avec un peu d'émotion, certes, mais surtout avec de la méthode et de la précision tant factuelle que juridique. Le saltimbanque étincelant fera souvent moins bien pour vous que le besogneux à l'intelligence appliquée.

En fait, vous essayez de répondre à un lot très limité de préoccupations de base. Si à propos de l'un des avocats observés, vous avez apporté des réponses favorables aux questions « M'inspire-t-il confiance ? », « Ai-je l'impression qu'il serait compétent sur mon sujet ? » et « Aurai-je du plaisir à travailler avec lui ? », sortez du prétoire en même temps que lui et interpellez-le : « Bonjour maître, je viens de vous voir plaider, et j'ai moi-même un litige avec mon employeur, la société XYZ. Il se pourrait que j'aie besoin d'un avocat : pourriez-vous me laisser votre carte de visite, afin que je puisse éventuellement vous contacter en vue d'une rencontre ? » N'oubliez pas de mentionner la société XYZ, pour éviter de perdre du temps avec un candidat qui se récuserait plus tard quand il découvrirait qu'il ne veut ou ne peut pas travailler contre elle.

Accessoirement, si vous exercez votre métier dans une multinationale où sont de règle l'anglais ou le *globish*, demandez à l'avocat s'il est à peu près à l'aise dans la langue de Bill Gates. Le cas échéant, c'est un sérieux bon point : vous pourriez en avoir besoin. Sinon, et si vous n'êtes pas en mesure de lui fournir les traductions de vos textes pour lui donner le moyen de décider s'il pourra s'en servir, méfiez-vous, vous risquez d'avoir du mal avec lui. Mieux vaut le découvrir dès maintenant et décider en conséquence. L'homme de loi en sait alors assez pour vous dire s'il peut ou non se rendre disponible à votre profit. Vous le remerciez pour la carte et repartez suivre les autres cas, en classant soigneusement la carte avec la fiche que vous aviez remplie, sur laquelle vous reportez le nom de l'avocat s'il n'y figurait pas déjà, complété de ses coordonnées téléphoniques et électroniques.

En un jour ou deux, vous aurez trouvé les quelques phénix que vous cherchiez. C'est un investissement de temps limité et rentable : vous pouvez profiter de vos jours de RTT et, si vous êtes déjà licencié, il est probable que vous en avez toute la disponibilité. Il vous faut au moins trois avocats pouvant vous convenir, et au-delà de cinq c'est superflu. En même temps, vous aurez vu comment fonctionnent les prud'hommes, ce qui vous sera utile pour la suite. Vous n'aurez plus peur de cette instance, alors que l'idée de se trouver devant des juges est toujours paralysante pour celui qui ne les a jamais rencontrés.

La sélection finale

Parmi les trois à cinq avocats que vous avez nominés, il faut choisir. Vous allez fureter sur Internet pour découvrir si celui que vous avez en tête y apparaît. Écrit-il des articles, des livres ? Où est-il installé ? Proche de votre résidence, c'est toujours mieux. Est-ce un solitaire ou opère-t-il dans un vaste cabinet ? Autant d'informations que vous glanerez et qui vous aideront. Bien entendu, plus il est célèbre et plus les chances sont grandes qu'il soit cher, mais aussi qu'il soit performant. À vous de peser le pour et le contre… Les inconnus et les débutants ne sont pas à écarter : c'est leur manière de travailler, la précision de la jurisprudence qu'ils auront su invoquer et le confort de la relation future avec eux qui vous guideront. Maintenant que votre instinct est appuyé par l'observation, il est temps de passer à la sélection.

Idéalement, vous prenez rendez-vous avec les trois avocats qui vous semblent bien armés selon vos critères. Rien ne vous interdit, lors de la prise de rendez-vous au téléphone, de demander clairement : « Avant de vous rencontrer pour cette prise de contact, maître, j'aimerais connaître les conditions économiques de cette discussion. Dois-je pour ce premier entretien exploratoire m'attendre de votre part à une demande d'honoraires ? » Certains vous répondront qu'une première rencontre ne donne pas lieu à facturation, d'autres vous indiqueront un tarif forfaitaire, d'autres encore pratiqueront une tarification horaire. Pas de surprise donc, et mieux vaut poser la question tout de suite afin de décider en conséquence. Car vous seriez certainement dégoûté de mettre à la poubelle votre premier investissement : si la conversation initiale avec cet avocat vous a déjà coûté 180 €, vous vous convaincrez vite qu'il vaut mieux continuer avec lui plutôt qu'aller en voir un autre en renouvelant la dépense.

Pourtant, pour qu'il arrive à comprendre votre situation, il faut bien qu'il passe un peu de temps à vous écouter et à repérer ce qu'il y a de solide dans ce fatras au sein duquel il pourrait avoir du mal à distinguer le fondamental de la divagation. Pourtant aussi, s'il ne vous fait pas payer cette première entrevue, c'est que sa rémunération perçue ailleurs lui suffit : cela indique que le temps qu'il vous consacre trouve sa compensation financière dans les honoraires perçus auprès de ses autres clients. Si vous faites affaire avec lui, vous savez donc qu'à votre tour vous payerez pour des visiteurs en exploration, comme vous maintenant, et dont vous n'avez rien à faire. À peser, donc ; mais, globalement, l'argent dépensé pour trouver le défenseur qui vous convient en termes de compétence et de compatibilité de tempérament n'est rien à côté de l'apocalypse qui vous attendrait si vous n'aviez pas retenu celui qui serait le meilleur pour vous.

La première rencontre

Vous vous rendrez à l'entrevue muni d'une note concise et la plus courte possible commençant par « Ce que j'attends et ce que j'espère », où vous dites ce que vous souhaitez obtenir. Elle n'est pas très différente en esprit et organisation de celle que nous avons préconisée pour l'inspecteur du travail. Si vous n'êtes pas à même de formuler cela clairement, interrogez-vous sur l'utilité de rencontrer déjà un avocat. Retracez ensuite « l'historique ». Cet effort de préparation est rigoureusement indispensable : il vous forcera à raffiner votre pensée et à rédiger l'exposé de manière intelligible. Les conseils de proches, pour vérifier la clarté de votre rédaction, sont indispensables. Faites-la vérifier par une personne de confiance en lui demandant si c'est immédiatement compréhensible.

Vous apporterez les pièces justificatives pour compléter l'édification du spécialiste que vous envisagez. Vous serez surpris et sans doute peiné de la rapidité expéditive avec laquelle il parcourra ces documents dont l'élaboration vous aura pris tant d'heures laborieuses : c'est naturel, l'avocat a une grande pratique de cette lecture rapide, il sait ce qu'il cherche, il le trouve tout de suite et tourne la page sans plus s'attarder sur ce qu'il perçoit instantanément comme secondaire et sans portée pour son argumentaire.

Naturellement, vous vous munirez du cahier des merveilles et des classeurs dans lesquels vous aurez patiemment collecté et organisé faits et documents, comme vous l'avez vu expliqué dans ce livre. Le sérieux de cette méthodologie laissera une excellente impression sur l'avocat, et son contenu lui permettra de mieux imaginer le chemin à suivre. En outre, vous serez ainsi équipé pour répondre idéalement à ses interrogations, en soutenant vos positions à l'aide de ce qui deviendra pour lui des pièces à produire quand il aura « introduit » votre action. C'est le moment où votre patiente accumulation structurée va enfin porter ses fruits les plus riches. L'avocat fera le tri dans votre moisson.

Une fois qu'il a pris connaissance de ce que vous lui avez apporté, posez ces quatre questions fondamentales :

1. Suis-je bien ici dans l'un de vos domaines de compétence ?
2. Accepteriez-vous d'assurer ma défense ?
3. Quels sont vos commentaires et vos questions sur mon dossier ?
4 Quelles sont les conditions financières dans lesquelles notre collaboration pourrait être envisagée ?

Une réponse positive à la seconde question n'a de valeur que selon la réponse à la première. Car demander à un avocat s'il est volontaire pour assurer votre défense, c'est un peu comme demander à un restaurateur si son rôti de porc au lait est bon et si vous pouvez le déguster avec plaisir : ne vous attendez pas à entendre quiconque vous répondre « Non, aujourd'hui il est franchement dégueulasse ». Évidemment, si vous essayiez dans un restaurant de spécialités juives, il vous serait répondu que ce genre de nourriture n'y est ni servi ni préparé. C'est pourquoi la première question est bien celle qu'il faut poser en premier.

L'avocat qui vous dirait « Non, je n'assurerai pas votre défense, mais, oui, je suis compétent et je pense que c'est jouable » serait le plus précieux des informateurs. Il faudrait tout de go lui demander les raisons de son manque d'intérêt : pas assez disponible ? Conflit avec d'autres missions l'impliquant déjà, ou qu'il convoite ?

En outre, admettez que les avocats sont des professionnels formés et compétents, mais que seule une insignifiante minorité d'entre eux a choisi ce métier uniquement par goût du sacerdoce et de la générosité universelle. Ils le font pour gagner leur vie, et une cause de plus à défendre est le plus souvent bonne à prendre. Celui que vous approcherez ne se déclarera incompétent sur votre histoire que si elle est vraiment hors cadre, et/ou s'il est déjà trop chargé par ailleurs.

Vous aurez noté que parmi les quatre questions recommandées ne figurait pas « Est-ce plaidable, est-ce gagnable ? ». Car ceux qui vous répondraient « Nous gagnerons à tout coup » devraient motiver vos soupçons : à tous coups ils recevront les honoraires que vous leur verserez, mais vous vous demanderez si la certitude qu'ils affichent n'a pas pour première motivation de vous retenir, quelles que soient les probabilités de succès, que vous ne saurez pas évaluer. Quant à ceux qui vous diraient magistralement « C'est plaidable », ne croyez pas qu'ils entendent que le pronostic est nettement favorable. Traduisez plus prosaïquement par « Je veux bien m'en occuper ». Comment celui que vous rencontrez pourrait-il d'ailleurs s'engager sur votre victoire espérée ? La décision finale appartient aux magistrats, qui ne sont que des êtres humains : ils rendent la justice de leur mieux, mais leur conviction est nécessairement affectée par tout leur passé, tout leur vécu, tous leurs acquis, et tout ce qui ne devrait pas les impressionner mais y réussit parfois. Ils sont en effet influençables (par les plaidoiries notamment, et ils en entendront au moins deux : la vôtre et celle de l'employeur), en plus d'être imparfaits, mais ils exercent en toute conscience.

Pourtant les avocats ont leur spécialité, tout comme les cuisiniers et les chirurgiens : feriez-vous confiance à celui qui ne pose tous les jours que des prothèses de la hanche pour vous opérer d'une tumeur cancéreuse de la prostate ? Les avocats ont même des « hobbies ». Ils développent leur renom et leur science sur un sujet particulier et étroit, et ils commencent à rédiger des articles, et bientôt des livres sur ce thème. Puis ils en arrivent à l'enseigner à la faculté de droit. Ils deviennent l'un des spécialistes reconnus de la chose, intervenant à son propos dans les colloques et les congrès. Tout naturellement, ils se voient de plus en plus confier des contentieux relevant de ce domaine de compétence, ce qui y consolide encore un peu plus leur professionnalisme et leur réputation. Le cercle est vertueux. Si vous trouvez l'un de ceux dont le sujet de prédilection est précisément votre problème, vous savez que vous êtes entre des mains compétentes. Mais quand la compétence est éclatante, les honoraires vont souvent de pair…

Encore faut-il que votre homme de loi ait aussi de la disponibilité. Cela dit, elle se trouve le plus souvent. Les avocats ont le sens du devoir et ne bâclent pas les causes sur lesquelles ils se sont engagés. Certes, moins ils passent de temps sur chacune d'entre elles, plus ils peuvent en traiter et plus ils encaissent d'honoraires. Mais leur loyauté professionnelle et leur réputation seraient vite mises en péril s'ils ne prenaient pas le temps de produire un travail sérieux.

Le traitement de votre cause

Vous contribuerez à la qualité de ce travail avec ce que vous apporterez, en particulier les « pièces » que vous avez feuilletées devant lui à la première rencontre, et que vous n'allez cesser d'enrichir en allant à la pêche dans les directions qu'il vous indiquera. En effet, comme les avocats le disent volontiers eux-mêmes, « c'est le client qui fait l'avocat, et il n'a jamais que l'avocat qu'il mérite ». Sans vous, l'avocat ne peut rien, et sans lui vous ne valez pas mieux à partir du moment où la difficulté que vous vivez commence à vous dépasser.

Dans le contexte d'incertitude évoqué plus haut, l'avocat n'est soumis qu'à une « obligation de moyens ». Il doit faire son possible pour présenter au mieux votre situation et vos arguments, mais n'a pas de devoir de résultats. Gagner n'est pas une obligation (mais bien travailler en est une). Vous ne pourrez pas le critiquer si vous perdez, ou si vous n'avez pas remporté tout ce dont vous rêviez, et dont il vous avait dit qu'il pensait pouvoir l'obtenir (ce qui signifiait surtout qu'il allait le demander). Mais les avocats n'aiment pas non plus échouer ; ils répugnent donc à plaider s'ils n'ont pas l'espoir de gagner. Sans toujours en donner la vraie raison, certains refuseront poliment des dossiers trop incertains. Quand ils acceptent, et après un travail rigoureux expliquant votre position dans les « conclusions » qu'ils rédigeront, la plupart vous orienteraient alors vers une transaction, que vous finiriez par accepter et qui serait négociée avec l'avocat de votre employeur.

Ce procédé, qui en apparence vous laisse de côté, est incontournable. Il permet en effet de conserver l'absolu secret de ce qui se sera échangé lors des phases intermédiaires de discussion ; vous ne pourrez jamais interrompre ces pourparlers en allant au-devant des juges pour leur dire : « Mes employeurs se sentent tellement fautifs qu'ils m'ont même proposé la somme de… pour que nous arrêtions tout de suite cet affrontement. » Le chiffre négocié sera un secret inaccessible, vous n'en aurez eu connaissance que verbalement : les propos échangés ici entre avocats sont irréversibles, mais les propositions n'étant pas écrites, vous ne pourrez ni vous en servir, ni les exhiber. C'est l'une des raisons pour lesquelles les employeurs acceptent plus volontiers les discussions conduites entre avocats que celles qu'ils devraient traiter directement avec vous et qui ne présenteraient pas la même certitude de confidentialité.

Il faut aussi garder à l'esprit que les spécialistes d'un sujet sont souvent animés d'une préoccupation qu'ils ne vous dévoileront pas : faire progresser le droit. Il s'agit d'obtenir des décisions de justice qui serviront de base et d'inspiration à des jugements ultérieurs, autrement dit, d'innover dans la jurisprudence. C'est très noble, même si ce n'est pas exactement votre souci. Le rêve est d'obtenir un arrêt de cour d'appel, voire de la Cour de cassation, juridiction ultime du pays dans le domaine civil ; un arrêt qui porterait votre nom et que toute la profession inscrirait au crédit de votre avocat (même si ce n'est pas lui qui vous représenterait au dernier niveau, la Cour de cassation n'entendant que des avocats spécialisés en « Cour de cass. »). Si une telle perspective était envisageable dans votre cas, vous bénéficieriez d'un supplément d'attentions et de faveurs. Mais aussi de demandes d'honoraires, car, obligatoirement, l'affaire demanderait alors davantage de temps, de travail et d'argent. Ce développement vous distancierait tout à coup, et vous deviendriez l'objet d'une campagne dans laquelle la victoire de votre cause passerait au second plan par rapport à l'intérêt intellectuel au service du droit. C'est pourtant vous qui financeriez, jusqu'à ce que le juge vous alloue les dédommagements dont il faut espérer qu'ils compenseraient vos dépenses.

La rémunération de votre avocat

Demeure la question des conditions matérielles dans lesquelles votre défense pourrait être assurée. En clair : « Quel budget pensez-vous, maître, que je devrais rendre disponible pour être certain de pouvoir régler vos honoraires ? » À demander de très bonne heure, avec une bonne probabilité de recueillir la réponse suivante : « C'est impossible à fixer, nous ne connaissons pas encore le travail à entreprendre et nous ne pourrons l'évaluer grossièrement, au mieux, que quand votre employeur aura répondu à nos conclusions. »

La détermination de la rémunération de l'avocat est fonction, notamment, de chacun des éléments suivants, conformément aux usages[1] :

- le temps consacré à l'affaire ;
- le travail de recherche ;
- la nature et la difficulté de l'affaire ;
- l'importance des intérêts en cause ;
- l'incidence des frais et charges du cabinet auquel appartient l'avocat ;
- la notoriété, les titres, l'ancienneté, l'expérience et la spécialisation de ce dernier ;
- les avantages et le résultat obtenus au profit du client par son travail ;
- la situation du client.

C'est dire que la part laissée à son appréciation de tous ces paramètres est importante. À tout hasard, inspirer pitié plutôt qu'envie ne peut pas faire de mal, mais les éléments

1. Extrait du site www.ff-avocats.com/honoraires.html.

de votre situation matérielle et donc de votre fortune sont difficiles à escamoter quand vous devez dévoiler votre rémunération pour qu'elle serve de base à votre réclamation.

Il n'y a donc pas de limites aux honoraires que peut vous réclamer un avocat. Tout est affaire de cas particuliers. La seule prise de connaissance du dossier demande déjà du travail, et il est fort douteux que vous puissiez trouver l'un de ces professionnels disposé à travailler pour vous pour moins de mille euros. Un simple conseil sur la rédaction d'une lettre sera évidemment moins coûteux, mais un vrai travail de compréhension et de recommandation, puis d'action, demande une rémunération en rapport avec l'importance de la tâche. Une exception cependant pour les salariés particulièrement démunis : ils peuvent bénéficier de l'« aide juridictionnelle » et obtenir les services d'un avocat sans avoir à le payer, ou en n'en payant qu'une partie, selon les ressources apparentes. Il faut pour cela s'adresser au palais de justice, au service qui traite les « impécuniosités » : c'est le « bureau d'aide juridictionnelle » auquel vous aurez fait parvenir un formulaire administratif de demande en l'ayant trouvé sur internet (site du CERFA[1]). Ce bureau étudie la situation du demandeur et affecte un avocat pour défendre ses intérêts. Encore faut-il démontrer un sérieux dénuement : moins de 1 045 € par mois pour une prise en charge totale si vous vivez seul, et rien si vos revenus excèdent 1 487 € mensuels.

En tout cas, pour vous dans le cas habituel, l'enjeu matériel en question devrait se faire jour de bonne heure : si vous cherchez votre réintégration dans l'entreprise, il est difficile de lui attribuer une valeur économique calculée

1. http://www.conseil-etat.fr/ce/outils/pdf/Form12467v01.pdf

avec précision, bien qu'il faille pourtant essayer. Si vous demandez quelque chose de concret, de solide, de monnayable, il est plus aisé de lui associer un chiffre. C'est tout de même l'arithmétique la mieux fondée : « l'importance des intérêts en cause », critère de fondation des honoraires cité en début de section.

William Araod est cadre dirigeant dans la filiale française d'un grand groupe international. Comme tous les employés de cette affaire, il y a été attiré entre autres par la constitution à son profit d'une « retraite chapeau ». Tous les mois, la société mettait dans une tirelire une somme calculée sur le salaire actuel, dont l'accumulation devait permettre, lors de la liquidation des retraites le moment venu, d'ajouter le nécessaire pour que ses revenus mensuels de retraité ne soient pas inférieurs à 80 % de son dernier salaire. Il s'agit donc d'un très substantiel salaire différé. Le système a été inventé pour fidéliser les collaborateurs, car le bénéfice en est perdu pour ceux qui quittent la société en cours de carrière : tout ce pactole n'est accessible qu'au personnel partant à la retraite.

William aurait pu prendre sa retraite à 61 ans, avec tous les trimestres nécessaires. Cependant, pour des raisons qu'il estime parfaitement fallacieuses, il se trouve licencié à 58 ans et six mois, avec une indemnité de séparation se montant à un an de salaire, en plus des six mois contractuels de préavis, et du versement de ses congés payés et de sa participation. Certes, avec ces ressources et la prise en charge par l'Assedic, le drame n'est que très relatif. Bien des salariés se trouvent en préretraite à un âge moins avancé, et pas souvent dans des conditions aussi favorables.

Mais la perte de la retraite chapeau est en revanche particulièrement importante : les montants qu'il percevra n'ont plus rien à voir avec ce qu'il avait prévu et qu'on lui avait promis. Clairement, selon lui, l'entreprise l'a licencié pour éviter de lui payer ces sommes et faire main basse sur la cagnotte constituée

(« provisionnée »). Le montant n'en est pas connu, mais le chiffrage des autres retraites n'est pas difficile à établir, et le reste des calculs en découle : ce qu'il faudrait pour compenser ce préjudice résulte d'une arithmétique tout à fait simple.

Cela constitue la base de la réclamation. L'avocat se chargera de l'habiller, voire de demander davantage pour être sûr d'obtenir ce montant. Il travaille sur du concret. Les honoraires à prévoir se découvrent au terme d'un calcul simple, dont le multiplicande est dépourvu d'ambiguïté, et dont le multiplicateur sera le sujet d'une discussion entre William et son conseil.

Dans les cas où l'attente est précise et chiffrable, comme ci-dessus avec William Araod, il est toujours bon de demander à un avocat s'il est possible de s'engager de part et d'autre sur une « convention d'honoraires ». Celle-ci stipule ce que vous devrez lui verser pour tel ou tel résultat obtenu. Les avocats ne peuvent être rémunérés « exclusivement à la commission » ou « au pourcentage », avec une convention dénommée « pacte de *quota litis* », laquelle est interdite en France (contrairement à ce qui se pratique dans d'autres pays). Mais ils peuvent fonctionner sur la base d'un forfait d'honoraires complété d'un supplément tenant compte du résultat obtenu ; c'est parfaitement licite et acceptable. La proportion entre l'un et l'autre n'est pas dictée, mais il convient de rester dans des limites décentes. Vous pouvez donc conclure avec votre conseil un accord définissant ce que vous lui devrez, en fonction des circonstances et des montants obtenus : grosses sommes en jeu, honoraires importants le plus souvent. Une rémunération calculée en pourcentage (quelques pour cent) du total des indemnités versées est fréquente. Certains y répugnent, paramètre à prendre en considération dans votre sélection. Tous les avocats sont coutumiers de ce genre de débat, alors que, vraisemblablement, ce sera la première fois que vous-même vous y essayerez. Débarrassez-vous tout de suite de vos inhibitions, qui sont totalement injustifiées : allez-y franchement et sans détour. Discuter de gros sous peut être pour vous une nouveauté pénible ; c'est le quotidien nécessaire pour votre interlocuteur. Sentez-vous aussi à l'aise que lui.

Les frais d'avocat qui vous seront facturés peuvent devenir un ingrédient de ce qui sera réclamé à votre employeur en votre nom. Dans les conclusions déposées devant le conseil des prud'hommes (si nécessaire, plus tard en appel), ces montants s'appellent les « frais irrépétibles ». Leur indication n'est nullement obligatoire. Elle dévoile automatiquement à l'avocat de la partie adverse (votre employeur) les tarifs que pratique votre propre « conseil ». Tous n'aiment pas voir leurs prétentions ainsi révélées. Il est donc utile, dès la première rencontre exploratoire, de poser la question sans plus de pudeur ni de vergogne : « Maître, ferez-vous figurer dans vos conclusions et requêtes le montant des frais irrépétibles que je vous aurai réglés ? » C'est un autre élément d'évaluation pour vous. Il vaut nettement mieux que cette possibilité vous soit ouverte. Il sera temps, le moment venu, de décider si vous en faites usage ; car vous pourriez trouver habile de ne pas dévoiler à toute la justice les montants monstrueux que vous aurez investis pour jouir de la meilleure des défenses. Comparés au salaire d'un greffier, ils pourraient laisser une impression d'opulence que vous ne tenez pas à montrer. Mais vous n'y aurez pas forcément accès si vous n'en avez pas discuté au départ, ou n'avez pas obtenu d'avance un accord correctement assuré. En définitive, avec un avocat que vous aurez intelligemment choisi en fonction de ses compétences et de sa compatibilité avec vous, et avec lequel vous aurez conclu une convention lui assurant une rémunération honorable, vous devriez composer un bon tandem, productif, organisé et au sein duquel les pertes de temps seront réduites au minimum. Vous voici bien équipé pour profiter de ses soins et de ses conseils. Nous verrons plus loin, au fil de la procédure judiciaire, comment travailler avec lui. Il est temps à présent d'examiner celui qui sera son adversaire.

L'avocat de votre employeur

C'est à lui que vous aurez dorénavant affaire, rarement en face à face, mais par le truchement de votre propre avocat. En effet, dès que votre employeur saura que vous avez entamé un contentieux, il ne voudra sans doute plus vous parler. D'autant plus que certains arguments vont être utilisés, qui ne seront pas tous élégants, et dont il ne voudrait pas être tenu personnellement pour l'inspirateur… « Que voulez-vous ? C'est notre avocat qui a l'affaire en mains, et nous ne pouvons plus lui prescrire ce qu'il convient de faire… » Les contacts directs seront interrompus. D'ailleurs, les deux avocats aux oppositions visibles et tumultueuses ne tomberont immédiatement d'accord que sur une chose : tout doit passer par eux, rien ne doit se faire en dehors d'eux.

Votre employeur s'en remettra désormais entièrement au sien. S'il est le patron d'une toute petite structure, il n'a ni le temps ni les compétences pour procéder autrement. Et si vous vous trouvez dans une immense organisation, le PDG comme le directeur juridique savent qu'ils doivent placer leurs intérêts entre les mains d'un professionnel ; quand vous aurez gagné, votre employeur saura dire à qui il convient de s'en prendre. Vous pourriez rêver méchamment que son avocat sera révoqué. Mais comme il a déjà gagné à de nombreuses reprises, il sera sans doute conservé au service de l'entreprise, même s'il a perdu dans votre cas précis.

Au cours du développement de l'action, il est à peu près certain que vous rencontrerez en personne cet avocat adverse, forcément en présence du vôtre. Vous serez frappé de la cordialité qui préside à leurs rapports : ils sont confrères, et en décousent à votre propos aujourd'hui pour demain se retrouver alliés sur un autre terrain. Au hasard de dossiers antérieurs, ils auront eu l'occasion de se comprendre au point de construire une relation interpersonnelle harmonieuse, sans doute avec une bonne composante de respect professionnel. Pour autant, l'adhésion de chacun à l'affaire qu'il défend maintenant n'en est pas moins intégrale. Ils ne s'arrangeront jamais entre eux sur votre dos. Il en va de deux avocats comme de deux joueurs de football : la veille ils sont tous deux au Real Madrid, et le lendemain ils se combattent sans réserve ni hésitation dans une coupe du monde qui les rassemble par nationalité. Ils sont toujours joyeux compagnons, mais deviennent instantanément d'intraitables adversaires.

Cerner son profil

Il vaut mieux cerner de bonne heure le profil de cet opposant. Il s'en trouve de nombreuses espèces. Dans une toute petite organisation, une petite PME ou une TPE, une petite collectivité territoriale, ou une profession libérale, votre patron n'a pas d'avocat attitré. Il en cherchera un dès que le vôtre aura officiellement dévoilé le bout de son oreille. Des amis employeurs, dans la région ou dans la corporation, son expert-comptable, s'empresseront de lui fournir des adresses. À moins qu'il n'en rencontre quelques-uns, devenus des relations fiables, dans les clubs locaux d'hommes d'affaires ou à l'association des joueurs de pétanque. Dans chacune de ces hypothèses, c'est tout bénéfice pour vous : il est vraisemblable que l'homme de loi retenu ne sera pas un grand expert de ce qui s'agite autour de vous. Le contraire relèverait de la coïncidence. Plus rarement, les conseils reçus et les adresses collectées pourraient aussi avoir amené votre patron chez un véritable spécialiste des conflits entre employeur et employé, ce qui serait moins bon pour vous. Votre propre avocat pourra vous renseigner sur le profil de son adversaire, de manière évidemment subjective. Dans une petite cité provinciale, ils se connaissent tous ; dans la capitale, ce serait inattendu. Le vôtre aura d'ailleurs une tendance naturelle à vous décrire son adversaire comme dangereux. Bien entendu, s'il vous disait « C'est une nullité reconnue comme telle de toute la profession, et je me fais fort de le dévorer en une seule bouchée », il n'arrangerait pas la justification à vos yeux des honoraires qu'il vous demande. À vaincre sans péril, il triompherait sans gloire.

Un employeur de taille intermédiaire a sans doute déjà un avocat. Il lui en aura fallu un pour traiter tous les problèmes de conflits avec des clients, des fournisseurs, des sous-traitants, des prestataires, des transporteurs, sans parler de l'Administration. Son avocat est donc un homme à tout faire : familier intime de l'entreprise et de son dirigeant, sans doute peu spécialisé dans le domaine des conflits avec les employés. C'est excellent pour vous, puisque vous vous êtes assuré les services d'un pro qui ne fait que cela, et que vous allez vous retrouver en face d'un généraliste ne pouvant être hautement qualifié partout.

Dans les très vastes organisations, un service juridique bien étoffé existe forcément. Le nombre de procès en cours simultanément justifie en général le recours à toute une cohorte d'avocats, exerçant souvent dans de grands cabinets où toutes les compétences sont réunies. Même si cette dernière hypothèse n'est pas vérifiée à cent pour cent, l'employeur dont la structure est de bonne taille a très probablement un avocat spécialiste du droit du travail et des conflits avec les employés. Dans votre cas, il est bien possible que son avis ait été recueilli de bonne heure et qu'il ait déjà, à votre insu, orienté le dossier vous concernant. Ce sera sans doute un habitué de ce genre de situation. N'en soyez pas pour autant terrorisé. Lui aussi à une charge de travail parfois proche du délire, et il doit composer entre toutes ses urgences. Vous l'avez déjà bien compris : vous êtes la seule personne pour laquelle votre dossier est plus important que tout autre sujet dans le monde professionnel, et qui peut y consacrer tout le temps voulu, tandis que les autres vont rationner leurs horaires. Et dans cette laborieuse aventure, vous pouvez mobiliser votre propre avocat bien davantage, si vous le souhaitez, que votre employeur ne peut mobiliser le sien. Or cela implique un coût, et c'est sans doute un facteur que le défenseur de votre patron mettra perfidement en œuvre : il sait comment s'y prendre pour faire traîner en longueur et vous faire additionner dépense sur dépense – ses tactiques dilatoires seront discutées plus loin.

De toute manière, vous ne pouvez rien quant aux choix de votre adversaire en robe noire, sauf comprendre de bonne heure qui il est et comment il travaille. Vous pouvez vous renseigner partiellement sur Internet, et les représentants du personnel vous raconteront les affaires antérieures dans lesquelles ce professionnel a été impliqué. N'hésitez pas à contacter les collègues qui ont dû lui faire face (vous trouverez facilement leurs coordonnées auprès de leurs amis restés dans l'entreprise, si même vous n'avez pas commencé à les collecter bien avant). Peut-être cet avocat a-t-il une affaire en cours. Suivez-la de près et ne manquez pas de vous rendre au conseil des prud'hommes le jour de ses plaidoiries : vous le verrez, le comprendrez, et il est bien peu probable qu'il puisse encore vous impressionner par la suite.

Votre attitude vis-à-vis de lui

Si vous devez le rencontrer, votre présentation sera correcte sans être affectée ni recherchée ; votre comportement sera neutre, reflétant légèrement une image de tranquille certitude quant à la qualité inébranlable de votre position, et votre placide indifférence face à tous les traquenards dont il pourrait joncher votre route. Poignée de main cordiale mais sans empressement ni chaleur : vous ne pouvez pas faire autrement, et même s'il est ici votre ennemi, vous n'avez aucune raison de le détester personnellement. C'est un homme qui fait son boulot et qui n'a aucun ressentiment à votre encontre. De votre côté, aucune indignation manifestée, ni aucune émotion : vous êtes là pour faire avancer des arguments, que présentera certainement votre avocat en votre nom. Vos protestations ne feraient que montrer la faiblesse de votre position réelle ; de même que les clameurs des gladiateurs, les gesticulations des lutteurs avant le combat ou les danses rituelles de certains joueurs de rugby des antipodes, rien de la sorte ne saurait troubler l'avocat de votre employeur. Il n'est sensible qu'aux présentations objectives du droit et des faits qui pourraient influencer la décision des juges et l'amener préventivement à rechercher une transaction avec vous. Dès lors, dignité, prestance, et surtout silence pendant que les deux juristes discutent de votre cas entre spécialistes.

Vous pourriez aussi retirer de ces circonstances une très pénible impression. Une impression semblable à celle que vous ressentiriez lorsque, soigné pour une maladie « intéressante » dans un centre hospitalier universitaire, vous recevriez les visites du professeur suivi de ses internes : un cas passionnant, à examiner sous toutes les coutures, avec des éventualités évoquées de manière désincarnée, des hypothèses avancées sans évidente considération pour le fait que vous êtes aussi un être humain, perclus de ses craintes, ses angoisses, ses anxiétés et de la terreur de tout perdre. C'est ainsi, et ces praticiens sont plus là pour éradiquer ce dont vous souffrez que pour vous dorloter. Il en va de même des avocats, sauf qu'ils s'empoignent à votre sujet. Toujours bon à redire : vous n'avez d'autre ressource que de faire confiance au vôtre...

Le conseil des prud'hommes

De par son origine et sa forme paritaire, c'est une juridiction très particulière, qui traite uniquement les problèmes survenant entre employés et employeurs. Sa création remonte au 18 mars 1806, à l'initiative de Napoléon Bonaparte. C'est un tribunal singulier par le fait que ses juges ne sont pas nommés mais élus, au terme d'un scrutin direct à un seul tour qui a lieu tous les cinq ans.

La plupart des autres tribunaux, notamment celui auquel vous pourriez avoir affaire si vous alliez en appel après une décision prud'homale, traitent de multiples questions. Leurs juges y voient passer divorces, affaires de bornages de terrain et autres problèmes de circulation. Ils ont une excellente connaissance du droit, mais une familiarité nécessairement limitée avec le vécu concret de tous les sujets soumis à leur appréciation. Ils fondent leur décision primordialement sur les textes des codes et la jurisprudence.

Qui sont les juges du conseil des prud'hommes ?

Les juges des prud'hommes, eux, sont tous issus directement du monde du travail et ne traitent que ce qui y a trait. Ils représentent pour moitié les salariés, et sont des volontaires que vous aurez d'ailleurs contribué à élire. Ce sont toujours des individus animés par un sincère désir de rétablir la justice et donc le droit là où ils les estiment piétinés. Les candidats se trouvent parmi des employés que rien ne distinguerait par ailleurs mais qui ont cette passion ; également parmi des salariés qui ont déjà des missions de représentation du personnel, une pratique des conflits dans l'entreprise, et le désir de se rendre utiles tout en se perfectionnant. Ils peuvent être adhérents à un syndicat, auquel cas il est probable qu'ils y auront suivi une formation. L'autre moitié des juges, qui représentent les entreprises et le patronat, est issue du milieu des dirigeants de sociétés. Ce sont souvent des patrons de PME ou des cadres qui, eux aussi, n'ont d'autre ambition que de servir.

Ne croyez pas que les premiers seront systématiquement en faveur de l'employé que vous êtes (appelé ici le « demandeur »), tout comme les représentants des entreprises seraient systématiquement contre vous. Et n'espérez pas qu'un duel entre eux vous apportera la victoire. Les uns et les autres n'ont qu'une motivation : trouver ensemble une décision qui soit conforme à la justice, au droit et à leur compréhension de la situation.

Concernant le droit, ils sont inégalement forts, en fonction du nombre d'années qu'ils ont passées dans l'exercice de cette importante fonction et de la formation qu'ils peuvent avoir reçue : à force d'étudier, de pratiquer et d'entendre des avocats, ils acquièrent une solide connaissance.

Naturellement, ceux qui viennent d'être élus pour leur premier mandat bénéficient encore rarement de ce niveau de compétence avancé. Mais bien avant les cinq ans de la fin de leur « mandature », ils seront largement au point.

Il est par conséquent intéressant de savoir qui vous aurez en face de vous, et tout d'abord d'apprendre quand a eu lieu la dernière élection. Tâchez aussi de découvrir si l'un de vos collègues, chez le même employeur, ne serait pas juge aux prud'hommes. Le cas échéant, rencontrez-le, il répondra certainement à vos questions. Mais il ne s'impliquera jamais dans votre dossier, afin d'éviter de participer à une décision concernant votre propre employeur commun – d'ailleurs, il serait récusé immédiatement. Vous pouvez de même récuser un conseiller issu de votre entreprise, qui serait un dirigeant représentant le patronat et non les salariés. Si vous avez un collègue ou une relation qui exerce cette charge, ils pourront vous parler de l'ambiance ou de ce que cette cour a déjà jugé dans des cas similaires. En même temps, il vous sera confortable de rencontrer un juge et d'observer que c'est un homme ou une femme comme tout le monde, comme vous. Du reste, vous le retrouveriez à l'identique assis derrière la table des magistrats dans la salle d'audience. C'est un tribunal modeste qui ne se prévaut d'aucun décorum : pas de robes rutilantes pour les magistrats, pas de décorations en cataracte tintinnabulant sur les poitrines, les choses sont simples, entre gens simples. Rien à voir avec les fastes que nous montrent les séries télévisées à propos d'autres cours de justice.

Leurs compétences

Concernant l'évaluation de la situation, ces juges sont meilleurs que tout ce que vous pouvez imaginer. De vrais praticiens. Il est impossible de leur débiter des bobards, car ils connaissent tous le monde du travail par l'intérieur : ils en viennent, ils y sont immergés. Toutes les ruses, tous les artifices, toutes les vilenies des uns et des autres leur sont connues. Leur compréhension instinctive de la réalité, derrière les grandes déclarations, inspirera leur décision, plutôt plus que dans les autres juridictions (que nous aborderons plus loin).

S'ils vous sentent victime, comptez sur leur bonne volonté. Là où ils devineraient l'équité mise à mal, ils chercheraient comment le droit pourrait la protéger. Comme tout le monde, ils auront *a priori* de la sympathie pour vous et pour votre infortune. Leurs vues sont équilibrées en raison de leur connaissance non partisane du monde du travail : dans cette cour, chefs d'entreprise et représentants du personnel se côtoient perpétuellement, travaillant ensemble à des décisions de bon sens et de justice. S'il est un endroit où existe une vraie considération mutuelle et d'où les heurts ont été évacués, c'est bien ici. Raison de plus pour s'y présenter en étant impeccablement préparé. Votre avocat (ou le délégué du syndicat) se sera chargé de cette préparation, à moins que vous décidiez de défendre personnellement et tout seul votre cause. Nous avons vu plus haut que c'était possible et permis, mais délicat et non exempt de dangers.

La conciliation et votre devoir de discrétion

La première initiative des prud'hommes sera de vous convoquer avec le ou les représentants de votre employeur pour tenter de concilier les points de vue avant d'en arriver aux plaidoiries. C'est la « conciliation ». Vous serez reçu en même temps que vos adversaires du moment dans un petit bureau séparé, par deux magistrats représentant, l'un les employeurs, l'autre les employés. Ils seront accompagnés d'un greffier, qui a souvent une importance plus grande que ce que peut évoquer son titre : professionnel du droit, il le connaît souvent aussi bien que les deux conseillers que vous rencontrez, surtout s'ils sont en début de mandature.

Vous vous adresserez aux juges en les appelant « monsieur le président » ou « madame le président », et pour celui ou celle qui assiste le président, « monsieur le conseiller » ou « madame le conseiller ». Ils commenceront par écouter la personne qui intente l'action. C'est en principe vous, puisque votre employeur n'a aucune raison de demander justice, la voie disciplinaire lui donnant tous les moyens dont il a besoin.

Si vous vous y rendez seul, munissez-vous de votre dossier complet (décrit auparavant) : contrat de travail, correspondances, tout ce qui soutient votre position et se trouve écrit. Rédigez à l'avance un papier aussi clair et concis que possible et lisez-le. Écoutez alors ce que disent vos adversaires, puis répondez aux questions qui vous seront posées. À la fin, au regard de propositions qui peuvent avoir été formulées par votre employeur, il est toujours possible de demander un délai de réflexion, en promettant aux magistrats et à l'employeur une réponse sous huit jours.

Règle d'hygiène élémentaire en forme de consigne impérative

Si vous vous êtes assuré les services d'un avocat, vous ne dites rien tant qu'on ne vous demande rien. Vous avez salué poliment, vous êtes présenté et vous êtes assis. Laissez ensuite faire l'avocat, quelle que tenaillante que soit la tentation d'intervenir, et quelles qu'intelligentes et utiles que soient à vos yeux vos idées. À l'extrême rigueur, vous pourriez demander à sortir brièvement de la salle avec votre avocat, pour un très court entretien en dehors de la présence de vos adversaires, mais c'est déconseillé.

Anatole vient d'être licencié à la suite d'un incident dont il dit ne pas être coupable. Il aurait dû se rendre à une importante convocation chez un client pour réparer un équipement indispensable au fonctionnement de cette entreprise. Il dit n'avoir jamais reçu le message que sa secrétaire affirme lui avoir remis personnellement et en urgence, dans les minutes qui ont suivi la réception de l'appel téléphonique du client. Anatole avait à ce moment-là quitté le bureau, mais pour se rendre chez le coiffeur, comme tous les mois. Il est cadre, n'épargne pas ses horaires et ne compte pas ses heures supplémentaires ; il s'occupe d'ailleurs utilement chez le coiffeur en lisant la presse de l'entreprise et des dossiers non confidentiels. Ce ne sont pas des minutes perdues, encore moins volées, c'est une optimisation de son emploi du temps. À son retour la secrétaire était partie, et ce n'est que le lendemain que le client a appelé le directeur ; dans un état de colère noire, il a déclaré son intention de se fournir dorénavant chez le concurrent.

Anatole avait un historique de frictions avec son directeur, manifesté déjà dans quelques rappels à l'ordre sévères sur des sujets variés. Cette fois sa hiérarchie prend des mesures, décidant qu'elle vient de trouver la goutte d'eau qui met le feu aux poudres et l'étincelle qui fait déborder le vase. L'employeur met fin au contrat de travail d'Anatole et lui adresse dans les formes le courrier réglementaire après les réunions indispensables. La rédaction donne le motif suivant : « Vous avez négligé de vous rendre chez un client qui réclamait d'urgence votre intervention sur la foreuse que nous lui avions fournie et qui se trouvait en panne ; cela a motivé chez cet utilisateur un mécontentement légitime qui l'a conduit à remettre en question sa fidélité à notre marque. Il nous l'a annoncé sans détour. Cette décision occasionne une perte économique sérieuse pour notre société. »

Tout cela a été présenté comme un licenciement pour « cause réelle et sérieuse », et peut-être faut-il lire ici la complaisance de l'employeur qui a voulu éviter le licenciement pour faute, dont le traitement économique ultérieur aurait été bien moins favorable. Anatole s'en est réjoui, car il aurait été encore plus déprimé de se voir renvoyé pour une « faute ». Mais il livre bataille sur le fait que la requête du client ne lui a pas été communiquée dans les délais nécessaires et que la sanction est donc injuste.

L'entrevue chez les prud'hommes se déroule comme prévu. Le magistrat interroge le représentant de l'entreprise et son avocat ; après avoir entendu le récit de l'incident, il reformule ce qu'il croit avoir compris et assimilé : « Donc, si je comprends bien, messieurs, monsieur Anatole est renvoyé pour faute ? » Les deux adversaires d'Anatole savent bien ce qui s'est passé et ont leur conviction mais, comme souvent, ils n'ont pas pris le temps de réviser le dossier, qui n'est qu'un dossier parmi tant d'autres. Sans être très affirmatifs ni très vindicatifs, ils répondent : « Oui, il y a eu faute. »

C'en est trop pour Anatole, qui ne supporte pas l'idée qu'on lui impute une « faute » et s'imagine déshonoré par une inculpation infamante. Il prend d'autorité la parole pour obtenir sur-le-champ la rectification qui sauvera son prestige. Il brandit la lettre de licenciement, démontrant que le mot « faute » n'y figure nulle part. Les représentants de l'employeur acquiescent et modifient leur position : « Oui, tout bien réfléchi, c'est vrai, la qualification de faute n'a pas été retenue. Mais cela ne change rien à l'incident, ni à ses conséquences, et encore moins à la sanction qui a été décidée. Nous sommes en face d'un licenciement prononcé pour une cause réelle et sérieuse, fondée sur des faits constatés qui interdisent que soit accordée à monsieur Anatole la confiance sans laquelle l'exercice de son métier devient impossible. »

Au sortir, l'avocat d'Anatole est déconfit. Bien que ce soit Anatole qui ait intenté l'action, si la faute avait été retenue devant le magistrat, cela aurait diamétralement changé le cours de l'action : c'eût été à l'employeur et non à lui de déposer le premier ses conclusions et de dévoiler ses batteries. La riposte aurait été pour lui bien plus confortable que l'attaque.

Maintenant que le motif du licenciement a été ramené à des proportions plus mesurées et plus digestes, et que l'on est revenu aux termes de la lettre de licenciement, c'est à Anatole et son avocat de présenter les premiers leurs conclusions par écrit. L'employeur y répondra ensuite. C'est tout différent et bien moins favorable. Anatole a perdu une superbe occasion de se taire, qu'il risque de payer cher ultérieurement. Le licenciement pour faute n'a pas que du mauvais...

Nous l'avons souligné auparavant, quand vous travaillez avec un avocat, c'est lui qui décide de la manœuvre, et qui parle tant que personne ne vous demande rien. Si vous étiez questionné directement, il pourrait décider de répondre à votre place en disant « Mon client pense que... » et vous le signalerait avant que vous n'ouvriez la bouche par un coup de pied dans les chevilles, si elles sont sous la table. Vous lui apportez des bases d'analyse, des pièces permettant d'argumenter des démonstrations, des éléments de jurisprudence si vous en trouvez, et des réflexions ; mais c'est lui qui décide, ce n'est plus vous.

Il en ira de même lors de la préparation à la phase judiciaire, préparation dont la concrétisation écrite se trouve dans l'opuscule appelé « conclusions », qui doit être remis sur le bureau de la cour. Curieusement, la procédure dans laquelle vous vous trouvez engagé devant les prud'hommes est dite « orale », ce qui pourrait suggérer que les documents écrits et remis par les parties n'auraient aucune importance. Or cela signifie uniquement que la remise de conclusions écrites est facultative, laissée à la décision de ceux qui plaident ; il y a néanmoins obligation formelle de soumettre par écrit les pièces justificatives et les « moyens de droit ». Il s'agit ici des angles d'attaque qui auront été retenus, à savoir les lois, les règlements, la jurisprudence, les considérations juridiques sur lesquels se fondent vos réclamations. En réalité, tout ce qui aura ainsi été remis sous forme de papier sera un support fort utile aux arguments avancés devant les juges. C'est dire si ces documents doivent être soigneusement composés. Ce n'est pas à vous de les préparer, mais à votre avocat, sauf si vous décidez de plaider en personne.

Votre participation active

Mais votre avocat ne peut préparer les documents utiles que sur la base des faits dont vous l'approvisionnerez, et surtout des « pièces » avec lesquelles vous avez déjà soutenu vos allégations. D'où l'importance de les avoir soigneusement collectées, répertoriées et archivées (voir au chapitre 2). Vous saurez vite quels autres éléments de démonstration concrets et tangibles votre conseil aimerait détenir pour mieux défendre votre position, et vous partirez à leur recherche.

Le chef direct de Marie-Soizic n'aime ni son physique, ni son attitude, ni ses origines ethniques. Il ne cesse de lui chercher des noises, et, au terme de nombreuses dissensions, elle se trouve un jour licenciée pour insuffisance chronique de résultats. Il est vrai qu'elle n'est ni vraiment assidue à son travail, ni vraiment préoccupée par ses contributions et ses succès.

Son avocat la questionne sur le procédé permettant de dire que ses résultats sont insuffisants : elle lui indique que c'est au regard des objectifs qui lui sont assignés. Comment sont-ils assignés ? C'est le chef qui les fixe et qui, naturellement, se garde de charger ses séides et ses flatteurs, mais ne se prive pas d'épuiser ceux qui se voudraient constructifs en disant crûment leur vérité. Pourrait-on montrer que ces objectifs ne sont pas toujours atteignables ? Au plan de la répartition dirigée par ce chef discutable, cela ne semble pas facile ; rien n'est assez documenté pour fonder une tentative d'action.

Mais subitement, la lumière se fait jour dans l'esprit de Marie-Soizic sous la forme d'un éclair d'intuition. Le PDG fut jadis un coureur de cent mètres, avec un honnête palmarès dans le contexte universitaire où il brillait aussi à d'autres titres. Son aphorisme favori est que « pour gagner un 100 mètres, il faut courir 110 mètres ». C'est vrai, celui qui ralentirait avant la marque et y arrêterait sa dernière foulée ne décrocherait jamais aucune médaille olympique. Ce dirigeant en a fait une méthode de *management*. Les objectifs qu'il assigne dépassent systématiquement ce qui est nécessaire à l'équilibre de la société, ce qui est attendu et même ce qui est possible avec les moyens disponibles. Mais il a l'art de transformer la vie de chacun en un dramatique enfer, crucifiant avec raffinement tous ceux qui n'atteignent pas l'objectif reçu, c'est-à-dire la grande majorité. Et ceux qui y parviennent lui démontrent implicitement qu'il s'est trompé, qu'il n'a pas fixé la barre assez haut : seuls les employés qui échouent non loin du but sont l'objet de sa sympathie, car ceux qui réussissent deviennent suspects ; c'est le monde à l'envers… Il pense qu'ainsi il extorque de chacun le maximum. Sous sa conduite énergique, la société a d'ailleurs connu un redressement spectaculaire, suivi d'une prospérité largement saluée par les observateurs. Du moins par les observateurs externes, ceux de l'entreprise en attribuant une grande part à l'ingéniosité des produits lancés après le départ du prédécesseur qui les avait conçus et développés. L'actuel PDG en a bien profité et n'a nulle part oublié de s'en approprier le seul mérite.

Interviewé par un grand quotidien sur son style de *management* apparemment si efficace, il a cité en première place sa méthode principale : « Donner des objectifs impossibles à atteindre. » Il a ensuite expliqué son approche en détail, comme ce qui la justifie à ses yeux. Mais le journaliste n'a pas retenu toute cette dissertation et n'en a fait qu'une présentation partielle. Le PDG n'a pas demandé de rectification, qui n'aurait d'ailleurs rien arrangé. Dans l'entreprise, l'idée s'est installée que le patron s'est laissé déborder par sa verve en érigeant et proclamant comme religion première la distribution de cibles inaccessibles, puis le maniement du fouet pour obtenir de tous l'effort qu'ils auraient interrompu s'ils avaient atteint un objectif plus réaliste et plus limité. Pas bien malin... Mais il l'a dit, et le journal l'a écrit. L'affaire a fait un peu de bruit, les syndicats s'en étant emparés, mais elle a vite été oubliée.

C'est pain bénit pour l'avocat de Marie-Soizic. Il faut tout de suite retrouver l'article, et si possible les réactions des sections syndicales. Sans y avoir d'amis, Marie-Soizic jouit parmi ces employés particuliers d'un capital de sympathie irréfléchi mais dynamique, comme tout collègue en difficulté. L'article est récupéré et deviendra un élément essentiel de la défense : comment une entreprise pourrait-elle reprocher à une employée consciencieuse et dévouée de ne pas remplir des objectifs qui sont systématiquement et délibérément fixés au-delà du raisonnable et de l'équitable ? Si certains les atteignent, tant mieux pour eux et merci à la chance qui les a servis. À moins qu'ils n'aient artificiellement grossi les obstacles et minimisé les opportunités dans leur secteur avant la distribution des cibles.

De toute évidence, une employée honnête, qui ne dit que la vérité, ne peut pas y arriver. De là à trouver dans sa déficience un motif pour rompre son contrat de travail, il y a un pas que l'entreprise n'aurait jamais dû franchir. L'affaire se présente maintenant sous un jour plus favorable.

Ainsi, ce sera à vous de trouver les « perles précieuses » qui alimenteront votre avocat : il n'a pas d'autre capacité que de mettre en musique ce que vous lui apporterez. Mais c'est un mérite essentiel, car il connaît le droit, et dans le minerai brut dont vous le ravitaillerez, il saura immédiatement trouver la « pépite » et surtout rejeter les innombrables scories qui manquent d'intérêt ou de force probante. À vous donc de vous montrer créatif et de fureter avec habileté…

Il est également essentiel de bien présenter ce que vous apporterez : idéalement, le document que vous pensez pouvoir être pris en compte, avec les passages appropriés surlignés en jaune grâce au marqueur adéquat, et complété d'un petit résumé dactylographié expliquant le contexte, et pourquoi vous le croyez important. Faites gagner du temps à votre avocat, surtout s'il vous facture à la minute passée. Vous n'aurez pas oublié de numéroter au crayon ces pièces, cette référence étant indispensable pour raccourcir ses recherches dans votre volumineux dossier. Pourquoi au crayon ? Vous pourrez ainsi faire disparaître votre indication quand vous ferez les copies définitives des seules pièces que votre avocat produira pour le procès, et qui seront alors numérotées selon le système et l'ordre qu'il aura choisis.

C'est aussi le bon moment pour commencer à fouiner sur Internet. Vous y trouverez des sites innombrables et des forums touffus sur les sujets qui vous intéressent. Nombre de points abordés ici bénéficieront par ces lectures de précisions nécessaires ou d'adaptations à votre cas personnel : travail dans l'agriculture ou convention collective particulière, accident du travail, spécificités des contextes du plan de sauvegarde de l'emploi, etc. Du fait de la variété de ses questions, le droit social requerrait la lecture d'une belle collection de livres pour être correctement abordé. Imaginez seulement : sans doute plus de cinquante mille pages pour le « droit positif » (lois, circulaires, conventions collectives et jurisprudence) ! Personne ne peut tout connaître ni tout mémoriser… Ce n'est plus un maquis, c'est une jungle…

À tout hasard, essayez d'y rechercher pour votre avocat des décisions de jurisprudence, à savoir des jugements ou arrêts déjà rendus dans des situations proches de la vôtre, si ce n'est identiques. Votre conseil connaît les principaux et les a étudiés. Mais au cours de votre prospection laborieuse, vous pourriez faire apparaître des trouvailles qu'il peut ne pas connaître, comme des positions adoptées par des tribunaux distants et que la presse professionnelle n'a guère traitées : elles n'ont pas moins de valeur dans la compréhension du droit que ce qui se décide à Paris ou à Versailles. Demandez « jurisprudence » à votre moteur de recherche ; il vous fournira toutes les pistes d'exploration. Il est ainsi tout à fait possible que vous détectiez un arrêt qui aide grandement votre avocat, avec la formulation épatante qui convaincra.

Vous pourriez répliquer que, puisque vous payez l'homme de loi, c'est à lui de se livrer à cette tâche digne d'un Sherlock Holmes. En fait, nous venons de le dire, il pourrait passer la totalité de sa vie à votre service, que cela ne suffirait encore pas pour explorer toute la jurisprudence. Du fait de votre disponibilité, vous devriez en repérer plus que ce que les études et la culture de votre avocat lui permettent de connaître : c'est à vous de vous mettre en chasse. Dans vos découvertes, il fera le tri et retiendra ce qu'il estime utile pour son argumentaire. C'est une petite part de votre apport, mais ce pourrait être une part déterminante.

Par ailleurs, ne perdez pas de temps à tenter de convaincre votre conseil. Assurez-vous seulement de ce qu'il a bien compris ce qu'il a entre les mains et comment vous imaginez que les arguments que vous lui fournissez pourraient servir votre action. Qu'il accepte ou rejette n'est pas important, il sait ce qu'il fait, mais il serait désastreux qu'il n'ait pas compris et rejette une proposition à mauvais escient.

Les conclusions

Votre avocat soumettra ses conclusions à votre relecture avant de les déposer au tribunal. Selon votre talent littéraire, votre degré de préparation et la complexité juridique de la cause, votre concours sera plus ou moins important : inutile de remettre en langue française distinguée et académicienne ce que vous estimeriez trop rustique dans la rédaction de l'avocat. Ce serait un moyen sûr de l'inquiéter et sans doute de le vexer. Contentez-vous de signaler les passages qui vous semblent incompréhensibles dans la description de la situation, en oubliant ceux que le jargon judiciaire rend impénétrables pour le novice.

Regardez aussi si tous les points que vous avez apportés, et qui avaient semblé recueillir l'approbation de votre avocat, se retrouvent bien dans les conclusions. Dans le cas contraire, il faut l'interroger verbalement lors d'une rencontre ou par un petit message internet : « Maître, lors de nos conversations, il m'avait semblé que vous aviez été interpellé par le récit de ma rencontre avec monsieur Petyzaiphe le

4 novembre de l'année dernière, et par le document en rendant compte que je vous avais fourni (pièce jointe n° 43). Sauf erreur de ma part, je n'en retrouve pas mention dans vos conclusions. Vous devez avoir une bonne raison pour son abandon. Merci par avance de bien vouloir[1] m'éclairer sur ce sujet. » Il est encore temps de réparer un oubli ou une inadvertance de votre conseil. Une fois les conclusions remises, c'est toujours possible, mais l'adversaire peut en profiter pour rallonger les délais à chaque fois.

Le dépôt des conclusions est souvent le moment de faire connaître à votre employeur à la fois votre détermination, vos prétentions et espoirs, et la force de votre position. Il serait bien étonnant que vous lui ayez montré, lors des conversations préliminaires, toutes les pièces que vous déteniez ; en outre, les conversations avec votre avocat vous auront conduit à en trouver d'autres. Ce sera aussi la première fois que vos adversaires liront votre position éclairée d'une manière aussi bien argumentée, et soutenue aussi bien par des considérations juridiques, avec appel à la loi, aux règlements et à la jurisprudence. Et qu'ils verront toutes vos pièces à conviction enfin rassemblées et articulées en une mise en scène implacable : ils vont avoir de mauvaises surprises, alors que vous en savez beaucoup sur les arguments adverses depuis un bon moment déjà : ils vous auront été expliqués tout au long des écrits et conversations qui vous ont mené jusque-là.

1. L'expression « merci de bien vouloir » n'est qu'une demande courtoise et pleine de déférence ; « merci de vouloir bien » est une instruction comminatoire et quelque peu vigoureuse, une mise en demeure. Dans le cas présent, évitez la seconde formulation.

La prise de connaissance des conclusions de votre employeur est alors un moment très pénible et qui ne sera pas évité, car la procédure devant les prud'hommes est « contradictoire » : elle ne peut commencer que lorsque la partie adverse, votre employeur ou du moins son avocat, a contredit ce qui était affirmé de votre côté, et en particulier ce qui fondait votre argumentation. Ce que l'on vous reprochait va maintenant vous apparaître sous un jour différent, dans l'exposé qu'en fait son avocat. Vous devriez hurler à la mauvaise foi : des faits anodins seront présentés dans un écrin ne mettant en valeur que leurs aspects les plus accablants. Quand vous vous attendiez à des reproches, vous ne trouverez que dénigrement et calomnie, avec des insinuations avilissantes. Des allusions perfides et mal démontrées (à vos yeux) émailleront la rédaction de la partie adverse. Des témoignages inattendus et partiaux seront déclarés péremptoires. Le mot « diffamation » vous montera aux lèvres. Du calme ! Ce n'est que la réponse du berger à la bergère : votre employeur avait eu de mauvaises surprises en lisant vos conclusions avec son avocat, et maintenant c'est votre tour. Asseyez-vous, servez-vous un verre d'un excellent côtes-du-rhône, et remettez toute réaction au lendemain. Vous savez dorénavant sur quoi vous allez travailler.

Les discussions en vue d'une éventuelle transaction

Ce sera alors le moment de faire annoncer par votre avocat qu'il pourrait tenter une transaction : il aura prévu dans les demandes de ses conclusions une marge de négociation, sur laquelle vous serez tombés d'accord. Sous le sceau du secret, il essayera d'amener son confrère, et l'employeur que vous attaquez, à admettre qu'un mauvais arrangement à ce niveau est préférable au meilleur de tous les procès. Vous pourriez ainsi vous trouver heureusement débarrassé d'un conflit qui sinon consommerait beaucoup de vos ressources, et en particulier de votre énergie ; consommation d'autant plus détestable qu'elle interviendrait au moment où toute votre résolution devrait se concentrer sur le futur pour trouver un nouvel emploi, ou pour repartir sur une base assainie si votre action n'est liée qu'à une confrontation (et non à un licenciement).

Pourtant, des obstacles s'opposent à cette discussion dans les jours suivants la remise des conclusions.

Tout d'abord, votre employeur et vous-même avez chacun en tête une idée de ce qui serait justifié. Or, pour le moment, un large fossé sépare vos conceptions. Le temps pourrait bien par la suite combler cet écart, et l'on voit d'innombrables cas où les deux parties finissent par s'accorder sur un compromis que l'une comme l'autre auraient déclaré totalement inacceptable au début de leur confrontation. Et il sera alors notable que l'une comme l'autre, séparément, se frottera les mains en déclarant solennellement avoir fait une excellente affaire. Voyez les traditionnels bulletins de victoire des syndicats ou des comités d'entreprise concernant des compromis bien éloignés de leurs positions initiales : souvent, quelques mois auparavant, ils avaient certifié publiquement qu'ils n'en bougeraient pas d'un demi-millimètre. Il en va de même sous la plume ou dans les propos des hommes politiques. C'est que bien des prises de positions originelles ne sont que des rodomontades destinées à impressionner la partie adverse quant à la détermination officiellement affichée. Par la suite, au fil des mois, les arguments ont le temps de toucher leur cible, de s'installer dans les consciences avec leur portée réelle. Vous avez vu votre employeur polémiquer sur les propositions soumises par votre avocat, et ce dernier n'aura pas manqué de vous montrer certaines forces de ces répliques. Peu à peu vous accepterez le cheminement vers le compromis. Même chose en face.

Ensuite, les avocats eux-mêmes peuvent représenter un obstacle. Ce qui se conclurait d'aussi bonne heure ne démontrerait pas complètement combien ils sont utiles. En particulier, l'avocat de votre employeur n'aurait pas encore bien justifié ses honoraires si ces conversations prenaient place avant qu'il ait répondu à vos conclusions. De surcroît, il se pourrait que le vôtre ait vraiment envie d'aller jusqu'à la plaidoirie : il sent bien cette affaire, il a envie de la poursuivre et par là même de développer sa compétence et son image dans sa sphère professionnelle. Il pourrait de plus espérer une décision de justice historique. Bien des raisons peuvent lui donner envie de soutenir vos intérêts dans le prétoire, y compris sous l'influence de considérations étrangères à votre seule défense. Vous ne saurez ni les discerner ni les évaluer : autant le suivre fidèlement, il est compétent et définitivement engagé à votre service.

Les manœuvres dilatoires

Il n'est nullement impossible que l'avocat de votre employeur vous fasse mariner à dessein, et durablement. Rien ne le presse, et chaque jour qui passe va vous coûter de l'argent et des ressources. Vous pourriez vous énerver, vous effondrer, paniquer, être excédé et devenir malléable au point d'accepter un compromis bien moins avantageux que ce que méritent vos arguments. Les manœuvres dilatoires à la disposition de l'avocat sont innombrables. Elles peuvent aussi se poursuivre, car votre avocat répondra à ces conclusions, vous recevrez ensuite une réponse à cette réponse, etc., jusqu'à ce qu'il n'y ait rien de plus à se dire, et que tout ait été montré, bien longtemps après.

Votre adversaire peut commencer sans plus attendre, en demandant des délais pour la remise de ses conclusions, la reporter, demander puis obtenir un autre report, et encore un autre report, jusqu'à ce que la cour lui adresse une « injonction de conclure ». Cela ne se produira pas avant qu'elle ne se trouve elle-même indisposée par ces manipulations qu'elle jugerait enfin abusives. Mais l'injonction sera tardive, car les juges veulent avant tout être impartiaux ; ils penseront avec raison qu'ils ne pourraient pas l'être s'ils acceptaient de juger sans être parfaitement documentés de part et d'autre. Mieux vaut attendre le bon document que d'accepter de s'en passer. Les semaines et les mois auront ainsi défilé. Vous aurez sans doute des réunions avec l'avocat de votre employeur, en compagnie de votre propre avocat (et les honoraires et frais de déplacements qui vont avec…).

Une des astuces classiques consiste à remettre les conclusions, puis à tarder à livrer les pièces qui les soutiennent. Mais gare au demandeur qui voudrait se réserver une « arme de destruction massive » inconnue, à tirer en cours d'audience : ce serait le meilleur moyen d'en provoquer encore le report afin de laisser à l'avocat de la défense, l'employeur, le temps de prendre connaissance de cet élément nouveau et de le plaider sans improviser.

Par la suite, l'un des expédients favoris de votre adversaire pour gagner du temps consistera à appeler une autre personne dans la « cause ». La « cause », c'est le sujet que vous avez demandé aux juges de trancher. Jusqu'ici, dans cette cause, il n'y avait probablement que vous et votre employeur. Mais ce dernier, par le truchement de son avocat et au regard de vos déclarations, peut à tout moment dans le déroulement de la procédure, estimer ou affirmer indispensable que le débat soit étendu à une autre partie. Celle-ci pourrait partager la responsabilité de l'employeur et contribuer à ce dont les juges trouveraient bon de vous gratifier.

Et si au cours de votre action judiciaire, votre employeur dépose le bilan, attendez-vous à un autre délai supplémentaire : il faudra appeler dans la cause le mandataire judiciaire ayant repris la responsabilité de ses affaires et le fonds national de garantie des salaires (FNGS). Sinon la condamnation de l'employeur ne vous rapporterait pas un centime, et la réintégration se limiterait à un concept virtuel. Le temps et votre impatience sont vos seuls vrais handicaps.

Ludovic Sioubad est un employé très estimé. Il travaille sur un tour à décolleter et y a été blessé par un copeau de métal en forme de ruban qui lui a lacéré le dessus de la main gauche, endommageant plusieurs tendons. Certes, c'est un accident du travail, qui sera traité comme tel. Mais il aurait pu être évité si l'employeur avait mis en place certains écrans de protection. Ou au moins si des consignes de sécurité plus accessibles avaient été rendues disponibles.

Comme ce n'est pas le cas, des amis et camarades de travail ont convaincu Ludovic de demander à son patron une indemnisation consistante pour une légère incapacité résiduelle qui semble devoir persister, et qui pourrait être présentée comme risquant d'amoindrir à terme sa valeur professionnelle. Un avocat consulté amicalement a déclaré la cause en question tout à fait valable, certifiant que l'employeur était en faute et qu'il ne devrait pas s'en tirer à si bon compte. Ludovic Sioubad s'est peu à peu convaincu que tout cela était sensé et que la procédure serait rapide, tant les choses sont claires.

Plusieurs années plus tard, à la seconde audience devant les prud'hommes, l'avocat de l'employeur déclare qu'il ne peut plaider, et qu'au vu des dernières conclusions de l'employé, il estime maintenant nécessaire d'appeler dans la cause le fabriquant de la machine-outil. N'est-ce pas lui en effet qui devrait assumer les conséquences d'un accident intervenu en raison, primo, de l'absence d'un équipement indispensable sur son produit ; et secundo, de l'absence de toute mise en garde que l'employeur aurait automatiquement répercutée à l'identique dans ses consignes ?

Comment les juges pourraient-ils ne pas accepter cette demande ? C'est reparti pour un an, voire plus. L'entreprise et son avocat ont pour eux la durée et la patience : c'est le point où l'employé souffre d'une différence qui le désavantage.

La créativité des avocats est tout à fait féconde en matière d'astuces de temporisation. Et ne comptez pas trop sur votre propre avocat pour combattre avec la corne basse : quels arguments pourrait-il bien invoquer ? D'ailleurs, pour lui, c'est du travail en plus, sans préparation supplémentaire à ce niveau.

Cela dit, lorsque ces manœuvres vous semblent abusives, il existe dans notre justice un procédé permettant d'obtenir une décision instantanée : c'est l'« action en référé ». Il s'agit d'une procédure extrêmement rapide par laquelle un tribunal rend une décision à effet immédiat, parce qu'il y a urgence. Mais hélas, en pratique, on ne peut vraiment en faire usage que s'il faut faire cesser une situation de péril imminent dans laquelle l'ordre public serait mis en cause – et il est quasi impossible que ce soit votre cas – ou si aucune contestation sérieuse n'est possible. Par conséquent, elle ne vous est pratiquement ouverte que pour une réclamation concernant votre salaire, sans lequel votre vie matérielle serait impossible. Ne soyez donc pas surpris si votre avocat vous en dissuade : dans tous les autres cas, les juges des référés rejettent l'action et la renvoient aux juges du fond, devant lesquels vous vous retrouverez de toute manière. Quelque frénétique que soit votre envie d'en finir, les délais qui vous sont infligés par votre adversaire sont inhérents au rythme de la justice, et vous n'y pouvez rien.

L'audience

Un jour, pourtant, vous serez enfin convoqué pour l'audience. Avec votre avocat, vous arriverez très en avance – une heure ne serait pas de trop. C'est en effet le dernier moment où votre employeur et son conseil peuvent tenter une ultime conciliation. Soyez-y préparé : dans l'antichambre du prétoire, les marchandages pourraient aller bon train. Essayez tout de suite de trouver un local permettant de les accueillir discrètement, demandez à un employé si vous pouvez en disposer, et installez-vous-y : vous éviterez les oreilles indiscrètes, et si vous voulez discuter confidentiellement avec votre avocat, il vous suffira de retourner dans le hall, hors de vue de votre adversaire (l'avocat de votre employeur, et parfois certains salariés de sa structure venus au tribunal pour voir, ou pour négocier). Il pourrait bien avoir dans la sacoche une offre jamais encore dévoilée, meilleure que tout ce que vous avez déjà entendu et qu'ils réservaient pour la dernière minute en espérant que vous auriez cédé plus tôt à des propositions moins avantageuses. Il est également possible que vous ayez vous aussi un compromis innovant à proposer. C'est le moment dont il faut profiter. Un manuscrit rédigé hâtivement mettrait les choses au clair et serait signé par les parties séance tenante. Si telle était l'issue, à l'appel du greffier, les avocats se présenteraient pour déclarer que le litige est éteint, une solution convenant à tout le monde ayant été trouvée. Acte en serait pris par le tribunal.

Sinon, en route pour la salle d'audiences. Le greffier s'est installé le premier et a fait se lever les personnes présentes à l'arrivée des magistrats. Ils sont au nombre de quatre : un président et trois conseillers. Les cas sont examinés selon la séquence prévue. Les demandes de report alternent avec les plaidoiries au fond. Pour commencer, au moment où vous entrez dans la salle, éteignez votre téléphone portable : imaginez l'impression fâcheuse que ferait votre sonnerie en plein milieu des plaidoiries, surtout si vous en avez sélectionné une dont le message reflète vos préférences politiques, comme « Debout les damnés de la terre… » ou « Maréchal, nous voilà… » ! Pour faire bonne mesure, vérifiez aussi que le portable de votre avocat est éteint, ainsi que celui de tous les individus qui vous ont accompagné pour vous soutenir ou pour observer la manière dont est traité votre cas, avec l'espoir d'y trouver de l'inspiration pour le leur. Asseyez-vous juste derrière votre avocat, afin de pouvoir lui passer de petits papiers convoyant les observations que vous y noteriez à l'écoute des plaidoiries adverses. Ne pas en abuser toutefois, cela pourrait irriter les juges. Abstenez-vous de chuchoter ou de palabrer à voix basse avec qui que ce soit, ce serait mal vu.

Les magistrats sont parfois un peu anguleux avec les avocats : ne vous en inquiétez pas, cela ne signifie rien quant à la manière dont ils reçoivent la plaidoirie du vôtre. Ils peuvent poser des questions, mais rarement à vous directement.

Votre avocat vous présentera sans doute, et vous aurez fait un effort de toilette en réfléchissant à l'image que vous voulez donner. Toute excentricité et tout négligé sont à bannir : les juges auront une tenue correcte, et il serait malséant de ne pas faire de même, par déférence pour eux. Quand votre avocat vous désignera en disant « mon client, monsieur Fortuné », vous saluerez debout, d'un signe de tête courtois. La tentation pourrait être forte, en cours de plaidoirie, de sauter dans l'arène pour rectifier un point ou pour insister sur un autre que vous craindriez de voir omis ; n'en faites surtout rien, c'est l'avocat qui mène la danse, pas vous. S'il oublie un morceau de la chorégraphie prévue, tant pis, les juges le retrouveront dans les conclusions écrites.

Votre cas cédera la place au suivant quand le président aura annoncé la date à laquelle le jugement sera rendu disponible : « délibéré au 18 mars ». Vous vous retrouverez dans l'antichambre avec votre avocat, pour un *debriefing* rapide sur ce qui s'est passé. Ou au bistro du coin. Vous aurez perçu des choses qu'il n'aura pas ressenties, et inversement. L'avocat de votre employeur peut se joindre à la conversation, ce n'est pas inusuel (certainement sans les représentants de l'employeur, répartis en courant à leurs devoirs et peu désireux de vous retrouver). Vous verrez alors les deux professionnels échanger sur le mode le plus détendu, voire s'amuser des coups qu'ils se sont faits l'un à l'autre : « Là, tu as fait très fort… Ici tu ne t'y attendais pas… Sur ce point, je doute que tu aies réussi à convaincre… » Tout cela est anecdotique. L'essentiel est pour vous de remettre au point ce qui n'a pas été parfait, pour être meilleur la prochaine fois, le cas échéant.

Le jugement

La décision sera communiquée à votre avocat, qui s'empressera de vous la téléphoner. Allégresse et champagne, ou amertume et soupe à la grimace…

Ce qui est décidé dans le domaine des salaires est exécutoire de plein droit et sans délai ; cela signifie que vous n'aurez aucune peine à obtenir tout de suite les sommes correspondantes, et si le versement traînait, votre avocat saurait s'en occuper.

La décision de réintégration, ou celles prises dans le domaine des indemnités compensatrices du préjudice que vous auriez subi sont traitées différemment : elles ne devraient être effectives que quand il sera certain que votre employeur n'a pas opté pour une poursuite de l'action en appel (voir ci-dessous), ou que le délai permettant cette nouvelle démarche est dépassé. Néanmoins, les prud'hommes peuvent décider de rendre disponible à votre profit, immédiatement, une part de la somme qu'ils ont estimée et déclarée méritée. Ils prononcent alors une exécution provisoire, mais le montant équivaut au maximum à neuf mois de votre salaire. Nous vous recommandons de bien insister pour que votre avocat le demande expressément en votre nom dans ses conclusions et sa plaidoirie. Vous auriez non seulement un peu plus de liquidités sur-le-champ, mais ce serait en outre favorable si vous ou votre employeur décidiez d'aller en appel. Il semble en effet que les magistrats de la cour d'appel n'inclinent pas souvent à demander au salarié de restituer ce que les prud'hommes avaient décidé de lui accorder. Les probabilités de conserver ce que vous avez déjà en poche sont toujours meilleures que les espérances qu'il vous soit concédé plus tard.

Les prud'hommes dans l'incapacité de trancher

Les quatre conseillers que vous avez vus sont pour deux d'entre eux élus par les employés, et les deux autres par les employeurs. Il peut arriver qu'ils n'arrivent pas à converger sur une conclusion commune. Leurs efforts sont impuissants à trouver conjointement la bonne solution. Le législateur a prévu ce cas. Le jugement est alors provisoirement suspendu et il est fait appel à un juge « départiteur », magistrat de métier issu du tribunal d'instance, qui reprendra intégralement la procédure en présence des mêmes conseillers, puis prononcera le jugement en fonction de sa propre appréciation du litige. Mais cette procédure n'est employée qu'en toute dernière extrémité car les conseillers prud'homaux sont conscients du fait qu'elle manifeste un constat d'échec de leur juridiction, et ne souhaitent pas la voir taxée d'insuffisance par les magistrats de métier. Ils sont alors tentés de négocier un jugement mi-chèvre mi-chou qui, inévitablement, déconcertera le défendeur (l'employeur) et lui fera dire, avec une absence de nuances parfois constatée, que les prud'hommes sont trop systématiquement favorables aux salariés.

L'appel de la décision prud'homale : la cour d'appel

Si votre demande portait sur un montant inférieur à 4 000 €, vous et votre employeur devrez vous accommoder de la position adoptée par le conseil des prud'hommes : en deçà de cette limite, ils jugent en dernier ressort[1]. Au-dessus de ce montant magique, pendant

1. Faute de pouvoir alors aller en appel, vous pouvez quand même vous pourvoir directement en cassation (voir plus loin).

le mois qui suit la notification de ce jugement, chacune des parties peut en faire appel, et vous pourriez en avoir la tentation si vous vous estimiez mal traité. Si votre avocat vous en détourne, surtout n'allez pas dans cette direction. N'en cherchez pas les raisons, contentez-vous de suivre cet avis sans discuter.

En revanche, s'il vous recommande le recours en appel, vous accueillerez sans doute ce conseil avec quelque distance, en vous interrogeant sur sa pertinence. Car aller en appel pour ce professionnel pourrait vous sembler assez facile : il aura de nouvelles conclusions à rédiger, certes, ne serait-ce que pour réfuter la décision prise en première instance par les prud'hommes ; mais comme il connaît déjà intimement le dossier, il n'aura pas à y consacrer les mêmes efforts qu'au moment où il l'a pris en main. Sa productivité ici devrait donc être meilleure qu'au procès initial. Vous pourriez alors redouter qu'il tende naturellement à vous pousser à aller en appel. Et comme vous ne saurez jamais le fin du fin, il vous faut chercher à estimer vos chances de réussir. Si vous avez plaidé en personne aux prud'hommes, vous pouvez persévérer dans cette solitude en appel, avec les mêmes risques un peu augmentés.

Sinon, le fait que votre avocat opte pour cette orientation ne doit pas vous conduire à la suspicion, car la cour qui examinera alors votre dossier est totalement différente du tribunal précédent. Vous ne serez plus confronté qu'à des juges professionnels issus de l'École nationale de la magistrature. Contrairement aux prud'hommes, ils n'ont pas d'autre emploi. Ce sont des juristes compétents, mais dont aucun n'a durablement travaillé en entreprise, *a fortiori* à des postes de responsabilité. Et à la différence des prud'hommes qui connaissent tous les coups et dont le bon sens pratique est redoutable, les juges d'appel se réfèrent prioritairement au droit, à la jurisprudence, au respect exigeant des procédures. Ils ne peuvent avoir une connaissance intime, pratique, de tous les métiers et de tous les milieux professionnels. Ils disent la loi et ils l'appliquent, mais il est douteux que votre dossier ait autant de projection concrète et charnelle pour eux que ce que vous auriez connu avec les prud'hommes.

Vous pourriez imaginer que ces magistrats répugneraient à désavouer leurs collègues prud'homaux. Ne devrait-il pas exister une solidarité entre individus du même métier ? Rassurez-vous, il n'en est rien. L'indépendance est réelle, et ces juges banniront toujours toute idée de compromission de cette nature. De plus, même si cela est secondaire, ils n'ont rien de commun avec les prud'hommes : entre autres, ni le vécu, ni la formation, ni l'origine – université pour les uns, élection pour les autres.

Notez aussi que votre appel est à tout moment rétractable. Si la négociation évolue avec votre employeur et progresse jusqu'à un niveau qui vous satisfait, vous pouvez mettre un terme à ce recours. Cependant, votre employeur peut avoir associé à votre initiative, pilotée par votre avocat, un « appel reconventionnel ». Si tel était le cas, votre appel serait retiré, mais vous vous retrouveriez tout de même devant la cour pour plaider suite à l'appel (bien maintenu, lui) de votre employeur. Vous ne gagneriez rien, et il ne faut donc interjeter appel que si vous êtes bien décidé à aller jusqu'au bout.

Vos chances de succès sont maintenant d'une nature tout autre que devant les prud'hommes, et souvent meilleures. Certains employeurs qui ont gagné aux prud'hommes, mais pas assez nettement selon leur opinion, ont parfois la tentation de faire appel de la décision pour obtenir davantage. C'est rarement une bonne inspiration de leur part, car les critères d'appréciation pourraient bien être différents en cour d'appel (ce qui n'a pas le moindre lien avec une indépendance et une conscience professionnelle tout autant irréprochables que chez les prud'hommes). Surtout, la sélection de ces critères et leur importance relative font que l'institution a acquis la réputation d'être en moyenne plus favorable à l'employé que la première instance devant les prud'hommes.

Complétons avec le syndrome de David contre Goliath, et la sympathie instinctive que se concilie le faible : ils pourraient jouer ici bien plus qu'au conseil des prud'hommes. C'est excellent pour vous. Il se dit d'ailleurs que certains de ces tribunaux sont si bienveillants pour le salarié, que l'employeur n'a aucune chance d'y gagner. En l'occurrence, certaines villes ont une réputation de nature à vous rendre optimiste. Votre avocat saura vous les spécifier, de même qu'il vous dira si la cour d'appel que vous rencontrerez appartient peu ou prou à cette catégorie : elle n'est pas de parti pris, mais applique sa hiérarchisation aux faits soumis à son analyse. Chacun a ses valeurs. C'est sans doute de bon augure pour vous.

Seulement, votre employeur accède aux mêmes informations et pronostics. Si les choses promettent d'évoluer ainsi et qu'il n'a pas envie de transiger, il ne lui reste qu'une seule solution – toujours la même –, qu'il va mettre en place au plus vite : la guerre de tranchées. Le but sera de faire durer l'affaire, par des procédés que nous avons déjà évoqués en parlant de son avocat. Les subterfuges destinés à provoquer des ajournements vont se multiplier, de même que les frais pour vous. L'objectif, jamais avoué, sera de vous abattre et de vous conduire à jeter l'éponge. Faites-en immédiatement une froide analyse, puis décidez si vous acceptez la première décision des prud'hommes en renonçant à l'appel – malgré les chances de succès que vous imaginez –, ou si vous continuez la surenchère. Autre option : il pourrait être astucieux d'introduire l'action en appel afin de bien montrer à l'employeur votre certitude inébranlable quant à la validité de votre position, puis d'entrer à la meilleure occasion dans la négociation en vue d'une transaction. Les avocats la discuteront.

Sur le plan du déroulement et de l'étiquette, vous vous comporterez devant ce second tribunal comme devant les prud'hommes – même réserve, même discrétion, même correction. Cette fois, vous vous retrouverez à la « chambre sociale », une section spécialisée de la cour d'appel. L'audience se fera le plus souvent en présence de trois magistrats : un président auquel les avocats s'adresseront en l'appelant « monsieur le président » ou « madame le président », et deux assesseurs qui participent silencieusement. Contrairement aux prud'hommes qui apparaissent en civil, tous seront ici en robe noire (le bleu de travail de cette profession). Le jugement sera prononcé au terme du délai annoncé à la fin des plaidoiries, et s'appellera indifféremment « décision » ou « arrêt ».

Du fait des charges de travail dans ce domaine, le président est parfois seul derrière sa table. On dit alors que le tribunal siège « en chambre restreinte ». Les assesseurs ne sont pas présents, mais ils participeront à l'élaboration de la décision lors d'une discussion sur le dossier au cours de laquelle le président leur rendra compte de l'audience. Votre avocat est libre de refuser cette modalité et de réclamer la

« plénière ». Mais il est probable qu'il ne le fera pas ; le risque d'indisposer la cour n'est pas compensé par la perspective d'une décision différente, car personne ne saurait conjecturer si elle serait ou non plus heureuse.

À la différence des prud'hommes, les arrêts de la cour d'appel sont exécutoires immédiatement : ce que ses magistrats vous accorderont sera versé sans délai par votre employeur, quelle que soit la suite qu'il entend donner à votre confrontation et au traitement qui vous aura été réservé.

Au-delà de la cour d'appel : le pourvoi en cassation

Si la cour d'appel n'a pas rendu la décision que vous espériez, vous pouvez en dernier ressort faire appel de son « arrêt ». Même chose pour votre employeur. Après notification du résultat de l'appel, un délai de deux mois est accordé pour prendre cette option. Vous vous retrouverez en cassation : là, vous changerez complètement de registre. Et persévérerez dans une longue campagne que votre employeur, avec son avocat, s'ingéniera à faire durer – trois ans, quatre ans, cinq ans ?

La Cour de cassation est la juridiction suprême dans notre pays pour les affaires privées. Elle s'intéresse aux seuls jugements rendus en cour d'appel et qui, de l'avis au moins de l'une des parties, posent un problème de droit. Si vous avez été licencié pour avoir en public abreuvé votre président d'un tombereau d'insultes diffamatoires, un jour où vous étiez comme trop souvent pris de boisson, ce sont des faits, et vous perdriez votre temps, comme beaucoup de votre argent, en introduisant un pourvoi en cassation.

Votre avocat

Pour aller en cassation, commencez par vous assurer les services d'un avocat spécialisé, car celui avec lequel vous avez jusqu'ici travaillé ne sera pas accepté. Vous avez désormais besoin d'un spécialiste qui exerce uniquement devant cette cour et devant le Conseil d'État (la juridiction suprême qui traite des litiges opposant des plaignants à l'État ou à des instances administratives). D'où son titre d'« avocat au Conseil », et non plus « avocat à la Cour » comme votre précédent partenaire. Il faudra donc repartir à zéro pour tout expliquer de nouveau à cet intervenant, qui n'adoptera pas automatiquement les approches de son prédécesseur (d'ailleurs pas toujours assez complet sur les arguments de droit qu'il faut exclusivement développer ici) : dans ses conclusions et sa plaidoirie en première instance et en appel, il aura privilégié ce à quoi les juges de ces niveaux sont sensibles, et pour une vaste part les faits. Or la Cour de cass. ne s'intéresse aucunement aux faits.

Grands spécialistes de droit du travail mais pas forcément de la vie du salarié, ces avocats sont rémunérés en rapport avec leurs compétences ; c'est dire que leurs honoraires sont justifiés, mais tout sauf maigrelets. Évidemment, vous pouvez rêver de trouver un avocat spécialisé qui découvrirait avec ravissement dans votre cas un moyen inédit de faire progresser le droit ; il travaillerait pour le simple bonheur d'apporter une pierre nouvelle à l'édifice juridique et en oublierait de vous facturer ses honoraires. Mais ce n'est pas très vraisemblable, les enfants de ces avocats ayant, comme les autres, besoin de manger et d'aller à l'école.

Si celui que vous approchez vous confirme dans la validité de votre intention, il commencera par étudier votre cas du point de vue juridique uniquement, approche différente de celle que vous connaissez déjà. Si vous élevez seule cinq enfants, dont l'un est handicapé, il n'y prêtera qu'une attention limitée et n'en fera pas un élément de son dossier, ce serait peine perdue.

La Cour de cassation est articulée en de multiples sections appelées « chambres », chacune avec sa spécialité. La première que vous rencontrerez, la « chambre d'admission », est un point de passage obligé.

La chambre d'admission

Son rôle est de filtrer, et de rejeter ou admettre votre pourvoi selon qu'il semble ou non permettre l'examen d'un point de droit méritant le travail de la chambre sociale, dont votre problème relèverait par la suite. La chambre d'admission regardera surtout les motivations retenues par la cour d'appel pour rendre son arrêt, c'est-à-dire les éléments du droit sur lesquels elle s'est fondée pour arriver à sa décision. Puis elle s'interrogera sur la façon dont les moyens de droit invoqués par votre avocat ont été pris en considération : il s'agit des arguments juridiques qu'il aura utilisés en s'appuyant sur les lois, les règlements et la jurisprudence, et naturellement les arrêts antérieurs produits par la Cour de cassation elle-même. Ont-ils effectivement été pris en compte ? Les arguments de même nature avancés par l'avocat de votre employeur les réfutaient-ils d'une manière juridiquement convaincante ? Afin d'être certain de pouvoir aller en cassation, un procédé consiste, bien avant, au moment de rédiger les conclusions qui seront déposées devant la cour d'appel, à y multiplier ces moyens de droit. Plus il s'en trouve dans la rédaction initiale, et plus grande est la probabilité de voir la cour d'appel oublier d'en traiter un ou de le traiter incomplètement : c'est alors la porte ouverte à la cassation.

Si la chambre d'admission estime votre pourvoi sans intérêt et sans justification, c'est-à-dire dépourvu de points discutables juridiquement, elle vous fait savoir qu'il n'est pas admis, et vous avez perdu tout votre investissement depuis la décision de la cour d'appel. S'il est admis, vous êtes en route pour le long cheminement déjà annoncé.

La chambre sociale

Vous vous retrouverez alors un jour place Dauphine, sur l'île de la Cité à Paris, devant la chambre sociale de la prestigieuse institution. Elle statue de manière définitive : il n'existe plus aucun recours au-delà d'elle[1]. Cette chambre sociale peut prendre deux types de décision, l'une comme l'autre formulées dans l'« arrêt » qu'elle rend sur votre affaire.

Tout normalement, elle désigne une cour d'appel différente de celle que vous avez déjà fréquentée, pour un nouvel examen et pour qu'elle rende un nouvel arrêt dont on espère qu'il infirmera ce qui a été conclu par la première. Ci ce second tribunal « résiste » et confirme l'arrêt initial qui ne vous satisfaisait pas, vous ne pouvez que relancer un pourvoi sollicitant à nouveau la Cour de cassation. Elle reprend l'affaire en mains : l'assemblée plénière qu'elle réunit peut décider de demander le renvoi devant une troisième cour d'appel. Mais elle peut aussi décider de trancher votre pourvoi sur ses fondements juridiques et de

1. Il reste la Cour de justice des Communautés européennes, que vous aurez du mal à saisir en dehors des cas de violation du droit communautaire, et la Cour européenne des droits de l'homme, s'il s'agit d'une atteinte grave aux droits fondamentaux.

notifier sa position dans un « arrêt de principe » produit directement, sans renvoi devant une autre juridiction. Vous pourriez ainsi accéder à une célébrité méritée en donnant votre nom de famille à un arrêt qui fera référence pour l'éternité à partir de sa parution. Un progrès significatif du droit serait inscrit à votre crédit dans cette jurisprudence, et les étudiants par la suite vous vénéreraient sans vous connaître en se consacrant à la laborieuse étude de « l'arrêt Jean Martin contre la société Infamy International ». Notez que vous aurez la même visibilité quel que soit le vainqueur de la confrontation : si vous perdez, le point de clarification du droit ainsi obtenu vous rendra tout autant célèbre, avec la même désignation.

Des raisons de se pourvoir en cassation

En définitive, il est recommandé de ne pas aller en cassation sauf si vous pensez vraiment que le droit doit progresser dans le domaine auquel ressortit votre conflit, ou si vous voyez clairement que la décision prise en appel bafoue le droit : c'est plutôt rare… Vous serez donc dans la subjectivité totale, du genre « le droit dit que…, et dans mon cas les juges l'ont compris à leur manière, mais il y avait une autre manière de l'interpréter, qu'ils n'ont pas choisie ».

Le chemin est délicat et souvent incertain. Ne l'empruntez pas sans avoir pris de multiples avis, surtout auprès de personnes compétentes et indépendantes – mais qui ne sont pas toujours faciles à trouver et à mobiliser. Commencez par l'avocat qui vous défendait et vous conseillait jusqu'ici : il n'a plus rien à gagner ou à perdre dans le pourvoi que vous envisagez, et le fait qu'il n'ait pas obtenu en appel tout ce que vous espériez n'en fait pas un mauvais conseiller. Il vous dira si le coup mérite d'être tenté, et il est plus fort en droit que vous. Il pourra d'ailleurs s'assurer rapidement de l'opinion d'un ami spécialisé en droit social et en cassation.

Demeure l'option stratégique : la « gesticulation », qui consiste à introduire le recours en cassation à titre de démonstration, et tenter la négociation qui conduira au plus vite à une honorable transaction. Ce pourvoi conservatoire, « à tout hasard », peut se révéler une bonne option, surtout si vos moyens sont limités et que vous avez autre chose à faire (postuler à un nouvel emploi, réussir sans délai dans celui que vous venez de trouver, etc.).

C'est encore mieux si les arguments juridiques sont percutants, si les chances d'admission du pourvoi sont bonnes, et si une décision en votre faveur peut entraîner un déferlement de coûteuses demandes similaires de la part de nombre de vos collègues. Votre employeur peut redouter qu'un arrêt de cassation n'aggrave, par rapport à l'arrêt d'appel, la généralisation de ce cas à toute une population dans une situation comparable : vos collègues ravis obtiendraient facilement et sans grandes dépenses la même chose que vous, en exploitant la jurisprudence que vous auriez été le seul à financer. Votre employeur serait fort navré de cette contamination ; cette perspective devrait donc le prédisposer à une négociation discrète, qui ne laissera aucune trace dans le droit en ne permettant pas à d'autres employés de l'invoquer à leur profit.

De toute manière, et quel que soit le moment où elle est traitée, la transaction s'apparente un peu au poker, chacun y allant de son bluff. Il vous manquera à l'avance une information essentielle : combien votre patron est-il prêt à mettre pour avoir la paix ? La réponse tient compte du danger de contagion dont vous pouvez être le point de départ, et d'autres éléments, tous subjectifs, que l'employeur pèse et traduit en budget ; comme vous ne pouvez pas vous mettre à sa place, vous êtes dans le brouillard. Néanmoins, vous pouvez recevoir une proposition qui vous satisfasse, ou à peu près, voire pas du tout, mais dont il vaut tout de même mieux vous accommoder plutôt que de rester dans une mêlée qui s'éternisera et ne fera que vous épuiser.

Chapitre 6

Le bilan et les lendemains

Le retour à la normale

Si tout est rentré dans l'ordre, si vous avez eu raison, si vous avez été réintégré, ou si les difficultés se sont résorbées, tout va pour le mieux. Il vous suffira dorénavant de bien travailler et d'être extrêmement vigilant, tout en affichant la plus grande confiance. Certains hiérarques diront que vous avez eu raison de protester, que vous leur avez ainsi évité d'entériner une injustice, et vous serez traité au mieux. D'autres diront : « Il a gagné avec des arguments à la graisse d'oie, tous plus fabriqués les uns que les autres, et nous avons dû céder : il va voir ce qu'il va voir », et ils vous infligeront une pluie d'avanies, en étant simplement moins imprudents qu'avant. C'est le moment de se montrer coopératif, mais pas de baisser la garde. Dans tous les cas, on vous assurera le plus chaleureusement possible que tout est terminé et que le compteur est remis à zéro. À voir… Conservez votre organisation scrupuleuse, comme expliqué au deuxième chapitre. Si vos interlocuteurs sont sincères, ces précautions ne vous coûteront rien, et si d'aventure ils ne l'étaient pas, vous gagnerez beaucoup en étant vigilant.

Sinon, le solde de tout compte et les adieux

Si vous avez un jour décidé de cesser la bataille, si elle ne s'est pas livrée à votre avantage, si vous avez accepté des conditions de départ ou si votre départ de l'entreprise était le vrai enjeu, le moment viendra où votre employeur exécutera les formalités qui conduiront à votre éloignement définitif par rupture de votre contrat de travail. Vous serez convoqué pour restituer tout ce que votre employeur a mis à votre disposition : téléphone portable, ordinateur, voiture de service ou de fonction, par exemple. Nous en avons déjà parlé. Vous recevrez quelques documents utiles pour l'ANPE, les Assedic, et la suite. Il vous sera en même temps demandé de signer un document intitulé « reçu pour solde de tout compte ». Il accompagne en principe un bulletin de salaire qui indique les sommes que l'entreprise estime devoir vous payer à cet instant. Le reçu détaille les calculs justifiant le montant que vous allez ainsi percevoir.

Nombre d'employés redoutent ce morceau de papier car ils imaginent que le signer vaut acceptation d'une fermeture définitive de toute voie de recours : « Si j'accepte de solder tous les comptes, je ne pourrai plus discuter quoi que ce soit. Comme je ne suis toujours pas d'accord avec eux, je refuse de signer. » Et d'imaginer que l'employeur répondra : « Si tu refuses de signer, je ne fais pas verser les sommes en question ! » Erreur ! Car cet ultime document est à 75 % dépourvu de tout intérêt. Ce n'est qu'un outil comptable recensant les sommes admises comme dues : salaire et congés payés, intéressement, tout ce qui est contractuel d'abord, puis les indemnités octroyées souvent à la suite de votre action combative ou grâce à la mansuétude impulsive de votre employeur.

En signant ce document, vous reconnaissez seulement avoir reçu les sommes qu'il mentionne. Votre signature ne signifie pas que vous acceptez de manière irréversible les calculs ayant abouti à ces sommes. Toute liberté vous est laissée pour contester par la suite le montant du règlement et réclamer ce que vous estimez justifié. Cette quittance ne vous empêchera jamais d'attaquer pour licenciement abusif. Elle vous interdirait éventuellement d'attaquer sur les salaires perçus à ce moment, mais vous vous protégerez de cet inconvénient en écrivant au-dessus de votre signature « sous réserve de mes droits passés, présents et à venir ». L'ensemble du papier perdrait par cette seule mention le peu de sa force. Vous pouvez donc signer ce texte sans grande crainte.

Il ne vous reste plus qu'à dire au revoir. Selon les circonstances, la gloire ou l'opprobre entourant votre départ, et la publicité donnée à votre situation toujours mystérieuse pour nombre d'observateurs, vous partirez en rasant les murs ou consentirez des adieux grandioses, à la manière d'un Napoléon Ier à Fontainebleau. Vous pouvez convier qui vous voulez au verre de l'amitié, ou aux agapes fraternelles. Dans tous les cas, il faut au minimum remercier tous ceux qui vous ont aidé par leurs conseils, leurs témoignages, leur soutien, et leur signaler que tout est maintenant fini. Vous pouvez notamment préparer soigneusement plusieurs courriers.

Règle d'hygiène élémentaire

Le silence est d'or : aucun commentaire à quiconque sur ce qui s'est passé. Même parmi vos voisins de travail. Tout doit demeurer dans le secret de vos intrigues avec votre employeur. Quoi que vous disiez, il y aurait toujours quelqu'un qui l'utiliserait et vous rendrait un mauvais service. Si vous jouez à la victime offensée et meurtrie, il sera connu ailleurs que vous avez certainement commis pléthore de fautes – autrement vous ne seriez pas parti, et encore moins avec cet air malheureux. Et si vous proclamez partout « Je les ai eus jusqu'au trognon ! », un éventuel employeur l'apprendra et redoutera que vous n'ayez contracté de mauvaises habitudes : un autre candidat moins provocateur vous sera préféré. Vous ne direz donc rien d'autre autour de vous que ceci : « Je pars, j'ai été content de vous connaître et de faire un bout de chemin avec vous. Je serais heureux si nos routes professionnelles se croisaient à nouveau, et vous pouvez compter sur moi si je peux vous aider. Restons en contact. »

Cette règle semble possible à respecter avec le plus grand nombre des collègues, voire des collaborateurs, surtout si vous étiez vous-même un *manager*, petit ou grand. Mais qu'en est-il en ce qui concerne vos chefs et tous ceux qui défendaient l'employeur en face de vous ? Vous avez ici le choix entre le défoulement et la tactique.

Si vous optez pour le défoulement, vous voudrez déverser votre bile, cracher votre venin et dire une bonne fois pour toutes ce que vous avez sur le cœur – mais que vous ne pouviez formuler pendant le cours de la procédure. C'est tout le contraire de ce que nous recommanderions. Mais si vous y tenez, vous pouvez vous amuser de la lettre ci-dessous, imaginée non pour vous inspirer, mais pour vous faire sourire :

Monsieur le Directeur,

Mon emploi à votre service a pris fin hier soir à minuit. J'ai ouvert une bouteille de champagne, enthousiasmé à l'idée de célébrer les funérailles attendues de ce qui n'aura été qu'une méprise trop durable. Je suis rentré dans votre boîte par erreur, et n'y suis resté que par pitié, en particulier par pitié pour l'épave que vous avez toujours représentée autant à mes yeux qu'à ceux de tous vos collaborateurs.

J'ai eu l'occasion de vous décrire à de nombreux amis et à des spécialistes du *management* : vous êtes sans conteste le pire des supérieurs qu'un salarié puisse imaginer. Champion toutes catégories. Pour démotiver les troupes en accumulant les injustices, vous battez les records. Vous devriez donner des conférences sur ce sujet. Elles auraient du succès si vous les commenciez en disant : « Je sais ce qu'il faut ne pas faire… » Vos agissements et vos comportements sont parfaitement calibrés pour étouffer toute intention de loyauté. Votre puissance d'inspiration n'a pas dépassé le niveau de votre gros orteil. Votre capacité à définir et poursuivre une stratégie pour votre société est proche de celle du cloporte cherchant un autographe récent de Benito Mussolini.

Vos escapades galantes avec vos collaboratrices sont connues de tout le monde, malgré les ruses de collégien que vous déployez pour tâcher de couvrir ces frivolités grotesques. Vos employés se plaisent ainsi à vous imaginer dans les moments d'extase avec les plus avenantes, qui ne se privent pas de raconter à leurs galants et à leurs collègues les confidences professionnelles que vous leur faites sur l'oreiller quand vous n'avez plus de piles (ce qui arrive vite, si j'en crois les rapports des bénéficiaires de vos fredaines).

Travailler chez vous fut un chemin de croix : rémunération calculée au plus juste en misant sur les seules rigueurs du marché du travail pour limiter les départs volontaires, et total manque de considération au quotidien. Je n'y suis resté aussi longtemps que parce que je suis un abruti que votre propagande abusait en toute indignité. Merci de m'avoir guéri de cette maladie, vous m'avez tardivement ouvert les yeux. Les symptômes n'en ont été supportables qu'en raison des petits avantages que j'ai dû m'accorder, et dont votre légendaire pingrerie vous aura toujours empêché de percevoir l'intérêt. Mes enfants ont vu toutes leurs fournitures scolaires consommables payées par vous : je vous en remercie, il suffisait de les prélever dans le stock de papeterie, et il me faut dire que vos stylos-billes sont excellents. La carte d'essence de ma voiture de service a largement ravitaillé le réservoir de celle de ma femme, et vous êtes trop nul pour saisir l'impossibilité que la berline merdique dans laquelle vous me faisiez circuler consomme au moins 18 litres aux cent kilomètres. Sans parler du téléphone portable – une vraie affaire –, ni de l'affranchissement de tout mon courrier personnel dans votre service postal.

Mes performances vous ont semblé insuffisantes. Pourtant, votre concurrent direct et *leader* du marché, la société Bonne, m'a fait savoir depuis un moment qu'elle m'embauchait (avec un empressement très flatteur). Mes talents l'ont convaincue dès la première rencontre. J'emporte naturellement dans mes archives les copies de votre fichier clients, avec d'autant plus de plaisir que je suis à l'origine de la plupart de ces contrats. Je n'ai pas non plus oublié votre plan stratégique à cinq ans (qui a bien fait rire...). J'ai par ailleurs quelques copies de documents traitant de votre comptabilité, de vos placements aux îles Cayman et de vos sordides combines souterraines. Je pense que vous ne souhaitez pas leur divulgation au fisc et que vous allez donc me foutre la paix.

Pour conclure, vous savez que nombre de vos salariés rigolent de votre embonpoint, il est vrai excessif. Ils ne parlent de vous qu'en disant « le gros ». Ce que je trouve injuste. Vous n'êtes pas « gros », mais vous êtes certainement un « gros porc libidineux ».

Croyez à l'expression de mes sentiments respectueux et toujours fidèles.

Signé : votre dévoué Mike Hunt

PS : Et que le froid te gèle, et que le cul te pèle.

Évidemment, plus débile, nous n'avons pas pu imaginer. Le destinataire de cet envoi peut y trouver tout ce dont il aurait envie pour vous nuire. Et s'il n'en avait pas l'intention, vous venez de lui en imprimer le désir soudain et intense.

Or, c'est le moment ou jamais de laisser une dernière bonne impression, sans doute après une période qui ne donnait pas de vous la meilleure image. Vous pouvez encore faire votre possible pour corriger ce qui peut l'être. La trace que vous allez laisser sera la seule durable : elle sera faite de lésions sanguinolentes et purulentes pour l'éternité, ou de blessures superficielles en voie de cicatrisation rapide. Qui sait si vous n'aurez pas un jour besoin qu'un nouvel employeur puisse trouver une référence auprès de ceux que vous venez de défier. Évidemment, si vous êtes licencié pour avoir mis la main dans la caisse, pour avoir refilé tout le fichier des projets de recherche à un concurrent, ou pour avoir tagué les murs de la cafétéria un soir, tard – « le PDG est un fumier perverti » –, ce n'est pas vraiment la peine de faire un effort. Mais il ne servirait à rien de détériorer encore plus le climat en distribuant les ordures, les insultes et les invectives. Du calme…

Dans des circonstances moins dramatiques, le texte ci-dessous peut vous sembler dur à avaler, tant le dégoût peut s'être cristallisé chez vous tout au long des années. Néanmoins, c'est le genre de courrier nécessaire pour préserver l'avenir. La satisfaction épidermique trouvée dans la ventilation des humeurs n'a aucun intérêt.

Monsieur,

Voici venu le moment où nos chemins se séparent. Ma destinée va maintenant être conduite ailleurs. Ma dernière étape dans vos services aura été marquée par des divergences de vues et des tiraillements. Je tiens à vous faire savoir que je les regrette, même si je les ai considérés comme inévitables et que je les ai vécus avec toute ma détermination.

Ces débats sont terminés, je m'en réjouis et je vous remercie pour la correction avec laquelle ils ont été conduits. Sachez aussi que je conserve un souvenir positif de notre association, en dépit d'une fin dont je déplore vivement la nature.

Avec tous mes vœux pour la prospérité future du service que j'ai eu l'honneur de servir, et pour vous personnellement, je vous prie de croire, Monsieur, à l'assurance de mes sentiments les meilleurs.

Le destinataire conclura : « Il jouait son rôle et chantait sa chanson, mais, finalement, il se pourrait bien que ce ne soit pas totalement une charogne crapuleuse et carnassière. » Une visite d'adieux n'a rien d'obligatoire, mais ne peut pas faire de mal quand le contexte la rend possible.

Pour la suite, chaque cas étant particulier, rien ne peut se généraliser, sauf la recommandation de bien réfléchir, de ne pas céder à l'impulsion et de ne pas se leurrer. Les situations varient en termes d'injustice et de désastre entre :

- Celle du dirigeant grassement rémunéré, qui a déjà sous la main un contrat chez le principal client de son employeur actuel, et se trouve heureusement licencié au terme d'un conflit dont il sera toujours impossible de savoir s'il en est l'initiateur ou la victime. C'est souvent les deux : il n'était plus aussi évidemment en faveur et commençait à s'insurger contre des dispositions qui méritaient des corrections que personne ne voulait entreprendre ; comme toutes les personnes désabusées, il avait tendance à trop critiquer, et un jour le conflit a franchi un point de non-retour. Le contrat signé lors de l'embauche avait prévu un traitement privilégié[1].
- Celle de l'employé qui occupe une place qu'un patron tout puissant souhaite maintenant donner à un proche, un parent, un enfant, une copine ou un compagnon. Ce licencié n'a rien fait de répréhensible, pourtant il se retrouve dehors, avec un minimum bien maigre…

Les conséquences imaginables sont bien sûr différentes.

Vous pourriez convoiter un licenciement dans d'honorables conditions, avec des indemnités de séparation qui vous

1. Vous pourriez vous demander comment un tel dirigeant a bien pu négocier une clause « pour le cas où je serais mauvais et n'arriverais pas à faire prospérer l'affaire » au moment où il se présentait en garantissant qu'il avait toutes les compétences et la combativité nécessaires pour y réussir ? Rien n'est plus simple : il a négocié une clause « pour le cas où l'évolution de la société supprimerait l'utilité de mon job, et où il vous faudrait vous séparer de moi sans que j'aie démérité ». Pour rendre concrète cette perspective, il aura discuté de ce qui se produirait si une fusion ou une acquisition rendait son emploi « redondant » (c'est-à-dire qu'il y aurait deux personnages, dont lui, pour un seul rôle). C'est cette clause qui s'appliquera dans tous les cas, sauf peut-être en cas de faute lourde ou grave avérée.

semblent aussi bonnes à prendre que les gains au loto. Sachez tout d'abord que, si l'employeur a besoin de se séparer de vous ou en forme le dessein, ces sommes sont le plus souvent bien minimes dans son budget. Naturellement, si vous êtes employé de maison chez un particulier, avec un CDI en bonne et due forme, l'impact de ces indemnités sur le budget de votre employeur peut être très douloureux pour lui. Mais dès que la structure dans laquelle vous œuvrez est un tant soit peu importante, l'indemnité en question est noyée dans la masse. Les sommes que vous percevriez sont épargnées par la fiscalité, de même qu'exonérées des charges sociales habituelles : elles ne sont pas alourdies pour l'employeur dans la proportion classique pour les rémunérations. Si vous travaillez au milieu de mille, voire de cent ou même de vingt collègues, la dépense sera imputée aux frais généraux et n'impactera pas autant vos patrons qu'elle vous fera de bien. Si donc vous êtes devenu indésirable, bien des gens souhaiteront se débarrasser de vous : vous obtiendrez sans doute ce dont vous rêviez au prix de quelques dissensions. Et eux obtiendront votre disparition de leur horizon.

Préparer la période de chômage qui peut suivre

Au-delà, c'est l'inscription au chômage, la queue à l'Assedic et à l'ANPE. Certains en parlent avec science et apitoiement, en particulier les hommes politiques : ils n'en ont qu'une connaissance théorique, aucun d'entre eux n'ayant jamais été chômeur. Vous pouvez d'ailleurs faire le test en posant la question suivante à divers responsables : « Monsieur, vous semblez bien connaître le chômage. Imaginons que vous soyez tout à coup privé de votre emploi, vous vous rendez pour la première fois à l'ANPE. Vous entrez : à votre droite, un vaste tableau d'affichage avec toutes les offres récentes organisées par types d'emplois et de qualifications. Il peut s'y trouver des jobs qui vous conviennent. En face de vous, cinq guichets avec des conseillers prêts à vous éclairer de leurs lumières dans votre recherche. Quelle est la première chose que vous faites ? »… Vous devriez entendre un certain nombre de réponses rocambolesques. Vous trouverez ceux qui, bien embarrassés, répondront à une autre question que vous n'aurez nullement posée (fréquent) ; puis ceux qui mettront en scène des circonstances particulières conduisant naturellement à une option, en expliquant longuement pourquoi c'est alors la bonne. En fait, il y a à cette question une seule bonne réponse, que voici : « Je commence par prendre dans le distributeur un ticket me donnant un numéro d'ordre pour être appelé quand viendra mon tour par l'un des conseillers, puis, en attendant, je vais consulter les offres affichées. » Vous aurez de la chance si vous trouvez un responsable de ce niveau qui y pense, sauf s'il a lu ce livre. Le chômage est une épreuve qui se vit, non pas un problème qui s'étudie ou un sujet qui se discute.

Si vous ne l'avez pas expérimenté personnellement, avant de l'imaginer comme une possible solution temporaire pour vous, allez donc faire un tour dans une ANPE et observez précisément les individus de tous âges qui la fréquentent. Étudiez avec attention les jeunes femmes encombrées de gamins qui ne sont pas encore en âge scolaire et dont elles ne peuvent pas financer les nounous. Concentrez-vous sur leur regard quand elles examinent les tableaux des offres d'emploi. Vous y déchiffrerez sans peine une anxiété et une détresse bouleversantes. Livrez-vous à cet exercice avant de fantasmer sur une séparation avantageuse : ce destin pourrait être le vôtre un peu plus tard. Votre sort sera moins épouvantable si vous êtes dans la période de votre vie où les Assedic vous permettront de faire le dos rond jusqu'à ce que vous puissiez liquider votre retraite. Il sera pire si vous vous trouvez dans les trois années précédant cette échéance, à une époque où votre attrait sur le marché est moindre, et votre coût à son sommet. Le désert dont la traversée pourrait vous attendre est autre chose qu'un bac à sable.

Si vous subissez cette fatalité sans l'avoir souhaitée, armez-vous de patience et de détermination. Pour commencer, et c'est bien l'ennui, les sommes perçues au départ ne dureront pas éternellement ; quant à leur placement, même astucieux, il ne pourra que rarement compenser le salaire sur la totalité des années à venir. Dans le meilleur des cas, elles constituent un pécule qui permet de lancer une activité – commerce, PME. Les indemnités ultérieures (Assedic) ont aussi une fin, et le RMI qui leur succède est aussi maigre que ce que permet son financement par le reste de la collectivité nationale.

Par ailleurs, la recherche d'emploi n'est dépourvue ni de complexité ni de désillusions. Par une déviation stupide et stérile des mentalités, le chômeur est en général écarté au profit de celui qui a déjà un boulot, dont il faudra le débaucher. Car le nouvel employeur peut être bloqué par des curiosités sans grande réponse : « Pourquoi est-il chômeur ? Ne serait-ce pas qu'il ne faisait pas l'affaire ? ou qu'il souffre de travers caractériels qu'il étouffe traîtreusement en cet instant ? S'il a été licencié, dans quelles conditions, et pour quelles raisons ? » Les questions pourraient vous être posées directement. Certaines seront embarrassantes. Soyez prêt à dire la vérité, dans une formulation que vous aurez largement préparée à l'avance. Mentir, se protéger d'une affaire fâcheuse en habillant un peu les faits n'est jamais bon. La personne qui vous embauche, en particulier si c'est un DRH, a tous les moyens de vérifier, et elle montrera un grand talent pour flairer les points nébuleux : un appel téléphonique à son collègue, chez l'employeur que vous venez de quitter, la renseignera immédiatement. Si elle découvre une manipulation de votre part, elle ne vous confrontera pas. Elle vous dira seulement « Nous vous contacterons » et passera votre candidature aux oubliettes. Vous aurez tout perdu. Il n'est pas non plus facile de dire « J'ai fait une connerie, et ils m'ont lourdé ». Pourtant, c'est moins inquiétant pour la personne qui vous interroge que la perception d'une dissimulation qu'elle ne parviendrait pas à élucider. Le courage et la franchise candide sont ici payants : si vous avez fait des bêtises, autant les avouer ouvertement, montrer que vous avez compris et retenu la leçon, et qu'on ne vous y reprendra plus. Les échecs sont reconnus aussi pour leur valeur didactique : n'ayez pas honte de les mentionner pour souligner leur vertu pédagogique.

La lecture d'un CV est très instructive. Comme vous, il doit dire la vérité, toute la vérité, rien que la vérité. Les périodes de chômage y apparaissent automatiquement dès qu'elles dépassent un mois. Elles montrent par voie de conséquence que la fin du contrat qui les a précédées a toutes chances d'avoir connu quelques anicroches. À la question suivante : « En avril 2004, je vois que vous n'aviez pas d'emploi, vous étiez aux Assedic ? », si vous répondez oui, c'est qu'il n'y a eu ni démission ni licenciement pour faute grave ou lourde ; on progresse vers la vérité. Tenter de leurrer ici votre interlocuteur est encore une fois inepte.

Il va bientôt apparaître que le licenciement a été agrémenté d'indemnités, ou a pris place dans un plan de sauvegarde de l'emploi : quels subsides avez-vous perçus ? Si vous avez profité deux fois de cette bonne fortune, chez deux employeurs différents, vous êtes définitivement classé dans la catégorie des « chasseurs de primes » : ceux qui essayent de se faire embaucher dans les affaires en difficulté, promises à des licenciements massifs qui seront garnis dans leur cas des parachutes dorés qu'ils auront adroitement négociés à l'embauche, ou des compensations financières qu'un CE persévérant aura su obtenir. Ou ceux qui ont vite fait de déclencher un conflit pour soutirer une fois de plus une séparation avantageuse : comme vous l'avez vu tout au long de ces pages, les moyens ne manquent pas, bien que nous ne les ayons pas recommandés – tout au contraire. Si votre CV fleure ce genre de tropismes de votre part, de moins en moins de responsables voudront vous recruter.

En résumé, un arrangement avec maintien chez l'employeur est souvent la meilleure des solutions, mais il faut que tout le monde soit décidé à y mettre du sien, et que l'irréparable n'ait pas été commis. Mais ce n'est pas toujours le cas… et c'est ce qui a motivé la rédaction du livre que vous terminez à présent.

Épilogue en manière d'interrogation

De nombreuses personnes parlent de la lutte *contre* le chômage en prétendant qu'il y aurait moins de chômeurs si les employeurs licenciaient moins. Celles-là n'ont pas bien compris la chose, car interdire à des entreprises de licencier est illusoire. Rendre le licenciement difficile, douloureux, contraignant, n'est pas bien mieux. Ce qu'il faut, c'est lutter *pour* l'emploi : créer des emplois, de la demande, du travail, des heures de travail. S'il se perd beaucoup d'emplois d'un côté mais qu'il s'en crée deux fois plus ailleurs, on ne pourra que s'en féliciter, malgré le foisonnement des drames personnels qu'engendrent les adaptations nécessaires. À l'opposé, s'il s'en crée très peu mais qu'il s'en perd à peu près autant, la stagnation perdure, puis la régression s'installe.

Nous l'avons montré, sanctionner est pénible, licencier est hasardeux. Les embûches sont partout, et les protections dont bénéficie l'employé sont telles que le résultat de toute bataille ne peut que pencher de son côté...

Il se trouve ici un déséquilibre dont la première conséquence est de dissuader de créer des emplois. L'employeur qui en aurait besoin privilégiera les autres solutions accessibles : la sous-traitance, l'intérim, la délocalisation. Tout est à envisager avant d'embaucher un collaborateur : si la nécessité apparaissait plus tard de s'en séparer, il vaudrait mieux n'avoir jamais eu l'idée de l'attirer dans ses effectifs. Si possible, autant commencer par ne pas en prendre le risque.

Il se fabrique ainsi pour notre pays une réputation qui dépasse ses frontières. Dans les milieux internationaux, tout le monde le sait et le répète à voix basse. En France, le travailleur est mieux protégé qu'ailleurs : des candidats à l'immigration de tous pays veulent en profiter, se pressent à nos frontières et préfèrent notre territoire et ses sollicitudes à beaucoup d'autres pays aux économies florissantes, mais au système social moins « cocoonant ». C'est l'inverse pour les investisseurs internationaux, qui montrent un vif intérêt à s'installer ailleurs, sauf à être attirés par les générosités d'accueil que finance discrètement notre fiscalité. En effet, quand les activités et le volume d'affaires, ou toute autre raison, interdisent de continuer l'emploi présent, l'ajustement est bien plus difficile, bien plus incertain, bien plus lent et bien plus coûteux chez nous que dans les autres pays d'Europe. Les immigrants sont attirés, trop d'investisseurs sont dissuadés. Quel est le résultat sur le chômage ?

À la lumière de la démonstration contenue dans ce livre, le démocrate pourrait se demander si la protection de l'employé et les attitudes des divers intervenants n'arrivent pas ici à une extrémité pernicieuse. Pour le moment, il n'y a rien d'immoral, et encore moins d'illégal à ce que le salarié en tire avantage chaque fois qu'il le peut. C'est ce que nous avons expliqué. Nous aurons aussi montré à l'employeur sur quels points il est le plus vulnérable, en espérant que cela l'aidera à assurer ses arrières.

Annexe

Modèle de fiche pour prendre des notes devant les prud'hommes

Conseil des prud'hommes de

Date Heure

Parties en présence: Employé

Employeur

Avocat de l'employé: Maître Tél:

Descriptif physique:

Façon de travailler:

Appréciations	pas du tout				tout à fait
Il m'inspire confiance					
Il a l'air compétent					
Il est bien organisé					
Je me sens à l'aise avec lui					

Avocat de l'employeur: Maître Tél:

Descriptif physique:

Façon de travailler:

Appréciations	pas du tout				tout à fait
Il m'inspire confiance					
Il a l'air compétent					
Il est bien organisé					
Je me sens à l'aise avec lui					

Commentaires:

Composition : Compo-Méca sarl
64990 Mouguerre

Achevé d'imprimer : EMD S.A.S.
N° d'éditeur : 3734
N° d'imprimeur : 20102
Dépôt légal : septembre 2008
Imprimé en France

Cet ouvrage est imprimé - pour l'intérieur - sur papier Tauro 90 g des papeteries M.REAL, dont les usines ont obtenu la certification environnementale ISO 14001 et opèrent conformément aux normes ECF et EMAS